甘肃省 2021 年度教育揭榜挂帅项目《甘肃省实施乡村振兴战略法治保障研究——以乡规民约治理效能提升研究为重点》阶段性成果。

习近平法治论丛

高其才 主编

高成军 执行主编

当代中国村规民约

中国政法大学出版社

2021·北京

声　　明　　1. 版权所有，侵权必究。

2. 如有缺页、倒装问题，由出版社负责退换。

图书在版编目（ＣＩＰ）数据

当代中国村规民约/高其才主编. —北京：中国政法大学出版社, 2021. 12
ISBN 978-7-5764-0317-6

Ⅰ.①当… Ⅱ.①高… Ⅲ.①农村－群众自治－研究－中国 Ⅳ.①D638

中国版本图书馆CIP数据核字(2022)第013315号

出 版 者	中国政法大学出版社
地 址	北京市海淀区西土城路25号
邮寄地址	北京100088信箱8034分箱　邮编100088
网 址	http://www.cuplpress.com (网络实名：中国政法大学出版社)
电 话	010-58908586(编辑部) 58908334(邮购部)
编辑邮箱	zhengfadch@126.com
承 印	固安华明印业有限公司
开 本	650mm×980mm　　1/16
印 张	21.5
字 数	350千字
版 次	2021年12月第1版
印 次	2021年12月第1次印刷
定 价	88.00元

Editor in chief introduction
主编简介

高其才，男，1964 年 9 月出生，浙江省慈溪市人。法学博士，清华大学法学院教授。著有《野行集——与法有缘三十年》、《跬步集——五十自述》、《法理学（第四版）》、《中国习惯法论（第三版）》、《中国少数民族习惯法研究》、《瑶族习惯法》、《多元司法》、《习惯法的当代传承与弘扬》、《通过村规民约的乡村社会治理》、《法社会学》、《司法制度与法律职业道德（第二版）》等，主编"中国司法研究"书系、"乡土法杰"丛书，第一总主编"南方主要少数民族乡规民约与社会治理研究丛书"。

Introduction of executive editor
执行主编简介

高成军，男，甘肃武威人，清华大学法学院博士研究生，甘肃政法大学副教授、硕士研究生导师。主要从事法理学、法社会学研究。主持在研国家社科基金项目 1 项，主持完成国家社科基金项目、教育部人文社会科学研究基金项目等各类科研项目共 5 项；在专业期刊公开发表学术论文 20 余篇；合著/参编出版专著 6 部；学术成果获省部级以上奖励 9 项。现任甘肃政法大学学术期刊部副主任，《甘肃政法大学学报》《西部法学评论》副主编。

总 序

PREFACE

高其才

习惯法是人类长期社会生活中自然形成的一种行为规范，它源于各民族生存发展的需要，对于人类法制文明意义甚大。哲人亚里士多德说过，积习所成的不成文法比成文法实际上还更有权威，所涉及的事情也更为重要。毋庸多言，在传统人类社会，习惯法内容涵盖甚广，各民族都缔造了灿烂的习惯法文化。而制定法的出现只是一种渐进的成就，道德与法律的分离更是后起。

在古希腊文中，"ethos"（习俗）和"nomos"（风俗律法）均有风俗之义。"nomos"乃诸神所定，且是"ethos"的准绳，不可随意更改。"ethos"（习俗）本来含义是"居留""住所"，"ethos"（习俗）就是人行为的某种"居留"和人在其中活动的"场景"（秩序），这种风俗习惯的沿袭产生伦理德行，"ethos"（习俗）也就演化为"ethikee"（伦理）。"nomos"本来仅指习俗，雅典民主政制兴起，"nomos"含义才扩及人定的法律。而自然（physis）与习俗（nomos）的比较，则是西方法哲学的永恒主题。

法律不是、起码不主要是国家制定法。直到中世纪的西方思想家仍然认为，法律本质上是传统和习惯，而不是不断进行的立法创新，而国家制定法实在是对习惯法的扰动，不可轻易为之。

习惯法会成为问题，源于人类社会的现代性转折以及法律现代性的相应兴起。这个历史进程肇始于西方，法脱离了古典自然法界定良善政治秩序的作用，成为保障市民社会财产权与维持市场经济均衡运转的实证法（positive law），而国家仅等同于市民社会之伦理环节。尤其是因为现代民族国家的兴起，它需要并且创生出了国家法（制定法）、固守主权者命令的实证法学、现代教育体制、学科分类体系及科层制分工等这一整套架构来维系民族国家的运转。而这都表明现代社会的运转必须依赖法实证主义。

目光转移到中国，在古代汉语中，习惯是指在长时期里逐渐养成的、一时不容易改变的行为、倾向或社会风尚。习惯为逐渐养成而不易改变的行为和积久养成的生活方式，现在泛指一地的风俗、社会习俗、道德传统等。中国语境中的习惯含有"长期""习俗"等语意。习惯法以习惯为核心，以风尚为基础，与伦理密切相关。

传统的礼乐文明就是乡土中国的风习自发演进而来，进而由切实的情理生发出高蹈的义理。在中国法律传统的天理-国法-人情架构中，人情风习有其应有的位置。天理、国法与人情的圆融无碍是传统中国历代法典的正当性所在，也是传统中国社会普通民众信奉的法意识。如何在具体问题中，妥帖地调适情理法、礼与俗，正是中国法传统思索与实践的核心问题。

而传统法律在近代的大变动引发了社会的大断裂、大冲突。百年来中国法律现代化动作多、成效少，法律始终没有完全契合中国人民的生活。中国法律文明花果飘零，失却了制度和理论支撑的传统中国文明作为一种习俗残留下来。为了让人们信奉这套舶来的法制，服从至上的国家（阶级）意志，民主、法治、人权之类的言说驳斥这种习俗，新生活运动、普法运动之类的全民运动力图改造这种习俗。只是时至今日，依然逃脱不了"法律自法律，社会自社会"（瞿同祖语）的尴尬。因为法律不是自动运行的机器，作为一套社会控制的行为规则体系，它需要相应的制度支撑。

现实的逻辑是，作为生活之子的习惯法的生命力异常旺盛。在当今中国社会时空条件下的法律实践当中，习惯法作为独立于国家制定法之外，依靠某种社会权威的、具有一定程度强制性和习惯性的行为规范，实际上成了解决当代现实问题的鲜活创造，显示了它与法律移植背景下国家制定法不同的命运。因为当代中国习惯法作为一种活的法律秩序，显示了与其所处社会的相互契合，有其独立的存在意义和独特的功能价值。

因此无论我们对中国的法治现代化持何种立场，都必须认真对待习惯法。习惯法为国家制定法之母，一方面要充分认识到习惯法在秩序建构、纠纷解决、社会共识达成过程中的积极意义，充分发挥其作用；另一方面，在国家制定法中心的前提下，必须妥善处理与现行制定法有冲突的习惯法中的非良性因素，促使习惯法与制定法在现代化互动进程中逐渐融合，解决不同地区、不同民族之间的习惯法冲突问题，并使国家制定法更具有效力基础。这是国家法中心主义的习惯法研究也必须解决的重要问题之一。

从更广泛的角度认识，习惯法是中国固有法文化的重要内容，体现了中华民族的内在精神。习惯法是一种社会现象、一种社会规范，更是一种社会文化，是中国人的意识形态所创造的精神财富。作为中国文化的一个组成部分，习惯法是中国人生活的反映、实践的记录、历史的积沉、现实的表达，是中国人对生存方式、法生活的需要和愿望的表达，是中国人认识自然、思考自己、理解社会的结晶。习惯法是民族特质的体现，也是传统传承的主要方式。

我们认为，习惯法研究应以现代中国法治建设为中心，习惯法的描述与解释并重，域内习惯法与域外习惯法研究并举，当代习惯法研究与习惯法的历史研究共存，处理好乡土习惯法与城市习惯法、传统习惯法与现代习惯法、地方习惯法与全球习惯法之间的关系。以中国社会现代发展和法律现代性为主轴，一切以揭示习惯法背后特有族群的法律文化、法律意识为鹄的，进而阐发习惯法的内生性及其当代适应性。

本习惯法论丛以当代中国习惯法为研究对象，重点探讨 1949 年以来尤其是现实有效的当代中国社会的习惯法，旨在全面总结我国学界学者和实务专家的当代中国习惯法调查和研究成果，交流当代中国习惯法研究的心得，思考当代中国习惯法研究的推进，进一步提高当代中国习惯法研究的学术水准。

当代中国习惯法研究需要重视学术积累，进行长期调查，持续专门研究，不断拓宽研究领域。只有具有寂静的心态、宽广的视野、专注的立场、踏实的学风，当代中国习惯法的研究成果才可能越来越有学术影响力，在中国社会的理性发展中发挥积极的功能。

高其才

2010 年 7 月 2 日

目录 CONTENTS

制度分析

学理探讨

学术综述

导 言

高其才

一

村规民约是当代中国的乡村民众为了办理公共事务和公益事业、维护社会治安、调解民间纠纷、保障村民利益、实现村民自治，民主议定和修改并共同遵守的社会规范。[1]村规民约是依据《村民委员会组织法》[2]而制定的行为规范，为国家法律认可下的乡村社会自治规范。

村规民约是我国农村基层自治的重要规范形式，是乡村地区重要的社会规范，在乡村治理和法治社会建设中发挥着重要作用。村规民约是党和国家治理乡村经验教训的总结，是乡村地区法治国家、法治社会建设的重要内容，也是社会主义新农村建设、实施乡村振兴战略的重要手段。村规民约是推进城乡一体化建设、实现城乡均

---

〔1〕 陈寒非、高其才："乡规民约在乡村治理中的积极作用实证研究"，载《清华法学》2018年第1期。

〔2〕《村民委员会组织法》，即《中华人民共和国村民委员会组织法》，为表述方便，本书中涉及的我国法律直接使用简称，省去"中华人民共和国"字样，全书统一，不再赘述。

衡发展的重要途径,是国家法律在乡村实施的重要载体,也是习惯法在当代乡村传承与弘扬的重要方式。

村规民约植根于当代中国的乡村社会之中,在村民日常生活逻辑中形成、生长,具有内生性,是不同于国家法律的社会规范,体现了社会性,在乡村社会关系调整、乡村社会治理中有其独立发挥作用的空间。与此同时,由于国家与社会之间的互动性,村规民约是根据国家法律、在国家法律指导下制定和施行的,但又不是完全独立于国家法律的,在一定程度上与国家法律调整乡村秩序的目标是一致的,能够很好地促进乡村社会秩序的构建。因而村规民约又受到国家意志的一定影响,体现了某种国家色彩。村规民约既体现社意、村意,也体现国意,从某种角度可以认识为一种合意。

村规民约是由村民会议或者村民代表会议制定和修改的,是村民共同意志的体现,因而为一种集体协议、公共契约,具有公约性质。不同于私人之间的契约,作为公约的村规民约以维护村庄和全体村民的利益为目的,主要内容为与全体村民息息相关的公共事务和公益事业、维护社会治安、调解民间纠纷等乡村社区事务的约定,通过民主决策、民主管理的约定形式和创制程序制定和修改,在全体村民的共同参与和民主监督下施行。村规民约是全体村民依法办理自己事情的表现,体现出村民的自我管理、自我教育、自我服务,为农村基层民主的呈现。

从非国家法的角度分析,村规民约为一种非国家法范畴的习惯法。[1]村规民约全面调整村与村民小组的关系、村和村民小组与村民的关系、村民委员会成员和村党组织成员及村民小组组长等与村民的关系、村民与村民的关系,分配相互之间的权利义务,就乡村公共事务、乡村公益事业、乡村社会治安进行具体规范,并规定相应的责任形式和责任承担。村规民约具有规范性、普遍性、一般性、强制性等特征,为一种体现乡村权威、由村组织和村民力量保障施

---

[1] 习惯法可以包括国家法范畴的习惯法和非国家法范畴的习惯法,非国家法范畴的习惯法是独立于国家制定法之外,依据某种社会权威和社会组织,具有一定的强制性的行为规范的总和。参见高其才:《中国习惯法论》(第3版),社会科学文献出版社2018年版,第3页。

行、有着一定约束力的规范。村规民约既有对固有习惯法的承继、吸纳、确认，也根据村情、时代进行新的习惯法规范的创制，为"俗成"规范与"约定"规范的融合。

村规民约既有根据《村民委员会组织法》由村民会议制定和修改的村民自治章程和村规民约，也有村老年协会等村社会组织制定和修改的规约，还包括若干村民议定的某种规约；既有在县乡政府指导下创制的村规民约，也有完全由村民自发议订的村规民约；既包括村的村规民约、村民小组即自然村的规约，也包括跨村的联村的民约；既包括全面性的村规民约、乡规民约，也包括计划生育、环境卫生、防火、治安、移风易俗、疫情防控等方面的专门性村规民约；既有稳定的、较长期的村规民约，也有临时的、短期的村规民约；既包括成文的村规民约，也包括不成文的规约。村规民约的表现形式为"村规民约""公约""民约""合约""规定""规范"等。

二

我国历史上存在地方自治、基层自治的制度，乡村有着一定的民治传统，乡约、民约为一种重要的乡村治理方式和民治规范。

中华人民共和国成立以后，乡村治理体制经历了不同的发展阶段，乡村规约以不同的形式存在和发挥作用。自 1987 年 11 月 24 日第六届全国人民代表大会常务委员会第二十三次会议通过的《村民委员会组织法（试行）》（自 1988 年 6 月 1 日起试行）规定了村民自治制度以来，我国农村地区普遍制定了村规民约并且取得了积极的成效。《村民委员会组织法》（1998 年 11 月 4 日第九届全国人民代表大会常务委员会第五次会议通过，2010 年 10 月 28 日第十一届全国人民代表大会常务委员会第十七次会议修订，根据 2018 年 12 月 29 日第十三届全国人民代表大会常务委员会第七次会议《关于修改〈中华人民共和国村民委员会组织法〉〈中华人民共和国城市居民委员会组织法〉的决定》修正）对村规民约的制定、效力等进行了较为全面的规定。如该法第 27 条规定："村民会议可以制定和修改村民自治章程、村规民约，并报乡、民族乡、镇的人民政府备案。村民自治章程、村规民约以及村民会议或者村民代表会议的决定不得与宪法、法律、法规和国家的政策相抵触，不得有侵犯村民的人身权利、民主权利和合法财产权利的内容。村民自治章程、村规民约以及村民会议或者村民代表会议的决定违反前款规定的，由乡、民族乡、镇的人民政府责令改正。"第 10 条又规定："村民委员会及其成员应当遵守宪法、法律、法规和国家的政策，遵守并组织实施村民自治章程、村规民约，执行村民会议、村民代表会议的决定、决议，办事公道，廉洁奉公，热心为村民服务，接受村民监督。"第 38 条第 1 款还规定："驻在农村的机关、团体、部队、国有及国有控股企业、事业单位及其人员不参加村民委员会组织，但应当通过多种形式参与农村社区建设，并遵守有关村规民约。"

除了《村民委员会组织法》的专门规定，我国宪法、法律、法规、规章和规范性文件对村规民约也从不同方面进行了规定。如《宪法》第 24 条第 1 款规定："国家通过普及理想教育、道德教育、文化教育、纪律和法制教育，通过在城乡不同范围的群众中制定和执行各种守则、公约，加强社会主义精神文明的建设。"《民法典》第 264 条规定："农村集体经济组织或者村民委员会、村民小组应当依照法律、行政法规以及章程、村规民约向本集体成员公布集体财产的状况。……"2018 年 12 月 4 日民政部、中央组织部、中央政法委、中央文明办、司法部、农业农村部、全国妇联发布的《关于做好村规民约和居民公约工作的指导意见》提出，到 2020 年全国所有村、社区普遍制定或修订形成务实管用的村规民约、居民公约。

特别是中共中央、国务院《关于加大改革创新力度加快农业现代化建设的若干意见》（2015 年 2 月 1 日发布并实施）指出："农村是法治建设中相对薄弱的领域，必须加快完善农业农村法律体系，同步推进城乡法治建设，善于运用法治思维和法治方式做好'三农'工作。同时要从农村实际出发，善于发挥乡规民约的积极作用，把法治建设和道德建设紧密结合起来。"中共中央《关于全面推进依法治国若干重大问题的决定》（2014 年 10 月 23 日中国共产党第十八届中央委员会第四次全体会议通过）提出："深入开展多层次多形式法治创建活动，深化基层组织和部门、行业依法治理，支持各类社会主体自我约束、自我管理。发挥市民公约、乡规民约、行业规章、团体章程等社会规范在社会治理中的积极作用。"中共中央办公厅、国务院办公厅印发的《关于深入推进农村社区建设试点工作的指导意见》（2015 年 5 月 31 日发布并实施）也提出："坚持和发展农村社会治理有效方式，发挥农村居民首创精神，积极推进农村基层社会治理的理论创新、实践创新和制度创新。深化农村基层组织依法治理，发挥村规民约积极作用，推进农村社区治理法治化、规范化。"中共中央办公厅、国务院办公厅印发的《关于加强社会治安防控体系建设的意见》（2015 年 4 月 13 日发布并实施）还指出："推进体现社会主义核心价值观要求的行业规范、社会组织章程、村规民约、社区公约建设，充分发挥社会规范在调整成员关系、约束成员行为、保障成员利益等方面的作用，通过自律、他律、互律使公民、法人和其他组织的行为符合社会共同行为准则。"2016 年 3 月 16 日第十二届全国人民代表大会第四次会议批准的《中华人民共和国国民经济和社会发展第十三个五年规划纲要》提出："加强行业规范、社会组织章程、村规民约、社区公约等社会规范建设，充分发挥社会规范在协调社会关系、约束社会行为等方面的积极作用。"中共中央、国务院于 2018 年 1 月 2 日发布的《关于实施乡村振兴战略的意见》要求深化村民自治实践，发挥自治章程、村规民约的积极作用。2020 年 10 月 29 日中国共产党第十九届中央委员会第五次全体会议通过的《中共中央关于制定国民经济和社会发展第十四个五年规划和二〇三五年远景目标的建议》提出："完善社会治理体系，健全党组织领导的自治、法治、德治相结合的城乡基层治理体系，完善基层民主协商制度，实现政府治理同社会调节、居民自治良性互动，建设人人有责、人人尽责、人人享有的社会治理共同体。"2020 年 12 月 7 日中共中央印发的《法治社会建设实施纲要（2020－2025 年）》指出："加强居民公约、村规民约、行业规章、社会组织章程等社会规范建设，推动社会成员自我约束、自我管理、自我规范。"这些规范性文件都强调了村规民约在乡村治理中的重要地位和积极作用。

地方性法规、民族自治地方法规也对村规民约进行了规定。如《吉林省实施〈中华人民共和国村民委员会组织法〉办法》（2004年1月13日吉林省第十届人民代表大会常务委员会第七次会议通过，2012年9月28日吉林省第十一届人民代表大会常务委员会第三十四次会议修订，根据2020年11月27日吉林省第十三届人民代表大会常务委员会第二十五次会议《吉林省人民代表大会常务委员会关于修改〈吉林省村民委员会选举办法〉等3部地方性法规的决定》修改）第30条规定："村民自治章程、村规民约以及村民会议或者村民代表会议的决定与宪法、法律、法规和国家的政策相抵触或者侵犯村民合法权益的，由乡、民族乡、镇的人民政府责令改正。"《珠海市文明行为条例》（2020年11月27日珠海市第九届人民代表大会常务委员会第三十四次会议通过，2021年1月20日广东省第十三届人民代表大会常务委员会第二十八次会议批准，自2021年3月1日起施行）第6条第2款规定："村民委员会、居民委员会（以下简称村居）应当加强文明行为的宣传、教育和引导，可以将文明行为基本规范纳入村规民约、居民公约，协助各级人民政府及其有关部门做好文明行为规范实施工作。"《江苏省农村土地承包经营权保护条例》（2004年12月17日江苏省第十届人民代表大会常务委员会第十三次会议通过，根据2020年11月27日江苏省第十三届人民代表大会常务委员会第十九次会议《关于修改〈江苏省物业管理条例〉等六件地方性法规的决定》修正）第5条规定："村规民约应当符合法律、法规和国家政策规定。村规民约中侵犯村民土地承包经营权益的规定无效。"《新疆维吾尔自治区民族团结进步模范区创建条例》（2021年2月5日新疆维吾尔自治区第十三届人民代表大会第四次会议通过，自2021年3月1日起施行）第35条规定："居（村）民委员会应当加强民族团结进步宣传教育和创建工作，将铸牢中华民族共同体意识内容纳入居民公约、村规民约，创造各民族共居共学共事共乐的良好条件，形成手足相亲、守望相助的邻里关系。"《常州市焦溪古镇保护条例》（2020年12月17日常州市第十六届人民代表大会常务委员会第二十九次会议通过，2021年1月15日江苏省第十三届人民代表大会常务委员会第二十次会议批准，自2021年5月1

日起施行）第 7 条第 1 款规定："焦溪古镇所在地的村（居）民委员会应当教育和引导当地村（居）民遵守古镇保护规定，参与古镇保护。鼓励将古镇保护的相关内容纳入村规民约、居民公约。"《陕西省人民代表大会常务委员会关于节约粮食反对浪费的决定》（2021年 1 月 21 日陕西省第十三届人民代表大会常务委员会第二十四次会议通过并施行）第 12 条规定："加强舆论宣传，持续开展世界粮食日和全国粮食安全宣传周等活动。各级人民政府及其有关部门、基层群众性自治组织、教育机构、行业组织等单位应当将制止餐饮浪费行为规范纳入精神文明创建活动和市民公约、村规民约、学生行为规范、行业规范等，教育引导公民全面提高节粮意识，营造浪费可耻、节约为荣的社会氛围。……"《阿坝藏族羌族自治州森林草原防灭火条例》（2021 年 1 月 27 日四川省第十三届人民代表大会常务委员会第二十五次会议批准，自 2021 年 2 月 1 日起施行）第 10 条规定："村（居）民委员会应当组织村（居）民做好森林草原防火工作，协助做好森林草原火灾应急处置工作。加强野外火源管控，依法将农事、丧葬、祭祀、宗教、煨桑、民俗等野外用火规范纳入村规民约、居民公约；……"

同时，地方政府规章和地方规范性文件也重视对村规民约的规范。如《辽宁省古塔保护办法》（2020 年 11 月 18 日辽宁省第十三届人民政府第 97 次常务会议审议通过，自 2021 年 2 月 1 日起施行）第 5 条第 4 款规定："古塔所在地的村（居）民委员会应当将古塔保护纳入村规民约或者居民公约，引导村（居）民自觉保护古塔。"《黄山市促进美丽乡村建设办法》（2020 年 8 月 19 日黄山市人民政府第四十次常务会议修订通过，自 2020 年 12 月 1 日起施行）第 7 条规定："村民委员会应当依法实施村民自治管理，组织制定村规民约，并将培育和践行社会主义核心价值观、公共环境卫生整治、公共基础设施建设管护、保护传承乡村文化遗产、推进移风易俗、培养良好生活习惯等内容纳入村规民约，鼓励、引导村民参与美丽乡村规划、建设及其相关管理活动。"《甘肃省草原禁牧办法》（2012 年 11 月 20 日省人民政府第 117 次常务会议讨论通过，自 2013 年 1 月 1 日起施行）第 5 条规定："村民委员会应当积极制定村规民约，引导农牧民保护草原植被，改善草原生态环境。"湖南省司法厅、湖南省民政厅 2020 年 4 月 30 日《关于印发〈关于开展村规民约和居民公约法制审核的指导意见〉的通知》（湘司发〔2020〕5 号）指出，要对村规民约的制（修）定主体、内容、程序进行法制审核。

这些涉及村规民约的法律法规规章和规范性文件的内容涉及村民自治、乡村振兴促进、农村土地承包经营权保护、美丽乡村建设、村容村貌管理、村镇建设、村庄规划、传统村落保护、乡村环境治理、农村住房建设、文明行为促进、志愿服务促进、家庭暴力预防和处置、生态文明建设、生活垃圾分类、水环境保护、饮用水水源保护、河道管理、草原禁牧、森林草原防灭火、野生动物植物保护、节约粮食反对浪费、反餐饮浪费、燃放烟花爆竹管理、民族团结、多元化解纠纷、茶产业发展、出租屋管理、古镇和古塔保护、古树名木保护、枫树保护、垛田保护、革命旧址保护等方面。

三

按照民政部、中央组织部、中央政法委、中央文明办、司法部、农业农村部、全国妇联《关于做好村规民约和居民公约工作的指导意见》（民发〔2018〕144 号）的要求，村规民约内容一般应包括：（1）规范日常行为。爱党爱国，践行社会主义核心价值观，正确行使权利，认真履行义务，积极参与公共事务，共同建设和谐美好村、社区等。（2）维护公共秩序。维护生产秩序，诚实劳动合法经营，节约资源保护环境；维护生活秩序，注意公共卫生，搞好绿化美化；维护社会治安，遵纪守法，勇于同违法犯罪行为、歪风邪气作斗争等。（3）保障群众权益。坚持男女平等基本国策，依法保障妇女儿童等群体正当合法权益等。（4）调解群众纠纷。坚持自愿平等，遇事多商量、有事好商量，互谅互让，通过人民调解等方式友好解决争端等。（5）引导民风民俗。弘扬向上向善、孝老爱亲、勤俭持家等优良传统，推进移风易俗，抵制封建迷信、陈规陋习，倡导健康文明绿色生活方式等。村规民约要坚持问题导向，尤其要针对滥办酒席、天价彩礼、薄养厚葬、攀比炫富、铺张浪费，"等靠要"、懒汉行为，家庭暴力、拒绝赡养老人、侵犯妇女（特别是出嫁、离婚、丧偶女性）合法权益，涉黑涉恶、"黄赌毒"等突出问题，提出有针对性的抵制和约束内容。村规民约一般还应针对违反的情形，提出相应的惩戒措施。

就具体实践观察，村规民约较全面地调整乡村社会关系，在农村社会中发挥着实现村民自治、发展乡村民主、保障村民权益、团结村民群体、维护乡村秩序、保护生态环境、弘扬良善道德、传承优秀文化、改善村风民俗的重要作用。

作为乡村的重要社会规范，村规民约在维系乡村社会秩序、促进团结互助、推进乡村和谐发展、保持乡民的生活方式、实现乡村社群整合、维持地方特色、传承优秀的农耕文明、弘扬中华文化方面具有积极的意义。

在乡村社会治理中，村规民约在规范村民行为、办理公共事务、增进村民福祉、实现政府目标、淳厚社会风尚、传承良善习惯、发展基层民主、推进乡村法治社会建设方面有着不可或缺的价值。

同时，我们也应该看到，一些村规民约存在内容空泛、制定不规范、实施流于形式等问题，有的内容甚至违法违规、侵犯村民合法权益。如有的村规民约违反国家法律，侵犯村民财产权、人身权等合法权益；有的村规民约实施方式简单、粗暴，处罚规范违法；有些村规民约制定过程未经过全体村民或者村民代表的广泛讨论，仅由少数村干部商量决定；有的村规民约仅仅依照范本简单照搬照抄，针对性不强，与村民的生产、生活关系不大。这些都需要我们正视并予以充分重视。

四

建设法治国家、法治社会的当代中国需要充分认识依法治国、建设社会主义法治中的村规民约，全面理解村规民约在我国乡村发展中的重要地位，解决村规民约的"官化""虚化""僵化"问题，以进一步发挥村规民约在乡村社会治理中的积极作用。

村规民约需要由"官化"转为"民化"。根据我国现行法律制度，村民自治权是由宪法法律赋予的，村民自治不得违反宪法法律的规定，授予乡（镇）行政机关"责令改正"的纠错权，村民委员会实际上成了更低一级的"行政机关"。正是由于这种制度设计上的模糊，导致自治权实际上成了行政权主导下的"有限自治"。因而在村规民约的制定、修改、施行的实践中，经常出现国家行政权过度干预村规民约制定实施的现象，损害村民自治，背离了村民自治制度设计的初衷。为此，需要尊重村民自治，恰当认识国家与社会关系，具体界定乡镇政府对村民自治的指导权、对村规民约违法的责令改正权，处理好政府指导权与农村基层自治组织自治权的关系，依法尊重村民自治，使村规民约成为村民自治的核心体现，真正成为村民民意的表达、成为乡村社区自己的规范。

村规民约需要从"虚化"变为"实化"。目前，一些地区村规民约的内容或是过于原则、空洞，无法执行，没有可操作性；或是千村一面，脱离实际，没有针对性；或为国家法律及政策的翻版或实施细则，脱离农村实际情况，没有体现村情村貌，不能有效解决乡村的问题。基于此，必须尊重村民的民主权利，尊重村民的主体地位，恰当地处理好村组织与村民的关系，坚持发扬民主，集中村民意见，最大限度地体现全体村民意愿，从制度上确立、完善村民在村规民约的制定、修改、施行中的参与权、提议权、建议权、决定权、执行权、监督权，充分调动村民的积极性、主动性，呈现公开性，提高透明度，使村民真正成为村规民约创制、实施的主人，使村规民约成为乡村实际的自治规范、成为村民实在的行为规范。

村规民约需要使"僵化"成为"活化"。就现状观察，我国不少村组的村规民约呈现出内容全面、条文完整、表述精到的特点，更多地体现出书面规范、文字规范的状态，成为"写在纸上、印在本上、放在桌上、贴在墙上、说在嘴上"的"僵化"规约，没有具体落实在行动上、呈现在生活中。因此，需要尊重村规民约的规范特性，突出村规民约的社会关系调整、村民行为规范的功能，以"有效""管用"为目标，使村规民约成为真正有约束力的规范、成为生活中的规范。村规民约的制定、修改、施行须坚持因地制宜，充分考虑当地社情村况、风俗习惯、历史文化等因素；坚持问题导向，有的放矢，不面面俱到、长篇大论，通俗易懂、简便易行；坚持乡土特色，尊重厚重的乡土文化与村民的乡土情感；坚持历史传统，承继和弘扬固有民约良善内容。

为此，在村规民约制定之前，村民委员会应该在政府的指导下对当地传统民约、固有习惯进行调查，甄别选取其中合理的内容加以确认，村规民约广泛吸收乡村既有的规范资源，承继乡村习惯法传统，弘扬中华民族传统美德，使村规民约具有坚实的基础。

村规民约制定、修改、施行须以村民为中心，突出内生性，保障村组集体和村民的合法权益，符合村民的心理预期，从而能够更好地被村民认同和接受。

国家法律应认可村规民约的惩戒措施，赋予村规民约可以设立一定程度、一定形式的违约责任，如一定金额的经济处罚，以保障村规民约的实施。需要宽容地对待村规民约的违法违反政策问题，结合具体情况予以处理。

事实描述

一个人与一条村规民约

瑞 溪

一、独特的"村风民俗"第 4 条

根据媒体的报道,农民歌手"大衣哥"朱之文所在的山东省菏泽市单县郭村镇朱楼村最近新张贴的村规民约中有一条直接与其相关。[1]

从新闻报道来看,这一张贴在在朱楼村一条主干道上边墙壁上的《郭村镇朱楼村红白理事会章程及村规民约》大幅宣传栏板内的内容包括三部分,从左到右分别为红白理事会成员名单、红白理事会章程和村规民约。

具体制订时间不详的村规民约包括村风民俗、邻里关系等五部分。其中,"村风民俗"的第 4 条规定:"因'大衣哥'朱之文名人效应,每天到朱楼休闲、旅游、拍录的人员较多,朱楼村群众要讲文明、树新风,不得随意拍录发布信息。"

---

[1]　朱之文此前一直在家务农,爱好唱歌。2011 年在一档选秀节目中他穿着军大衣,唱了首《滚滚长江东逝水》,相关视频在网络热传后,人送外号"大衣哥"。紧接着,他在中央电视台的星光大道年度总决赛中获得第 5 名,随后又参加了央视春晚。"大衣哥"朱之文由此红遍中国大江南北。

这是非常独特的一条村规民约，因为一个人而指名道姓地专门订立一条村规民约，这恐怕是首例，以笔者来看可谓前无古人，也恐将后无来者。

二、一个人与一个村庄的秩序

我国《村民委员会组织法》第 27 条第 1 款规定："村民会议可以制定和修改村民自治章程、村规民约，并报乡、民族乡、镇的人民政府备案。"这表明，村规民约成了我国村民自治的重要方式。村规民约是村民自行制定的约束规范村民行为的一种规章制度，是基层民主政治发展的重要成果，体现了乡村的民主选举、民主决策、民主管理、民主监督，实现村民的自我管理、自我教育、自我服务、自我监督，促进农村民主法治建设。村规民约的规范涉及乡村治理的政治、经济、社会、文化诸领域，包括村民自治、农村治安、农村自然资源保护与利用、农村环境保护、农村公共事务、农民权益保护、农村纠纷解决等方面，较为全面地调整乡村社会关系，维护乡村生活秩序、促进乡村经济社会发展和农民生活水平提高。

而朱楼村这一村规民约虽然是在村风民俗部分面向全体村民进行约定的，但实际上却是针对"大衣哥"朱之文一个人，是基于围绕着"大衣哥"朱之文的一些不良风气而有明确针对性的规范。

该观点可以从《郭村镇朱楼村红白理事会章程及村规民约》宣传栏板旁边的一份《郭村镇朱楼村安全管理告知书》（下称《告知书》）处得到印证。

这份落款单位为单县郭村镇政府和朱楼村村民委员会、落款时间为 2020 年 5 月的《告知书》的内容共有 4 条。其中第 2 条为："请所有新闻媒体记者，朱之文粉丝等各位朋友，要自觉遵守国家相关法律法规和朱楼村村规民约，自觉维护治安秩序和交通管理秩序，不得干扰他人健康及正常生活，不得损坏公共设施和他人财产，不得拍录、发布有损党和政府形象、声誉及他人利益的不健康、违法视频资料。"[1]其明确地提到了朱之文粉丝。

相比于村规民约的那一条，《告知书》明确提出了三个"不得"，即不得干扰他人健康及正常生活，不得损坏公共设施和他人财产，不得拍录、发布有损党和政府形象、声誉及他人利益的不健康、违法视频资料。并且，相比于村规民约针对村民，这一《告知书》是针对所有新闻媒体记者、朱之文粉丝等村外人士提出要求。

---

〔1〕 吴枫、段意茜："'大衣哥'被围观风波后续 朱楼村张贴'叫停令'：记者和粉丝不得干扰他人正常生活"，载 https://baijiahao.baidu.com/s？id = 16659209396 3986726 9&wfr = spider&for = pc，2020 年 5 月 7 日最后访问。

媒体报道时，郭村镇朱楼村村支书朱于成强调该《告知书》张贴至今已有 2 周时间，主要针对疫情防控期间村民的外出、进出等活动进行规定，是基于防疫需要才出台并张贴的。对于《告知书》的内容是否与此前"朱之文家门被踹"一事有关，朱于成表示并无关系。由于"大衣哥"朱之文并不在家，村内聚集的人数已有明显下降。一位家住朱楼村的村民告诉记者，朱之文目前不在家，到 5 月 6 日已有 12 天左右的时间。村内不少村民已在网络平台上发布该消息。也因为村民的"告知"，得知"大衣哥"朱之文不在家后，前来朱楼村的人少了很多，"大衣哥不在的话，来的人肯定少"。而他表示，对于《告知书》张贴的具体时间自己并不确定，也不知道是否是在 2 周前。"至少有 3 天了，不管是出于什么原因，疫情防控期间避免人员聚集，这个《告知书》还是很有必要的。"[1]

可见，村规民约和《告知书》都强调不得随意拍录发布信息、不得干扰他人健康及正常生活，不得拍录、发布有损党和政府形象、声誉及他人利益的不健康、违法视频资料。这实际上都与"大衣哥"朱之文直接相关。

虽然朱楼村村支书强调出台这些规范是基于防疫需要，与"朱之文家门被踹"一事无关。不过，从时间上看，这一说法是不太有说服力的。防疫并不是从 5 月才开始的，而"朱之文家门被踹"发

---

[1] 张羽："朱楼村新规叫停围观'大衣哥'？村支书：为防疫需要"，载《新京报》2020 年 5 月 6 日。

生在 4 月 15 日，并且踹门事件发生后，引起了很大的社会反响，连《人民日报》都两次发文"力挺"草根明星朱之文。

关于踹门事件，我们可从单县警方 4 月 18 日的回应明白大概。警情通告称，2020 年 4 月 15 日 16 时许，单县公安局郭村派出所接报警称，朱之文家中大门被人强踹。值班民警立即出警，到达现场时嫌疑人已离开。朱之文表示因理解其是粉丝，虽行为不当，但不建议追究责任。鉴于违法事实存在，单县公安局立即展开调查。经查，董某伦酒后慕名欲见朱之文。到后，见朱之文家中大门关闭，便与同在现场的周某鲁用脚踹开大门。董、周两人非朱某文同乡，且互不相识。目前，两名涉嫌寻衅滋事的嫌疑人董某伦、周某鲁均已抓获归案，分别被公安机关依法行政拘留 10 日。[1]

朱楼村针对朱之文的这种不良风气并非从 2020 年 4 月才发生。出名以后，"大衣哥"朱之文在村内投资修建了长廊、凉亭等景点，丰富了大家的休闲娱乐。但是，朱之文原本安静的家却变得"热闹"了，很多人慕名而来，要求与朱之文合影的、拜师学艺的、求助的、看病的，还有打官司的，天天都有很多人。不仅如此，被围观似乎已经成了他生活的常态。此前有报道称，朱之文家一度每天涌入几十人，拍视频、做直播，他上个厕所都有人要挤进去。[2]

许多村民俨然将其当成了"摇钱树"，每天不务正业，通过手机直播或拍短视频获利。朱之文每天面对最多的就是手机镜头，即便内心非常反感和不适，但非常重感情的朱之文，为了照顾同村人和粉丝的感受，选择一忍再忍，哪怕实在不方便，也要时刻忍让着对方。俗话说得好，惹不起但躲得起，为了不被人打扰，朱之文特意换了大门，又在围墙上装了铁刺。[3]

〔1〕 "朱之文家大门被强踹，单县公安：两名涉嫌寻衅滋事嫌疑人分别被拘十日"，载 ht-tps：//news. china. com/socialgd/10000169/20200418/38100780. html，2020 年 5 月 7 日最后访问。

〔2〕 "朱之文家门被踹开！两名涉嫌寻衅滋事被拘留十天！"，载 https：//www. sohu. com/a/389265981_ 175406，2020 年 5 月 7 日最后访问。

〔3〕 "朱之文大门被踹事出有因，村民想拍段子挣钱，他不出来就断了财路"，载 ht-tps：//www. sohu. com/a/389131006_ 117381？ scm = 1002. 44003c. fe017c. PC_ ARTICLE_ REC&spm = smpc. content. fd-d. 2. 1588816465355KiF8LoO&_ f = index_ pagerecom_ 2，2020 年 5 月 7 日最后访问。

　　这种严重干扰他人健康及正常生活、随意拍录发布信息的现象不仅严重影响了"大衣哥"朱之文一家的正常生活，更是影响了朱楼村、郭村镇、单县的形象。为此，按照有关方面的要求，朱楼村于 4 月 19 日开始了全面封村，不管是外村的还是"粉丝"都被要求离开；同时村子里建设的网红桥、大气城堡等娱乐设施也都被拆除。新修订或新张贴的村规民约和发布《告知书》显然也与此密切相关。

三、余思

　　朱楼村村规民约的这一规范引发了笔者许多思考：村规民约如何规范村民的行为？如何在村民之间的经济利益追求与尊重隐私权、安宁权之间平衡？村民发家致富与公序良俗之间的矛盾如何化解？如何处理外来人员所带来的人气、影响与维护村庄秩序、形象？[1]

　　为求得答案，非常值得对山东省菏泽市单县郭村镇朱楼村村规民约中针对"大衣哥"朱之文的这一约定进行专门的田野调查，期待今后有机会专门去一趟朱楼村实地观察和访问，与村"两委"、村民、镇干部进行交流，深入了解这一村规民约规范的出台和实施情况，对这一独特的村规民约做一下专门研究。

---

　　[1]　朱之文掏了 50 多万元把以前的土路修成了水泥路，取名"之文路"。刚开始，乡里乡亲都夸朱之文是好人，但慢慢地村里人又开始挑毛病了。有人就嫌他修得路太短，没有修到自己家门前。结果，村委会为他立的"之文路"这个功德碑被砸了！大衣哥出名之后，四面八方的亲戚朋友、左邻右舍、乡里乡亲都来找他借钱。据"大衣哥"透露，某一年他就借出去 100 万元！"大衣哥"把钱借出去之后，很多人只借不还。一位大爷在评价朱之文时是这样说的："他就修了这一点路，修得太少了，还到处夸自己说大话。"很多人认为，朱之文不仅要修路，还应该要给全村每人买一辆小轿车。有村民还要求朱之文每人再发 1 万元钱。据传，有人专门看着朱之文骑三轮车过来躺在地上"碰瓷"讹钱，32 块钱医药费张口就要三万元五万元。一斗米是恩人，一担米是仇人。正所谓"马善被人骑，人善被人欺"，这才是朱之文屡屡被欺负的症结所在。参见"'大衣哥'功德碑遭村民怒砸 为什么？"，载 http://www.leawo.cn/space-51314-do-thread-id-68292.html，2020 年 5 月 7 日最后访问。

附：

郭村镇朱楼村安全管理告知书

朱楼村广大游客朋友：

为维护朱楼村公共安全秩序，营造和谐稳定的村庄环境，保障广大游客的健康安全，根据朱楼村实际，特告知如下：

一、各住宿、餐饮、娱乐、销售等个体经营户必须守法经营、规范经营，统一在指定的区域内从事经营活动，不得乱摆摊点、违规经营。

二、请所有新闻媒体记者，朱之文粉丝等各位朋友，要自觉遵守国家相关法律法规和朱楼村村规民约，自觉维护治安秩序和交通管理秩序，不得干扰他人健康及正常生活，不得损坏公共设施和他人财产，不得拍录、发布有损党和政府形象、声誉及他人利益的不健康、违法视频资料。

三、疫情期间，所有外来人员及本村村民都要自觉佩戴口罩，自觉配合朱楼村党员、群众志愿者测量体温。

四、根据省委、市委疫情防控指挥部要求，所有在山东省内活动人员必须人人持有电子健康通行码。故要求到朱楼村的所有人员必须按照要求申领出示电子健康通行码（后附二维码及办理流程）。

单县郭村镇人民政府

郭村镇朱楼村村民委员会

二○二○年五月

安堂：从族训家规到村（居）规民约

李明道 *

引　言

法律是源于道德并不断完善的一种行为规范体系，最初是一种源于包含人们朴素道德观的习惯。随后，习惯法逐渐被立法机关所确认，便对人产生了约束作用。这也是习惯法在向制定法演变过程中必不可少的经历的阶段。无论是族训家规，还是村规民约，都可以看作是人们在一个"社区"中生活多年所积累的便于管理社区、维护邻里和谐的习惯法。

在一个社区中，宗族并不如家族之间那般拥有较为紧密的以血缘为基础的情感联系，它更倾向于一种工具性的联系，是基于祠堂、族田、族谱等具体的物质基础而存在的。同时，宗族制度并非自古袭来，而是在宋、明、清时期逐渐建构而成的，其孕育形成与国家政权力量的促进休戚相关。在古代中央集权制度的大背景下，在中央的权力没有充分渗透到地方之前，宗族在处理地方事务上具有较强的作用——天高皇帝远，立法、司法、行政的权利全部被分散到地方的宗族长老手中，南北朝时期这种现象尤为明显。而一旦中央集权加强，地方势力就会受到影响，进而变得衰微。族训家规的作用

* 李明道，武汉大学法学院 2020 级本科生。

与社会形态和王权强弱呈高度相关状态，而中国社会在最近的百余年间发生了翻天覆地的变化：清王朝的覆灭、中华民国的形成、列强的侵略、中华人民共和国的建立……社会性质改变得十分彻底、剧烈。传统的宗族规章、家庭训诫内容也在短短几十年间发生了重大改变。时至今日，族训家规的许多内容已转化为村规民约。2021年的一个春日，笔者来到广东省中山市的安堂村，考察固有的族训家规如何向新时代的村（居）规民约转换。

2021年2月10日，笔者实地参观了宗祠，搜集了有关族谱，访问了一些族老和族人，并同社区居委会干部进行了交流，对安堂社区族训家规、村（居）规民约的情况有了基本的了解，并思考族训家规与村（居）规民约之间的内在联系。

中山市大涌镇安堂村，距离中山市区不到12千米，具有不错的区位优势。世居村民主要以林姓为主。2000年，安堂村改为安堂社区居委会，有安东、安西、安南、安北四个居民小组，总面积为8.5平方千米。在2010年的人口普查中，安堂村有居民1701户，户籍人口5293人，另有1万多人的流动人口。除农业外，安堂形成了以红木家具和牛仔制衣为代表的工业。村中的一大特色就是保有较多古物、古建筑，如大觉古寺、"百岁流芳"牌坊等。安堂于2012年被评为"广东省古村落"，于2017年入选创建中山"新农村市级示范村"。基于安堂独特的文化底蕴、宗祠文化，2019年6月6日，安堂社区被列入第五批中国传统村落名录。

一、内容全面的族训家规

安堂社区内杂姓较少，林姓人口居绝大多数。宗族是安堂立村以来就形成的一种姓氏群体。对社会产生了重要的作用。宗族内部互相团结、互相扶持、守望相助、和睦相处、和衷共济，具有一定的凝聚力。安堂的宗族文化浓郁，现存祠堂14间，其中包括全村合族修建的"林氏大宗祠"双桂堂。

安堂林氏的族训家规内容全面。正已林公祠两边的牌匾"三仁遗泽""十德传芳"体现了安堂重视"德""仁"的宗法文化。林氏宗祠正堂悬挂着一幅"十德图"，记载了安堂村先祖事迹以及"十德"修身警言。唐代林氏九牧衍派始祖林披，出身显赫官宦之家，先后娶夫人郑、陈、朱氏共生九子一女，此九子与一个女婿都高中科举，被誉为"九子十登科"。他们任官期间都十分贤明，具有十种美德：仁、智、义、礼、乐、忠、信、天、地、德。安堂村民以"十德图"典故为典范，以此为核心形成的族训家规代代相传，成为子孙后代的为人处世之道。十德图的内容可以说体现了安堂宗祠文化的核心，也是安堂林氏族训家规的精华内容。

在这十德中，"仁、义、礼、忠、信、德"被着重强调。在"十德"家风的熏陶下，安堂村屡出忠直正义之辈，其中较有代表性的便为曾任中山县（今中山市）县长的林卓夫，他在生命最后的一段日子里任国民党澳门支部主任委员。当时澳门未被日军占领，但日伪横行无忌。林卓夫为日伪所仇恨，被列为第二名暗杀对象。亲友极力劝其离澳暂避，但林卓夫坚决不走，立下遗嘱，准备牺牲。最终，在1943年，在寓所旁被人连开五枪击中身亡。他的选择充满了为国牺牲的大义。如同"十德图"告诫他的一样，"忠"就是为国效力一直到生命的最后一刻。[1]

与"十德图"所代表的族风家风紧密相连的，便是安堂林氏48字族训："国法当守，家规当尊，师尊当敬，交友当正，处世当明，业当勤俭，族谊当敦，嫁娶当慎，教子有方，公物当爱，祭祀当诚，宝藏谱牒。"林氏族人这一族训家规包括了"交友、处世、事业、嫁娶、教育、祭祀等"与族人日常生活息息相关的内容，具体规范族人的行为。采用4字不断重读的方式书写较为明显的优点就是便于记忆，这使村民能对族规家训有更深刻的印象和清晰的记忆。

当然，这48字族训也有不够完整的部分，如最重要的是其作为"训"为凸显其权威性，缺少了对族人违反族训的一系列惩戒措施，主要是以软性的劝告的形式教育族人。也许执行力和落实力会因此受到一定影响，但安堂村的居民整体还是维持了这样一种不错的民风。

需要注意的是，中华人民共和国建立后安堂林氏的族训家规发

---

〔1〕 吴才林、蓝天："安堂林氏"，载《中山商报》2015年7月31日。

生了较大的变化，约束力作用也明显下降。据介绍，2000年以来，几乎没有居民因为"触犯族训家规"获得实质上的处罚，族训家规在向一种"口号式的道德约束"转型。[1]但安堂林氏子孙无人不识先祖"十德"修身规范的要求。

二、传承传统的居（村）民公约

"十德"就如同广为人知的"中华传统美德"一样，其中的大部分在现代社会依然有着不错的普世价值：用仁爱处理人际关系，用智慧思考问题，用正义斩除不公，用忠诚对待国家。因此，安堂的"十德图"和族训所蕴含的族训家规被代代相传地保留至今天，成为村（居）规民约的内容，这些具有当地独特的宗法文化同时也维护了当地的社会秩序，塑造了这里朴实的村风、民风。

安堂社区最新的村（居）规民约为《居民公约》，在2019年12月进行了新一轮的修订，内容包括总则、社区土地管理、居民行为规范、社区风尚、邻里关系、婚姻家庭、违反规约的处罚和附则共八个部分。通览全篇，我们可以发现《居民公约》受到了安堂传统文化中"十德"族规家训的很大影响，较全面地传承了族训家规的基本规范。

如48字族训第一句"国法当守"在《居民公约》中就得到了体现；一方面，《居民公约》的"附则"篇提到"本公约如有与国家法律法规相抵触的，按照国家法律法规实行"。国法自然优先于《居民公约》，效力在《居民公约》之上，村（居）民应当遵守国家法律。另一方面，《居民公约》"居民行为规范"章强调的内容与国家法律法规所明令禁止的内容存在重合也体现了居民公约对于"国法当守"的强调。

紧随其后的就是族训"家规当尊"。从"国家"一词来看，家本就应该在国后出现且二者有着密切联系。家规之"尊"自然无需赘述。家规之所以代代相传恒久远，原因就在于家族成员发自内心地尊重它、遵守它。

---

[1] 林棣康访谈录，2021年2月10日。

族训的"交友当正，处世当明"在《民居公约》"邻里关系"章中有着较多地体现。《居民公约》第 10 条明确规定："居民之间应团结友爱，和睦相处，不打架斗殴，不酗酒滋事。严禁侮辱诽谤他人，严禁造谣惑众，拨弄是非。"第 28 条："居民之间要相互尊重、相互理解、相互帮助、和睦相处，建立良好的睦邻关系。"第 29 条："在生产、生活、社会交往过程中，应遵循平等、自愿、互惠互利的原则，发扬社会主义新风尚。"同时，按照《居民公约》第 30 条、第 15 条的要求，在发生纠纷时，邻里之间应本着团结友爱的原则平等协商解决，协商不成的可申请调解委员会调解，不得以暴制暴。交友若"正"，即使发生纠纷也能够用正人君子的方式顺利协商，最终解决问题。处世若"明"，则处理问题的时候不会使用"以暴制暴"这样的不理智的手段造成二次伤害。针对安堂村（居）民的日常生活状况，《居民公约》的这些规范将族训中"交友当正，处世当明"的内容予以具体化、明确化。

族训"嫁娶当慎，教子有方"要求在《居民公约》中也有全面的体现。《居民公约》第六章"婚姻家庭"第 32 条"禁止包办买卖婚姻，干涉婚姻自由"的规定体现的正是婚姻之"慎"，慎即思考，前提就是自我的选择、自我的思考。该条规定谈到的买卖婚姻是从前农村很普遍的现象，买卖婚姻的明文禁止也保证了"嫁娶当慎"的大前提。《居民公约》第 35 条规定："父母、继父母、养父母应承担未成年人或不能独立生活的子女的抚养教育，不得使接受义务教育的未成年人退学。"这同样也是保证农村旧社会中广泛存在的被迫放弃学业的未成年人能够顺利接受义务教育，安堂家训中的教子有方的"方"最基本的体现也就是至少保证未成年人接受义务教育的权利不受到侵害，在受到良好教育的过程中培养其有方正、有规矩，成为孝老爱亲、懂法有礼之人。

除了对祭祀、宗族的部分内容有所抛弃外，固有的大部分的族规家训规范纵使过了几百年，经过时间的沉淀后也依然有适用价值。因此，在受宗祠文化熏陶已久的安堂《居民公约》中找到族规家训内容的影子并不是一件很难的事。这些族规训诫被融入了新的时代特征，以全新的面貌在当今时代重新出现在了安堂人眼前，成了行为规范，约束着安堂村（居）民的言行举止。

结　语

不可否认，随着中国社会现代化进程的加快，安堂族训家规的内容将被不断地稀释、冲淡。因此，我们要用一种辩证的视角去认识传统文化中的精华与糟粕，再通过村（居）规民约等方式，继承、吸纳作为固有文化重要部分的族训家规的内容，让其中的精华能够以新的形态回归到村（居）民的生活，在建设社会主义法治中继续发挥作用。

进行法治乡村建设、推进乡村振兴战略、创新基层社会治理、促进城乡精神文明建设和防范基层社会治理风险、健全党组织领导下的自治、法治、德治、相结合的乡村社会治理体系，需要积极发挥村（居）规民约的作用。2019 年 7 月，中山市委组织部等 7 部门联合出台了《中山市做好村规民约和居民公约工作行动方案》，提出"弘扬中华民族传统美德和时代新风"，倡导弘扬向上向善、孝老爱亲、勤俭节约等优良传统和邻里守望、互帮互助的文明乡风，这就为村规民约吸纳、弘扬良善的族训家规提供了具体的指引。

我们需要认真总结族训家规的内容，重视将良善的有现代价值的族训家规进行创造性的转化和传承，以体现基层民主的村（居）规民约形式予以确认，使族训家规的基本规范在村（居）规民约中继续发挥其功能，以村规民约建设促乡村善治。

汲取型村务中村规民约的困境及出路

张雪林

一、问题的引入：村民为何有利不图

（一）"户户通"——一项利民工程遇难题

【案例一】 为提升农村居住环境和村民生活质量，县里决定实施农村通户道路硬化工程即"户户通"工程。一定标准内的混凝土由乡镇政府无偿提供，超出标准的部分由各村自行筹集。为鼓励各村积极动员和推动工作尽快开展，对于前几个月率先提交参与名单的村庄，县里还将给予额外3万元的施工补助。周庄村的村支书很想做这个工作的"排头兵"，更想拿到这个结结实实的奖励。"晴天一身土，雨天一身泥"，"户户通"本是一项有助于改善村民生活的好事，但因为需要大家出钱出力，这件事却意外地在民意征求和决议达成上遇到了困难。

周庄村是一个只有100余户、400余口人的小村庄，但却是一个典型的空心村，大量青壮年劳动力外出务工，留守在村庄的多是妇孺老弱。对于本村"户户通"工程的开展，村支书提出了几种可行方案：方案一，雇请专业施工队进行。如果请施工队，大家省力省心，工程质量有保证，但需要向每户筹集500元钱。可是，不少村民纷纷表示这个"冤枉钱"不用出，由村、民自己干就行。由此村支书尝试提出方案二，把砖分给各家，由村民自力更生，这样责任

028

到户，有助于家家出力。可这样一来，一是有的家庭全员不在村内居住，出人的确困难；二来因为各胡同长宽不一又户数有别，人均工程量自然不均，容易惹来抱怨，"各扫门前雪"不仅可能导致道路不连续，甚至连宽度也不相同；三来难免有人消极怠工，加上有些邻里还存在矛盾不和，自行施工效果和进度难以保证。果不其然，这一方案也因弊端颇多而阻力重重，遭到否决。最后，有村民代表认为自己打工一天挣的钱可要比上交给村委会的钱多，从工厂请假回来为村里出工不合算，遂提出方案三，大家有钱的出钱，有力的出力。因为这一方案反对人数最少，暂时就这样定了下来。但在实践中，不仅钱一直迟迟没有收上来，在人员协调、标准核定上也存在诸多困难，消极怠工现象屡见不鲜，影响了施工的进行。因为村支书经营着一家企业，颇具经济实力，后来他索性自行垫资，自掏腰包，又通过第一书记等资源多方筹措资金，再加上号召和动员党员承担较多任务，最终得以购买部分建材并雇请了施工队伍，姑且才将修路一事推进下去。

【案例二】相比之下，周庄村的邻村老君堂村有相对充足的集体经济，根据这次"户户通"核定的工程量计算，村集体决定把需要自行筹集的部分从集体分红中扣除，没有让村民额外掏钱。对于村民而言，相较于把自己在兜里现有的钱拿出去，减损一部分应得而未得的红利更容易接受。因此"户户通"的决议达成和工程开展相较周庄村也顺利很多。

【案例三】与各村自己村内"户户通"工程推进不同程度的受阻相比，另外一条路修的却意外顺利。龙潭村、商西村和刘旺言村三个村子通往寨西小学的路是一条狭窄的乡间土路。这三个村子的小学生上学多是由母亲或者祖父母、外祖父母用自行车、电动车、三轮车接送。每逢上学放学时间，小路经常被歪歪斜斜的车辆堵得水泄不通，甚至时常有倒在田埂里的事故发生。晴天颠簸、雨天泥泞，接送孩子的妇女和家长们在等待学生放学的时间经常聚集在校门口聊天，对这条小路的抱怨在这个得天独厚的沟通机会中达成了充分的交流和深度的共识。于是，他们联合起来向乡镇和挂职龙潭村的第一书记反映这一问题，甚至主动提出可以每家凑些钱出来补贴修路。最终，在第一书记的帮助下，这条便利了三个村的上学路得以顺利修建。

（二）汲取型村务

村庄作为集体一直承担着公共产品供给的功能。例如，在古代，由成年男壮丁值夜以保护家园安全、由村民自行组织出工以开凿用于村庄农田灌溉的农业工程等；在当代农村，也存在自发组成的以卫护村庄财产安全和治安秩序为责的义务夜防队。[1]笔者将前述这些需要向村民汲取一定的经济资源或劳动力来共同完成，以向村民提供村庄公共产品和公共服务而有益于全体或大多数村民的这一类村庄公共事务，称为汲取型村务。汲取型村务旨在提供村民个人难以获取的公共产品和公共服务，其实质是以汲取换取公共产品，具有目的公益性、受益对象成员性、义务汲取必要性等特点。这类村务原本是村民个人办不了也办不好的事，但村委会或民间组织却可以发挥集中力量的优势将事情办好。这类村务一般需一事一议，由村民会议或村民委员会等主体就汲取的目的和必要性、汲取的范围和方式、汲取的资源如何分配、使用和管理等内容作出对全体村民或成员有约束力的决议或规范，即针对汲取型村务制定村规民约，并以此为据开展和推进村庄公共事务。

（三）为何有利不图？

在现实中，像周庄村"户户通"工程这样推进受阻的现象并不罕见。这样一项主要由政府补贴的利民工程在推进过程中尚因不能获得广泛的村民合意而搁置许久，而在现实中需自行组织、自行筹资筹建的村庄公共产品等将更难推进。针对汲取型村务制定相应的村规民约，并由此推进和保障公共事务的开展，这看似是一件有利之事，有益于所有人或者绝大多数人，为何难以获得"一呼百应"的行动合意？换言之，村民为何有利不图？

二、汲取型村务中村规民约的困境

有利不图，是我们根据表象从村庄外部角度出发作出的判断。

---

[1] 高其才："义务夜防队规约与社会治安维护——以浙江省慈溪市平林镇蒋村为考察对象"，载《湘潭大学学报（哲学社会科学版）》2017年第1期。

要想回答这一问题，我们不应脱离村民的感知和认识，而应当从村民视角出发，去探究通过村规民约开展的汲取型村庄公务在他们看来是否真的有利，而他们又为何不图？为分析这一问题，我们先就村规民约在制定和实施中遇到哪些困难、又为何常常遇阻，作一探究。

（一）阻力来源

通过村规民约向村民就村庄公共事务汲取资源的前提是制定，关键却是村规民约的具体施行。无论是制定还是具体实施，主体都是村民。结合周庄村的实际，在汲取型村务中，村规民约制定和执行遭遇的阻力一般主要来自以下几类村民：

1. 身份放弃型

该类型是指放弃其村民身份的部分村民，又分为放弃其村民的物理身份和放弃其村民的社会身份。放弃物理身份是指部分村民离开农村，因不在村庄居住而拒绝承担村庄义务；放弃社会身份是指部分村民仍在农村生活，但对村庄事务漠不关心，与其他村民交互较少，对他人评价也不甚关心，游离在村庄公共生活的边缘。随着农村劳动力外流的加剧，身份放弃型村民的数量正逐渐增加。在这类村民看来，像"户户通"工程这样的汲取型村务所能提供的公共产品和服务，对他们没有现实和直接好处。因此，他们往往会拒绝汲取，成为村规民约的制定和实施障碍。

在实践中，还存在和身份放弃型村民相反的另一类村民，他们虽然不在村内居住，但却并没有放弃其村民身份。如有的村民的家人或子女担任公职，是"有头有脸的体面人"，或者子女在外"混得不错"，或因经济水平大幅提升或因"仓廪实而知礼节"。这部分村民虽然不在村内居住，但却对汲取非常配合。他们颇为在意自己和家庭的社会评价，不想因为这一件小事或者几百块钱而"惹人笑话""给孩子丢人"，不愿因小失大，抹黑了家族经年不易积累的声誉。

2. 恶意搭乘型

该类型是指只想享受福利而拒绝承担义务的村民，他们或明确拒绝，或"一拖二等三靠"，找寻机会"钻空子"，认为"谁也不能把我怎么样"。恶意搭乘型村民会造成极恶劣的负面影响，如果未能加以有效制止，在制度环境不健全的情况下将诱使更多违约者纷纷效仿。这部分村民的恶意搭乘恰恰从侧面证实了他们对汲取型村务所提供的公共产品和服务确有益处的认可。只不过于他们而言，自己可以通过并"不厚道"的方式绕开村规民约而坐享其成。如果缺乏对"不厚道"的软性谴责和硬性钳制，恶意搭乘相较于村规民约而言将成为成本更低的获利方式。

3. 观望摇摆型

该类型是指没有明确立场、持观望态度、行动上"随大流"的村民。在意见征求时，他们倾向于成为多数人，但在实践中他们的行动并不积极，极易被"喇叭型"村民带动、影响，甚至有可能转化为恶意搭乘型村民。这是最为典型的一类村民阻力。这部分村民大多认可汲取型村务的益处，但因缺乏主动践约的动机而持观望态度。

不仅如此，周庄村还存在一些自己的特殊情况。它是一个省定贫困村，村里人口不多，亦没有尖锐、突出的矛盾纠纷，村里近几年都没有越级上访户或难缠的"刺儿头"。近几年，周庄村还先后接受了四任市派或省派第一书记的帮扶，他们在村里修建了文化小广场、刷新了墙壁、增加了植被、硬化了主干道等，村容村貌得到了很大的改善。如果只是一味地资源输入，村民会习惯于被动接受，助长惰性，不同程度地出现"等""靠"情绪。对自己村庄的修路等工程建设，有的村民理所当然地脱口而出"这事找第一书记就行啊"，甚至颇为自信地表示，"这不都是领导一句话的事儿嘛"。因此，对于自己掏钱修路这件事，他们认为大可不必亲力亲为，只需要被动等待上级的帮扶即可。这种观念原本就不同程度地存在于村民心中，加之部分"喇叭型"村民的大肆宣讲，越来越多的人对此表示认同和追随。由于可以零成本实现不劳而获，因此村民以明示或默示的方式就汲取的拒绝形成了合意。

（二）杠杆作用：被少数操纵的多数

关于村里大事的决定，一条朴素的民主信条是"少数服从多数"。但在实践中，"少数服从多数"的民主往往会收获相反的结果：反倒让少数人成了影响多数人的关键人。这体现在：一是村规民约制定难。汲取型村务的商讨和村规民约的达成需召集村民或村民代表开会进行，因村民利益多元，压倒性的意见统一在会上总难以实现。少数人还在会上、会下或利用亲属关系、邻居关系或利用搭帮结派、私下买通等方式影响和干扰观望摇摆型的中间派村民，成为操纵摇摆观望型村民的"意见领袖"。有时他们还会在会上采用提高声调、牢骚满腹、争吵打架、借题发挥等技术方式煽动村民的反面情绪，扰乱会议秩序，让村民会议难以进行，而屡次召集开会势必会增加包括时间在内的合意成本。二是村规民约实施难。现实中，经常会有少数人为了眼前的、个人的利益而拒绝服从多数人的民主，他们的不服从会通过拒绝履行汲取义务、不妥善履行汲取义务等形式表达，这又会给更多的村民带来负面的示范效应。虽然多数人的意志并不总是真理，但有时"真理就掌握在少数人手里"。如何判断真理，换言之如何判断少数人需求合理与否的边界、如何处理少数人的诉求、如何说服少数人服从并抑制少数人对多数人的反向操纵和带动，成了推行汲取型村务的一大难题。

汲取型村务旨在提供公共产品和服务，其初衷和目标是有益于全体村民。以村规民约的形式就汲取的方式、范围等作出约定，是一种有效的规范模式和合作方式，但并不是获取该公共产品和服务的唯一途径。村规民约存在制定和实施成本，这意味着通过村规民约开展村务未必是村民首选。换言之，汲取型村务及其所提供的公共产品和服务于村民有利，但通过村规民约开展汲取型村务未必是划算的；汲取型村务本身如果于村民无利，通过村规民约开展汲取型村务必然是不划算的。

综上讨论，笔者认为，从村民视角出发，通过村规民约推进的汲取型村务，并非对所有村民都有利；即便对部分村民有利，也因村规民约具有制定实施成本而使事情变得"不那么划算"，这导致村民即便有利但可不通过村规民约来图此利，他们或采用其他更低成本乃至零成本的方式途径获利，或缺乏主动且良善践约的动力。这便是汲取型村务中村规民约遭遇的困境及原因。

三、村规民约产生困境的原因

笔者认为，在汲取型村务中村规民约遇困，主要有以下两个方面的原因：首先，在部分村民的感知和认识中，汲取型村务是无利可图的，亦没有参与村规民约制定与实施的理由。其次，对于有利的村民，其为何不图？一是因为汲取价格和村规民约高制定成本的存在，使村民的最终获益显得不划算；二是因为村规民约违约成本低，破坏了村民对交易环境的信心；三是部分村民可以绕过村规民约而采用其他低成本方式获得同样的利益。因此，村民虽然有利可图，但可以不通过村规民约。具体分析而言：

（一）汲取成本高

1. "能不能"：汲取价格较高

以周庄村为例，这是一个省定贫困村且空心化、老龄化严重，几乎没有集体经济产业的村庄，这也是当下许多农村的现状。年富力强的村民以进城务工居多，留守在家的村民多依赖种地和打零工养家，年老多病的村民多只能依靠积蓄、子女赡养或政府救济生活。匮乏的劳动力资源让"出人头"形式的劳动力汲取变得越发困难，而不宽裕的经济条件让村民不得不在生计上精打细算，并习惯于"能省则省"。面对资源汲取，支付能力有限的村民往往会表现出一种习惯性拒绝，这抬高了汲取的成本，增加了后续合意的难度。因此，经济能力或劳动力资源的稀缺，推高了经济或劳力汲取的成本，在客观上限制了村民的支付能力，使他们即便心有余也力不足，进而影响到了参与汲取型村务的能力。汲取成本越高，合意就越难达成，村规民约也就越难制定，即便制定出来，也难以得到有效实施。

2. "值不值"：不及汲取成本

在有利不图的表征下，我们应该转而从村民视角去探究是否真的有利。遍观整个村庄，拿不出500元钱的村民终究还是极少数，针对经济能力较差和劳动力不足的极个别村民，村里也完全可以制定相应的减免方案而不会得到普遍的苛责。不愿意出钱或者出力的大部分村民并不是拿不出500元钱的困难户，村民更多还是囿于"值不值"的权衡与选择。"值不值"可以是一个事实判断，从工厂请假回来为村里出工的村民在心里算了一笔经济账，认为为村里出工不合算，转而建议出钱代替；但"值不值"更多的是一个价值判断，尽管修路能使所有人受益，但收益大小，或者准确地说他们能切身感受到的收益大小却非常不同。相较于有车的村民和在村里久居的村民，那些无车的村民、在村里不常居住的村民就不太情愿为这项可能"自己一年都享受不到几天"的福利掏钱。尽管长远来看，那些不常居住在村里的村民还是有很大概率会回到农村的家园的，而随着经济水平的提升和车辆的普及，那些暂时没车的村民或早或晚也有极大可能购买车辆，进而由此享受到集体提供的此项公共产品，但人往往更情愿为眼前可期的现实利益买单，而不愿意为以后长远未定的收益承担代价。

汲取型村务的实质是以汲取换公共产品。在会受到野兽侵袭的远古时代，安全是村庄最重要的需求之一，由成年男壮丁值夜保护村庄安全同时也保卫着自己小家庭的安全，这成了"义不容辞"的责任。在农业作为农村经济支撑的时代，耕种是村庄的头等大事，不耕种、无饭食，灌溉等农业工程的修建也直接服务于村民这一刚性的需求，这是"别无选择"的分担。但当社会发展到今天，村民的利益和需求日益多元，单一公共产品未必能满足大多数人的最迫切需求，对村民而言公共产品就具备了不同的价值，这跟自己所供汲取的价格相比值不值就成了不一而足的问题。

（二）违约成本低

曹锦清曾在《黄河边的中国——一个学者对乡村社会的观察与思考》一书中言及中国农民"善分不善合"的特点。[1]贺雪峰在其《新乡土中国》一书中也提到他在湖北荆门农村观察到的现象，农户家家户户都有相同或相似的简单农具，而大农具要么全没有，要么全都有，很少有几家合作购买的，即使是亲兄弟也很难一起买。[2]不善合作源于对合作对象和交易环境的不信任。实践中，村民不同程度地存在"搭便车"的想法和行为，而现实中对"搭便车"的惩戒不足，使更多的村民出于利己本性行使"不安抗辩权"。这构成了农村现实的交易环境，也是产生观望摇摆型村民的原因。

---

〔1〕 参见曹锦清：《黄河边的中国——一个学者对乡村社会的观察与思考》，上海文艺出版社2013年版。

〔2〕 参见贺雪峰：《新乡土中国》（修订版），北京大学出版社2013年版。

首先，村民对"搭便车"等违约行为的忌惮和顾虑。人出于利己的天性，在作任何决策时，都是先考察交易安全。村民总是不惮于最坏的心思去揣度人的。例如，周庄村的村支书常说，"给村民带来十分利，他们认为你独享十二分"，他们觉得"你当村干部肯定捞好处，无利不起早，你不捞好处你为什么干"。对此，村支书表示自己也只能"身正不怕影子斜"，走好自己的路，让他们说去吧。村民在算计着自己出力的同时，基于对周围人的了解，他们也用一些地方性知识评估着他人的付出情况和可能性。一旦他人未能按约履行，自己的付出就覆水难收，于是以暂时观望或持久对抗的方式来行使他们的"不安抗辩权"。理性算计的后果是所有人都会因为缺乏对他人的交易信心而不敢或不愿相信他人。这时候实行村民自治，其后果可能就是村庄合作不能达成，村庄秩序难以维持，村里公益无人过问。理性算计的村民在民主的逻辑下选择了一个非理性的结果。

其次，除了人与人之间的防范和不信任，对这种影响极坏的"搭便车"行为惩戒、裁判力度的不足，更加剧了这种担心和顾虑。在汲取型村务中，对于不配合或者违反村规民约的行为，村干部也是频频摇头，表示"并没有什么好办法"，实践中他们往往只能在"下一次他们有求于村委会"（如婚姻生育等相关证明盖章、推荐入党、子女征兵、低保等）时给这部分村民增加点"阻力"。但村干部也深知这样可能不合法、不合规，也不符合"工作要求"，甚至还可能因为公家事与私人产生过节，这有悖于"不得罪"逻辑[1]。因此"度"很难把握，是否能够真正起到惩戒作用也效果存疑，但村干部手头只能用这样的"土办法"去完成一次正义的"审判"。对违约者的裁判和惩戒不足，加剧了村民作为交易者对顾虑变为现实的担心。

（三）村民缺乏主体性

和周庄村"户户通"修建受阻不同的是，在案例三中，关涉三个村的上学路竟得以顺利修筑。这不仅仅是因为现实收益大于汲取，

---

[1] 王会："乡村治理中的'不得罪'逻辑"，载《华南农业大学学报（社会科学版）》2011年第3期。

让村民觉得"值",更是因为周庄村村民所不具备的主体性在学生家长这里得到了充分发挥。这一方面离不开利益的深度关涉,孩子是每一个家庭的希望,俗话说"再苦不能苦孩子",在上下学途中,土路给家长、孩子带来的不便以及事故频发带来的危险隐患直接且强烈地刺激着村民,使他们意识到"要是我们不管还有谁能管",激发了村民此事关己的主体性;另一方面也离不开充分的沟通和共识,接送孩子的主体是妇女,她们在性别上似乎有着天然的沟通优势,在等待学生放学的时候,她们经常会聚集在校门口聊天,这让她们拥有了恰当的交流机遇,修路的需求在这个得天独厚的沟通机会中不仅激发了她们的主人翁意识,而且达成了充分的共识,使行动合意成了她们主体性的支持,使主体转化为主动。以浙江省慈溪市平林镇蒋村自发组成的义务夜防队为例。其形成是基于蒋村偷盗行为多发、社会治安恶化的状况,义务夜防队为维护村庄的治安秩序、保护村民的财产权益而建立,它有着特定的目标和专门的任务。随着社会治安状况的好转,蒋村义务夜防队也相应地因失去了存在的价值而自然解散,具有临时性的特点。需求激发了自发性。[1]

相反,在以周庄村"户户通"工程为例的一些汲取型村庄公共事务中,农民往往没有机会和能力有效地表达出他们对于公共品需求的偏好,如果在随后的推行中缺乏了主体性和主动性激发过程,将会使初心为民的汲取型村务遭遇前述案例中的难题。如果让村民通过民主的办法来表达自己的利益诉求,让民意汇聚成合意,甚至让村民来争取资源或者决定资源的分配和使用,将有助于激发农民的主体性和主动性,进而有助于村规民约的达成和实施。

(四)存在其他选择

1. 违约等低成本获利行为

首先,在实践中存在以更低成本同样获取公共产品及服务的途径与可能。例如,恶意搭乘、不认真履约等违约行为,被动等靠帮扶等资源输入,在获得公共产品或服务后利用村规民约的程序或实

---

[1] 高其才:"义务夜防队规约与社会治安维护——以浙江省慈溪市平林镇蒋村为考察对象",载《湘潭大学学报(哲学社会科学版)》2017年第1期。

体瑕疵索回自己的汲取份额，等等。在汲取型村务中，不少村民会认为"这个钱如果别家都出了，就我不出，也不会因为我个人影响工程的开展"，尤其是那些长期不在家居住的村民，更是认为"一年都回不来几天"，此事与己关系不大，甚至还有村民深谙官员的政绩观念之道，认为"第一书记、扶贫干部为了自己的政绩也不会让这事干不成，缺钱让他们想办法就是了"。另一方面，有的村民认为"我出了钱，别人不出，那我岂不成了冤大头"，也有之前工程的经验教训"那几个不交钱的，为了工程顺利开展，最后村干部不也给他们补上了嘛，这钱谁交谁吃亏"，"别人不交，咱也别交"，除了村干部自身，鲜有人愿意当第一个出头的人。其次，不守规则就难以在乡土熟人社会中立足的约束和牵制正逐渐弱化。村规民约对这些行为缺乏软性约束和硬性制衡，这些低成本获利途径无疑会成为更多村民的选择，而村规民约正逐渐被排斥。

由市场经济发展而带来的社会变化，像一枚楔子深刻地楔入了传统的乡土社会。其一，它改变了人，它引流的利益为上的观念冲刷并放大着人自身天然的利己本性，使人在逐利的赛道上更加直接、努力和无所顾忌，人与人之间的关系现在面临着经济利益的"拷问"；其二，它改变了人和土地的关系，有相当数量的一部分村民离开土地，涌入城市，在流动中逐步直接或间接地放弃村民身份；其三，它改变了乡土社会，撬动了乡土社会对村民的密切捆绑，邻里关系因流动而变得疏远，农村旧的价值体系和道德观念正逐步解体，传统乡土文化对人的约束逐渐松弛。因此，有学者提出，无论是在生产上还是在日常生活上，农民之间均已逐渐形成即时性的金钱交易关系。在这种个体化进程中，越来越多的"无公德的个人"被生产出来，导致村庄的公共事务无人参与、农村公益事业少有人关心。[1]

2. 消极作用反噬权威

第一，因违法而不具备效力的现象十分普遍：一方面，在实践

---

〔1〕 吴理财："个体化趋势带来多重挑战 乡村熟人社会的重构与整合——湖北秭归'幸福村落'社区治理建设模式调研"，载《国家治理》2015年第11期。

中，有的村民在获得公共产品或服务后会利用村规民约的程序或实体瑕疵主张村规民约无效或损害自身权益，索回自己的汲取份额。这直接影响了村规民约的权威和秩序。另一方面，由于村民及村干部受限于个人能力、法律素养及历史遗留等多种原因，导致村规民约与法律政策相抵触的情况非常普遍，如利用村规民约限制外嫁女、外来户、赘婿的集体经济组织成员权益及土地权益等。村民一旦将此类矛盾诉诸行政机关或司法机关，几乎是"一告一个准"，村规民约也会因其内容或程序不合法而未能得到有效适用和支持。因此在不少村民、村干部的朴素的直觉和直观感受中，这些理所当然应该是"自己村儿的事"，原本完全可以"自己说了算"，可"怎么到了上面这些事儿村里自己说了并不算"？在这些消极作用的影响下，村规民约在一些不明所以的村民心中逐渐留下了"不怎么管用"的负面印象，动摇了其"作为规则制度而必须遵守"的信念基础。这些因不合法而无效的村规民约进一步降低了村规民约的权威性、适用性和实用性，对村规民约的自身权威形成了反噬。就连村干部自身也普遍认为"村规民约不好用"。这进一步抑制了村规民约的作用发挥和权威树立，缺乏"作为制度而被严格遵守"规则信念，间接导致在汲取型村务中的遵守和执行情况受到影响。

第二，工具主义下的选择：就矛盾和纠纷解决的方式，基层群众往往可以选择上访、信访、行政调解、诉讼等多种途径。有时，政府在维稳压力和息事宁人的政绩要求之下，使得不少村民因闹获益，甚至还存在一些激进型、牟利型的钉子户、上访户和"刺儿头"，他们的行为早已超出正常的维权范围，而是选择性地假借各种道德话语、法律话语和政治话语来谋取一些原本不属于他们的利益或者提出大大超出其应得利益的要求。这些反面的示范会使村民在面对包括村规民约在内的多种解决途径时，有意识地选择能够使自己利益最大化的途径来维护甚至巩固自己的权益。这甚至使得其他原本老实本分的保守农民也跟风效仿，造成了极大的负面扩散效应。在这种基于工具主义的选择下，村民对村规民约的排斥也从侧面反映出了村规民约的"不好用"。

四、应该怎么办：规之以礼，诱之以利，治之以力

村规民约在汲取型村务中面临的困境，源于其一端是一盘散沙的理性行动者（个体小农），而另一端是公共的事务。换言之，解决难题即面临着如何恢复或增加这两端的关系黏连。一种途径是集体具有极强的权威，可以运用强权将公共事务摊派至个体；另一种途径是增加个体的主动性，或通过增加公共事务对理性行动者的利益关涉使个体与集体产生自觉的联系，或需要依靠村社集体对个人的社会化，因为只有在集体中，村民作为其成员才会关心其个体在村庄整体中的收益，包括积极、正面的社会评价等。社会化成员将关心其社会意义上的肯定评价；而对于那些不愿意参与公共事务的人，村社集体会在物质利益上对其加以约束，在社会利益上将其边缘化，使其变成一个"没脸见人"的人。面对当前正逐步瓦解的乡土社会，重构信任不能再仅仅单纯寄希望于传统人情社会的恢复，只能在瓦解和重塑中寻找适应当前乡土社会的链接。正如学者贺雪峰所言："并不是制度的不完善，而是社会基础的破坏，和农业经济的萎缩以及法制观念的不足、传统的以宗族和信仰为基础的人际联系解体，现代的以契约为基础的人际联系又未能建立起来。"[1]

当前，在汲取型村务中，村规民约面临的难题并不在于理性的个人不会算计，而在于村民将村规民约视为一场合作。在合作中，这些理性的个人过于算计个人眼前的经济利益，而又不大相信与他人合作。他们担心在这场合作中，他人会得到好处却不履约，而自己的投入又覆水难收。当前农村存在的裁判制度缺乏的现实又极易使担忧转化为现实，这消解了合作的基础，减少了合作的产生。由于缺乏一种和谐、稳定的氛围去净化交易环境，增加村民的内心预期和对他人的交易信心，合作终将难以实现。缓解村规民约在实践中遭遇的难题就是要破解合作的阻碍、净化交易环境、增加交易信心。这需要降低合作与村规民约适用的成本，利用缩小的社群单元，以及增强村民的自主性。

---

[1] 参见贺雪峰：《新乡土中国》（修订版），北京大学出版社 2013 年版。

（一）规之以礼：村规民约即合作

1. 利用缩小的社群单元明确责任联系

对于"搭便车"者，群体内责任的扩散鼓励了个体的懒散。当群体结果无法归因于任何单独个体时，个人的投入与整体的产出之间的关系将不明朗。如果社群规模较小，那么每个小组成员的努力对整个小组都有较大影响，其个人的努力与收益的不对称性相对较小，会使"搭便车效应"明显减弱。

在周庄村"户户通"工程中，以所居胡同为单元制定行动方案不失为一条有实践意义的思路。一方面，所居胡同经过自家门前，与自家利益密切相关，将集体利益与自身利益直接挂钩，自己没有理由不参与其中，而且自己的投入与集体的产出有着更为明确的联系，将有效地减少消极怠工等"搭便车"现象；另一方面，俗话说"远亲不如近邻"，胡同内的近邻往往关系密切，在农村往往是沾亲带故甚至是五服以内的亲戚关系，邻居和亲属之间"抹不开面"，"人活一张脸，树活一张皮"，相比之下更不好意思做违约的事情，而且能够取得较高的合作效率和成果。再者，由于村民对出钱和出力两种方式的需求不同，作为整体的村庄如若兼顾每个人的需求正义，则将丧失集体行动的效率（任由村民依各自需求，让"有钱的出钱，有力的出力"，在修路推进中又难保效率，增加了协调成本，导致案例一中方案三的失败），而村庄为保障集体效率对汲取方式二选一时，则势必会牺牲一部分人的需求正义，使沟通成本与内耗大幅上升。因此，实践中出现了以胡同为单位，由同一胡同内的几户人家共同商定汲取方式的尝试，他们人数较少、利益趋同、共同体意识强烈，决定不管别的胡同怎么样，由其胡同内部讨论决定出最适合也最有利于这几户人家的汲取方式。其内部存在出钱或出力困难的，也由其自己内部提出了替代方案。毕竟，在邻居间的帮工也更容易实现，那些容易向村委会主张的客观困难，在内部也更容易克服。他们以胡同为单位将商讨结果主动报告村委会，并在村委会的建议和号召下，签订下门前责任承包书，明确责任范围。

在传统社会，整个村落密切连接，是一个社群整体。后来，随着乡土社会的瓦解，作为整体的村社逐渐松散，而村民小组以更小的单元、更密切的联系形成新的社会单元，其内部关系制约更为紧密。随着新农村建设步伐的加快，越来越多的村民社区开始涌现，原来作为一个整体的村庄的物理边界逐渐瓦解，当村民上楼后，一个楼栋或者一个单元将组成新的社群单元。利用缩小的社群单元促进村规民约的制定和实施不失为一条乡村治理的路径。

2. 利用资源的输入培育村民自治能力

当前，村庄接纳着越来越多来自国家自上而下和来自社会由外而内的转移资源。被动的资源接收将滋生村民的惰性和等靠情绪。但同时，像第一书记扶贫等形式的资源进村也可以成为主动培育新型村庄生态和村民关系、锻炼村民自治能力的契机，重塑村庄共同体。比如，让村民参与资源的分配和使用，让转移资源与农民利益建立起切切实实的看得见的关系，让他们在分配和使用资源的过程中形成主体性和主动性，从而不仅可以有效地分享资源，而且可以在分享资源的过程中使其组织起来，解决村庄其他公共事务。通过资源输入激发农民的主动性，形成农村自主性，应该成为一个具有普遍意义，可操作、可推广的新农村建设方式。通过资源扭转现状、链接理性个体与集体。否则，不仅资源输入本身的效率会成为问题，新农村建设的基础性、战略性意义也将大打折扣。这需要从两方面着手：一方面，要改变输入方式，将部分资源直接投放到村一级；另一方面，要充分发挥村民自治的作用，让村民自己决定资源的分配和使用。较大的合作利润空间可以使他们不仅强化传统关系，而且建立现代合作，并通过合作催生出新的关系。

3. 降低合作与村规民约适用的成本

一方面，需要正面引导，激发村民的合作意愿，愿意交付自己的合作行为，通过充分沟通凝聚共识。这不仅需要提升村民个人道德水平和规则意识，使村民将村规民约作为规范和制度去信仰和遵守，并因为守约而受人尊敬，获得社会评价的增益；还需要重建业已形成的信任缺失，让违约者在经济利益和社会评价中都有所减损，只有在安全可靠的践约环境下，只有消除可能违约的危险，交易环境越安全，村民才更愿意交付自己的稀缺资源。一方面人人都不愿成为违约者，另一方面自觉地成为其他违约者的唾弃者。这是"守约"意识。绝大部分村民都不会苛责一个实在没有能力交钱的极度困弱者，即便不十分心甘情愿，但一般也不会轻易宣之于口，却会理直气壮地攀比那些有能力而不为的"搭便车"者。另外，在实践中，家人或子女担任公职，是村里"有头有脸的体面人"，或者子女在外"混得不错"，或经济条件相对较好或"仓廪实而知礼节"。这部分村民对于汲取是非常配合的。他们颇为在意自己和家庭的社会评价，不想因为这一件小事"惹人笑话""给孩子丢人"，不愿抹黑了家族经年不易积累的声誉。这是对"面子"和自身社会评价的重视。利用守约意识和面子意识等来营造文明风气的形成，以促进村规民约的有效实施。

另一方面，需要负面约束。对村庄内部"没有如约承担汲取任务却也同样共享其成"者的放纵会作为影响恶劣的反面教材，形成极为不良并颇具传播速度的负面示范效应。例如，在浙江省慈溪市平林镇蒋村的义务夜防队中，逐渐有村民不愿意参加夜防活动，由此便有越来越多的村民以"某人也没来"为由拒绝参加。而在现实中，对于"搭便车"者的惩戒难以回应村民对正义的需求，并将会消弭其履约的行动。因为蒋村义务夜防队本就是民间自愿参加的自治组织，缺乏有约束力的规约，对不参加者除了社会舆论谴责、社会交往排斥等软性的处罚方式之外，同样没有强制性的处理手段。因此，蒋村义务夜防队极难解决这一状况，也难以防止这种情况的增多，最终难以避免队伍的解散。[1]

其一，应当通过充分的讨论获取村民合意以明确和凝聚全村共识，并可通过张榜、印发等形式将村规民约宣之于众。其二，应当就未能如约承担汲取任务的行为作出明确的规范性约束。可根据村庄及公务的具体情况明确相应的具体惩罚措施，如通报批评、责令参与、书写检讨书、征以违约处罚、限制分红等。汲取任务并非是一蹴而就的，而是一个连续动态的过程，对汲取任务应从始至终地予以跟进监督，如通过曝光台、公开栏、告知书等形式，大张旗鼓

---

〔1〕 高其才："义务夜防队规约与社会治安维护——以浙江省慈溪市平林镇蒋村为考察对象"，载《湘潭大学学报（哲学社会科学版）》2017年第1期。

地宣传、曝光问题。其三，确定监督主体，增强村民的主人翁意识。其四，注重教育与处罚相结合。惩罚一方面来自于村规民约文本有形的约定，另一方面是村规民约之外无形的压力。这需要引导村民树立正确的价值观，让没有承担汲取任务的人遭到大家唾弃，让"想占小便宜"成为羞耻，而不是一种"精明"的表现。

（二）诱之以利：增强集体的资源与分配

一些村民不在乡村生活已久，不依靠土地生活，此时他们对于集体成员身份确认、有无土地耕种等问题并不十分关心，也鲜有矛盾和诉讼产生。一些村民虽然在村庄生活，但是对村庄事务却漠不关心。无论是物理上的村庄身份还是社会上的村庄身份，他们都不十分在意，有些村民在主观上甚至愿意放弃其村民身份，也有些村民在客观上已经放弃。一旦其所在村庄因集体成员身份和土地涉及利益分配时（如征地补偿款发放等），为恢复和确认其物理和社会性的村民身份而导致的矛盾就会频繁发生。利益的获取与分配让村民有了关注村庄的理由。对于享有或占有大量经济等资源的村集体，如果村民可以从村集体的资源分配中获益，村民就会有更多关心村庄的动力。村庄占有资源，可以拉近村民对村庄的感情。

村民在汲取型村务中对汲取任务的拒绝和排斥多呈现为放弃其社会身份的姿态，亦与村庄能给他们带来的利益大大降低有关。当下，农业收益在农民收益中比重大为降低。外出务工成本下降，加之城乡差距的缩小，使越来越多的村庄生活外倾，使得这种主观和客观上的放弃与切断联系变得容易。一旦村庄与自己关系无关，村庄共同体也将不再存在。能使得村民回归村庄或者关心村庄的，同样是利益。这既包括物质利益，也包括精神利益；既包括他们能实际获得的利益，也包括他们能感知到的利益。

1. 感知和提升收益

一方面，需要村民转变意识。大部分试图摆脱村庄涌向城市的村民，最终还是要回到农村去，因此村庄的公共工程和公益事业其实是由每个村民所共享的。这种观念的转变和长远意识的出现是一个循序渐进的过程，这需要在每一次村规民约的制定和公共产品提供的实践中逐渐灌输和传递。

另一方面，需要大力促进乡村振兴。要像城市因发展而获得吸引力一样，发掘和培育属于乡村的魅力，号召和吸引离乡村民回到乡村、建设乡村，让村民愿意留在农村、发展农村，以此为家。这需要不断探索和提升乡村治理的能力，发展集体经济，关注文化建设与引领等系统性工作。在这一过程中，还需要从自身实际出发，关注自身需求，量力而行，与自身经济状况和能力相匹配。

2. 关键少数的边际效益

2021年2月25日上午，全国脱贫攻坚总结表彰大会在北京隆重举行。习近平总书记向世界庄严宣告，我国脱贫攻坚战取得了全面胜利，现行标准下9899万农村贫困人口全部脱贫，832个贫困县全部摘帽，12.8万个贫困村全部出列，区域性整体贫困得到解决，完成了消除绝对贫困的艰巨任务。[1]中国全面脱贫攻坚任务的完成，意味着农村群众的物质性需求已基本得到满足。根据美国心理学家马斯洛的需求层次理论，在物质需求得到满足之后，人总是要向上继续追求精神满足，以期实现自我价值等更高需求。越来越多的村民渴望展示自己的才能、发挥自己的能力、实现自我价值。

提升收益不仅仅是经济增量上的，更需要感官上和体验上的。这对于农村妇女、老人以及不曾进入乡村治理核心的有志村民等这些参与度低、受关注程度低的群体，有着更高的边际收益。同样的收益也将更大程度地撬动这部分村民参与包括汲取型村务在内的公共事务中去。如在案例三中，以妇女为主体的家长群体推动完成了上学路的顺利修建，这就是边缘群体发挥功能的体现。妇孺与老人是当下农村居住人群的主体，也是联系进城农民与村居农民的纽带。有不少农村成立老人协会等来关心和改善农村养老现状，也出现了不同形式的妇女社群，可以丰富农村生活，还有村庄组成村落理事会，由村落理事长和理事（经济员、宣传员、帮扶员、调解员、维权员、管护员、环保员、张罗员等"八员"）组成，让各有所长的村民担任，发挥村民致富路上的领路人、社会生活的贴心人、社会

〔1〕任仲平："气吞山河的壮阔行进——写在脱贫攻坚战取得全面胜利、全面推进乡村振兴之际"，载《人民日报》2021年3月3日。

矛盾纠纷的调解人等治理作用。[1]

老人从传统社会而来，深受传统社会的道德教化与浸染，秉持着传统社会的道德和习惯，更容易循规蹈矩。而妇女在性别特点和性别传统上更偏于顺从，有着更强的守约意识。不曾进入乡村治理核心的有志村民，他们有着治理潜力和意愿，亦能形成良好的带动和辐射作用。如果能让妇女、老人、有志之士等边缘化群体在村务中发挥更大的作用、体现更多的价值、获取更多关注与福利，以他们为主体的村民将更有动力参与村务。

（三）治之以力：合力共治

每一次公共事务的推进，都是一场村民自治的实践，其过程与效果也将影响对村民自治能力的培养和今后的自治成效。乡村治理是一项系统性工程，需要依靠多种权威、运用多种方式实施村规民约，合力共治、保障村规民约的效力。在周庄村"户户通"的推进过程中，有正面的经验和反面的教训。

1. 依靠村干部能力

第一，私人资源：在周庄村"户户通"工程的推进过程中，村支书不堪其重，后来索性自掏腰包为村庄修路。实践中，绝大多数的村干部都存在不同程度的运用自己的个人资源或者私人关系为村集体办事的情况。虽然这不失为一种暂时有效的方法，但村干部似乎缺乏总是为村里的公共事务而动用自己私人资源的理由。除非在富人治村的实践模式下可实现其个人经济利益的追求[2]，否则利用私人资源办公事能解一时之难，但并非长久之计。

第二，关系影响：在周庄村，村支书姓的是村里的大姓，在日常工作中自家亲戚多有支持，加上他为人亲厚、颇有威信，靠着"人正不怕影子歪"的一身正气深受村民信任。村支书职业生涯十余年，即便是最难缠的村民也多会给他几分薄面，因此他主持的动员工作开展起来较为游刃有余。由他牵头和开展的村民决议，最终还

---

〔1〕 吴理财："个体化趋势带来多重挑战 乡村熟人社会的重构与整合——湖北秭归'幸福村落'社区治理建设模式调研"，载《国家治理》2015 年第 11 期。

〔2〕 王海娟："论富人治村的'私人治理'性质"，载《地方治理研究》2016 年第 1 期。

是得到了绝大多数村民的支持和践行。许多农村的村干部都像周书记一样有着强大的家族力量和朋友关系网络。村民对此甚至也习以为常，认为村干部要"没有这两下子，怎么能治好一个村"。村干部是村规民约的牵头制定者与实施监督者，也是村民遵守村规民约的影响者。村民有的是发自内心信服他们的村干部带头人而遵守村规民约，有的是受村干部各种关系网络影响而姑且遵守，有的是惧怕村干部的威严、压力而遵守。村干部的"力"治方式对于村规民约的达成和实施也有一定影响。

第三，宣传教育：群众观念或者习惯的改变是长期教化的结果。因此，村干部在平时的工作中还应当采用村民易于接受的方式突出宣传、教育的作用。大力培育村民的家园观念和集体荣誉感，为了共同家园更加美好，每人力所能及地贡献自己的力量应该成为义不容辞的村民义务。

2. 依靠村民的群力

村规民约的制定应逐步加强村民参与，而村规民约本身也在村民参与和实践中得到不断完善。

第一，村规民约的实施，关键在于村民基础，因此要充分尊重村民的主体地位。在制定和修订针对汲取型村务的村规民约前，应当通过各种形式广泛征求并认真总结村民的需求，积极采纳村民建议、回应村民期待和需求，并秉持民主、公开和参与的精神与原则进行制定。在村规民约拟定后，也应当广泛征求村民等各主体意见，及时听取建议，回应村民的顾虑和困难，对实施过程中可能出现的问题作出设想和预判，并据此及时修改或补充村规民约内相应的应对措施。在制定村规民约的过程中，村干部和包村的乡镇干部应充分发挥主持、引导和动员作用，而不能本末倒置，成为村规民约的实际制定者，否则将会使村规民约的实施效果受到影响。

第二，在村规民约的实施过程中，村民应当相互提醒、共同监督，减少违约现象，形成"守约者受人尊敬、有面子、值得信赖和交往"的乡村民风，守约者因守约而获得社会评价和社会利益的提升，违约者因违约而被人疏远和否定导致社会评价和社会利益减损。

第三，通过各种方式强化和凸显群体责任与个人投入之间的联系。例如，可通过责任承包书等形式由村民认领门前路块责任等，或通过功德榜、荣誉门牌、证书、曝光台等形式公开鼓励或批评现实的汲取情况。

第四，言教不如身教，周庄村很重视发挥党员干部在汲取型村务中村规民约的先锋模范带头作用，由党员干部以身作则，用实际行动带动和感染周围群众。

3. 依靠其他主体助力

在周庄村"户户通"工程的推进过程中，乡镇政府、包村干部、驻村书记等多方主体也在积极推进村规民约的制定和推进。乡镇政府定期召开村支书大会，不仅表明精神、推动工作、通报进度，而且还在集市上散发"户户通"工程的宣传广告单页，将统一制作的"户户通"宣传音频发放到各村通过大喇叭进行宣传。一方面向村民传递县乡政府对这项工作的重视，营造出工作紧迫感，让村民重视、关心和讨论"户户通"工程，在讨论的过程中也让村民相互劝服和影响；另一方面也将"户户通"的实际利好清晰地展现给村民，让更多的村民意识到汲取的意义和价值，让他们算好心中的"明白账"。另外，包村干部在村民会议或村民代表会议上将"户户通"的好处、县乡政策充分讲解。第一书记也通过自己的渠道筹措资金，减少了向村民的汲取，减轻了村民负担。

制度分析

● ● ●

当代中国法律中的村规民约

魏小强[*]

引　言

村规民约作为习惯法的类型之一，是当代中国多元社会规范体系的有机组成部分。同时，村规民约作为法律范畴，也被现行有效的各种法律法规规章所规范。关于法律与村规民约的关系，人们有过多方面的研究探讨。如对法律与村规民约的融合及冲突关系的研究，[1] 对村规民约的法律属性及法律效力的研究，[2] 以及对村规民约的司法功能的考察等。[3] 其中，村规民约不能与法律相抵触、不

---

[*] 魏小强，江苏大学法学院副教授，法学博士。

〔1〕 参见顾秀文、张波："礼法互融：村规民约与国家法律协同衔接的法学逻辑与路径"，载《中共南昌市委党校学报》2020年第4期；张波、顾秀文："三治融合村规民约与国家法律协同的三维审思"，载《东北农业大学学报（社会科学版）》2020年第4期；向攀竹、唐娜："论国家政策、村规民约与法律秩序的冲突及融合——对天津基层法院100份宅基地纠纷判决书的法社会学分析"，载《湖南警察学院学报》2015年第3期；冯燕："村规民约与相关法律规定冲突之思考——以农村出嫁女的土地权益受侵犯为视角"，载《西安文理学院学报（社会科学版）》2010年第1期。

〔2〕 参见贺玲："村规民约的法律效力如何认定"，载《四川党的建设（农村版）》2014年第12期；韦少雄："论村规民约的法律属性"，载《齐齐哈尔大学学报（哲学社会科学版）》2013年第3期；姜裕富："村规民约的效力：道德压制，抑或法律威慑"，载《青岛农业大学学报（社会科学版）》2010年第1期。

〔3〕 参见向攀竹、唐娜："论国家政策、村规民约与法律秩序的冲突及融合——对天津基层法院100份宅基地纠纷判决书的法社会学分析"，载《湖南警察学院学报》2015

能突破法律的底线，以及要在法律的框架内制定村规民约等，是人们对法律与村规民约关系的基本态度。[1]总的来看，上述研究无论其具体内容如何，多是从外部视角探讨法律与村规民约这两类不同性质的社会规范之间的关系。除此而外，只有个别学者从"法律中的村规民约"这一内部视角考察了二者的关系。

早在 20 年前，苏力教授通过对我国当时有效的 2500 多件法律和行政法规以及重要的司法规范性解释进行计算机检索，发现除了在涉及国内少数民族和对外关系的问题上，制定法一般是轻视习惯的。[2]尽管村规民约并不等于习惯，但是村规民约通常是以习惯为基本内容的，习惯被轻视在很大程度上意味着村规民约当时并不被法律所重视。数年前，高其才教授利用北大法宝法律信息数据库，分别对法律、行政法规、部门规章等中央规范性文件和地方性法规、民族自治地方自治条例和单行条例、经济特区法规、地方政府规章等地方规范性文件对"村规民约"的规范情况进行了检索分析。结果发现，村规民约在制定法中得到了一定的重视，在乡村社会治理中发挥了一定的作用。其中，中央规范性文件对村规民约规定的内容比较原则，很多方面还需要进一步加强。[3]而地方规范性文件对村规民约的规范则涉及乡村治理的诸领域、各方面，较为全面地调整乡村社会关系，维护乡村社会秩序，促进乡村经济社会发展和农民生活水平提高。[4]

比较苏力教授与高其才教授的研究结果我们可以发现，村规民约

(接上页) 第 3 期；乔淑贞："乡村治理视野下村规民约的法律依据与司法适用问题研究"，载《农业经济》2020 年第 1 期。

〔1〕 参见郝绍彬："村规民约与法律底线"，载《人民法院报》2015 年 8 月 7 日；斯涵涵："村规民约不能与法律相抵触"，载《法制日报》2018 年 2 月 27 日；潘铎印："在法律框架内制定村规民约"，载《人民法院报》2019 年 10 月 28 日。

〔2〕 苏力："当代中国法律中的习惯——一个制定法的透视"，载《法学评论》2001 年第 3 期。

〔3〕 高其才："村规民约在乡村治理中的作用——从法律行政法规部门规章等中央规范性文件角度的考察"，载《暨南学报（哲学社会科学版）》2017 年第 9 期。

〔4〕 高其才："通过村规民约的乡村治理——从地方法规规章角度的观察"，载《政法论丛》2016 年第 2 期。

从之前不被法律所重视，到后来得到了一定的重视，其在法律中的地位已经有了较大的提升。原因可能与村规民约在我国社会治理中发挥的积极作用越来越大，[1] 人们对我国以法律为核心的多元社会规范体系的认知水平越来越高有关。[2] 虽然高其才教授的内部考察丰富了人们对法律与村规民约的关系的认知，但其仍然是一种功能视角的研究，分析的是村规民约的治理功能，并没有对法律规范村规民约的具体情形给予足够的关注。那么，村规民约在法律中的具体存在状态究竟如何，就是本文所要解决的问题。

针对上述问题，本文拟以现行有效的法律为对象，利用法律信息数据库，通过关键词检索以获得包含法律与村规民约关系的信息材料，并据以进行分析研究。如果没有特别说明或语境限定，本文中的"法律"是指广义的制定法，其外延以《宪法》《立法法》为依据，具体包括宪法、法律、行政法规、地方性法规、自治条例和单行条例、部门规章、地方政府规章以及法律解释。这里的"村规民约"是一个确定的法律概念，其具体存在于各类法律规范之中。本文主要以"村规民约"为关键词进行精确检索，并以该词的检索结果作为分析的事实依据。考虑到部分法律规范所使用的是与"村规民约"含义相近的"乡规民约"的概念，因此本文也将适当参考包含后者内容的检索结果。

本文据以检索的法律信息数据库为全国人民代表大会常委会办公厅建立并维护的"国家法律法规数据库"。截至本文的最后的检索日期——2021 年 3 月 25 日，该数据库共有宪法、法律、行政法规、地方性法规、司法解释五个规范类型 17 317 部规范性文件。由于国家法律法规数据库中没有国务院部门规章和地方政府规章，本文对这部分规范性文件的检索主要在司法部信息中心运行维护的"法律

---

〔1〕 2020 年 12 月，中共中央印发的《法治社会建设实施纲要（2020-2025 年）》在"健全社会领域制度规范"中强调要"充分发挥社会规范在协调社会关系、约束社会行为、维护社会秩序等方面的积极作用。加强居民公约、村规民约、行业规章、社会组织章程等社会规范建设，推动社会成员自我约束、自我管理、自我规范。深化行风建设，规范行业行为"。

〔2〕 刘作翔："当代中国的规范体系：理论与制度结构"，载《中国社会科学》2019 年第 7 期。

法规数据库"中进行。截至本文的最后的检索日期——2021 年 3 月 25 日，该数据库共有法律、行政法规、国务院部门规章、地方性法规、地方政府规章、司法解释六个规范类型 66 637 部规范性文件，其中国务院部门规章 5818 部，地方政府规章 30 750 部。此外，本文还以"北大法宝"法律法规数据库（以下简称"北大法宝"）作为信息检索的参考。

一、法律中的村规民约的基本情况

本文以"村规民约"为关键词在国家法律法规数据库中对"现行有效"的全部法律做了"正文"检索，结果在宪法、行政法规、法律解释、司法解释中没有发现包含"村规民约"的内容；在法律、地方性法规、自治条例和单行条例、特别行政区法规中发现了包含"村规民约"的内容。以"村规民约"为关键词在法律法规数据库中分别对国务院部门规章和地方政府规章做了"正文"检索，结果在前者中没有发现包含"村规民约"的内容，在后者中发现了包含"村规民约"的内容。以下是所检索到的法律中的村规民约的基本情况。

（一）法律对村规民约的规定情况

在国家法律法规数据库现行有效的法律及法律解释中，只有《民法典》和《村民委员会组织法》中有关于村规民约的规定。其中《民法典》只有一条提到了村规民约，即其第 264 条："农村集体经济组织或者村民委员会、村民小组应当依照法律、行政法规以及章程、村规民约向本集体成员公布集体财产的状况。……"《村委会组织法》则有 3 个条文共 5 处提到了村规民约。其中第 10 条规定："村民委员会及其成员应当遵守宪法、法律、法规和国家的政策，遵守并组织实施村民自治章程、村规民约，执行村民会议、村民代表会议的决定、决议，办事公道，廉洁奉公，热心为村民服务，接受村民监督。"第 27 条规定："村民会议可以制定和修改村民自治章程、村规民约，并报乡、民族乡、镇的人民政府备案。村民自治章程、村规民约以及村民会议或者村民代表会议的决定不得与宪法、法律、法规和国家的政策相抵触，不得有侵犯村民的人身权利、民主权利和合法财产权利的内容。村民自治章程、村规民约以及村民会议或者村民代表会议的决定违反前款规定的，由乡、民族乡、镇的人民政府责令改正。"第38条第1款规定："驻在农村的机关、团体、部队、国有及国有控股企业、事业单位及其人员不参加村民委员会组织，但应当通过多种形式参与农村社区建设，并遵守有关村规民约。"

（二）地方性法规对村规民约的规定情况

国家法律法规数据库把地方性法规具体分为省级地方性法规、设区的市的地方性法规、自治条例和单行条例、经济特区法规五类。

检索到现行有效的省级地方性法规共6142部，其中在《浙江省河道管理条例》《河北省多元化解纠纷条例》《云南省反家庭暴力条例》《新疆维吾尔自治区村民委员会选举办法》《天津市生活垃圾管理条例》等228部中有关于村规民约的规定。[1]

检索到现行有效的设区的市的地方性法规共4448部，其中在《甘孜藏族自治州森林草原防灭火条例》《阜阳市文明行为促进条例》《长沙市农村村民住宅建设管理条例》《景德镇市文明行为促进条例》《宁德市城市市容和环境卫生管理条例》等341部中有关于村规民约的规定。

检索到现行有效的自治州单行条例共398部，其中在《阿坝藏族羌族自治州民族团结进步条例》《湘西土家族苗族自治州传统村落保护条例》《昌吉回族自治州乡村治理促进条例（试行）》《黔东南苗族侗族自治州锦屏文书保护条例》《伊犁哈萨克自治州施行〈中华人民共和国婚姻法〉的补充规定》等24部中有关于村规民约的规定。

检索到现行有效的自治县单行条例共500部，其中在《北川羌族自治县促进民族团结进步条例》《云南省镇沅彝族哈尼族拉祜族自治县传统村落保护条例》《宽甸满族自治县农村人居环境管理条例》《循化撒拉族自治县民族团结进步条例》《木垒哈萨克自治县文明行

---

〔1〕 在"省级地方性法规"项下的检索结果为229条信息，其中有两条信息重复，故检索到的省级地方性法规的实际数量为228部。

为促进条例》等 54 部中有关于村规民约的规定。

检索到现行有效的自治州自治条例 28 部，其中在《玉树藏族自治州自治条例》1 部中有关于村规民约的规定。检索到现行有效的自治县自治条例 28 部，其中在《三江侗族自治县自治条例》1 部中有关于村规民约的规定。

检索到现行有效的经济特区法规 381 部，其中在《厦门经济特区多元化纠纷解决机制促进条例》《深圳市人民代表大会常务委员会关于坚决查处"黄、赌、毒"违法行为的决定》《海南经济特区禁毒条例》《汕头经济特区村务公开条例》等 4 部中有关于村规民约的规定。

（三）地方政府规章对村规民约的规定情况

在法律法规数据库中检索到"国务院部门规章"共 5816 部，其中均不包含村规民约的内容。检索到"地方政府规章"共 30 750 部，在其中 61 部中有关于村规民约的规定。因此，笔者将只对包含村规民约内容的 61 部地方政府规章进行分类梳理。

其中在《江苏省传统村落保护办法》《安徽省历史文化名城名镇名村保护办法》《广西壮族自治区人口和计划生育管理办法》《北京市除四害工作管理规定》等 31 部省、自治区、直辖市人民政府制定发布的地方政府规章中有关于村规民约的规定。

在《南京市水土保持办法》《西宁市饮用水水源保护管理办法》《"海上丝绸之路·福州史迹"文化遗产保护管理办法》等 8 部省级人民政府所在地的市制定发布的地方政府规章中有关于村规民约的规定。

在《锦州市森林防火实施办法》《赣州市农村村民住房建设管理办法》《黄冈市天然林保护办法》《三明市市区文明行为促进办法》等 22 部设区的市人民政府颁布的地方政府规章中有村规民约的规定。

从上述各类规范性文件的检索结果来看，法律基本不涉及村规民约的内容，村规民约主要存在于地方性法规、自治条例和单行条例、地方政府规章以及经济特区法规中。其中，自治区、直辖市的人民代表大会及其常务委员会制定的地方性法规和设区的市的人民代表大会及其常务委员会制定的地方性法规占了其中的大部分。另有少部分其他类型的地方性法规和少部分地方政府规章中有关于村规民约的规定。这说明，在作为我国正式法律渊源的各类制定法中，绝大多数中央规范性文件都没有把村规民约纳入自己的规范对象之中，村规民约主要为相关地方规范性文件所规范。

二、法律中的村规民约的内容

根据《立法法》的规定，省、自治区、直辖市的人民代表大会及其常务委员会根据本行政区域的具体情况和实际需要，在不同宪法、法律、行政法规相抵触的前提下，可以制定地方性法规。设区的市的人民代表大会及其常务委员会根据本市的具体情况和实际需要，在不同宪法、法律、行政法规和本省、自治区的地方性法规相抵触的前提下，可以就城乡建设与管理、环境保护、历史文化保护等方面的事项制定地方性法规，法律对设区的市制定地方性法规的事项另有规定的，从其规定。经济特区所在地的省、市的人民代表大会及其常务委员会根据全国人民代表大会的授权决定，制定法规，在经济特区范围内实施。民族自治地方的人民代表大会有权依照当地民族的政治、经济和文化的特点，制定自治条例和单行条例。[1]国务院各部、委员会、中国人民银行、审计署和具有行政管理职能的直属机构可以根据法律和国务院的行政法规、决定、命令，在本部门的权限范围内制定规章。省、自治区、直辖市和设区的市、自治州的人民政府，可以根据法律、行政法规和本省、自治区、直辖市的地方性法规，制定规章。[2]

前述的检索结果表明，在法律、法规、规章中都有不同数量的关于村规民约的规定。其中，《民法典》和《村民委员会组织法》关于村规民约规定的内容前面已列出，此不赘述。下面，笔者将主要梳理地方性法规和地方政府规章中关于村规民约的内容。

（一）法律实施规范中村规民约的内容

检索发现，有关法律的实施办法主要以地方性法规和民族自治

---

〔1〕 参见《立法法》第72、74、75条。
〔2〕 参见《立法法》第80、82条。

地方单行条例的形式存在，其中包含村规民约内容的共有 65 部关于法律实施办法（意见）的省级地方性法规，[1]2 部关于法律实施办法的设区的市的地方性法规，[2]1 部关于法律的补充规定的自治州单行条例。[3]

如《上海市实施〈中华人民共和国村民委员会组织法〉办法》中共有 9 处规定了村规民约，内容分别涉及村规民约制定修改的主体和程序、村规民约的内容、村规民约的规范地位、村规民约与法律法规及国家政策相抵触的法律后果及纠正途径等。[4]《江苏省实施〈中华人民共和国村民委员会组织法〉办法》中共有 4 处规定了村规民约，内容分别涉及村规民约制定修改的主体和程序、村规民约的规范地位、村规民约与法律法规及国家政策相抵触的法律后果及纠正途径等。

如《辽宁省实施〈中华人民共和国妇女权益保障法〉规定》《湖北省实施〈中华人民共和国妇女权益保障法〉办法》《西藏自治区实施〈中华人民共和国妇女权益保障法〉办法》关于村规民约的规定都是禁止利用村规民约侵害妇女合法权益的内容。其中，《西藏自治区实施〈中华人民共和国妇女权益保障法〉办法》还规定了村规民约侵害妇女合法权益时的改正办法。[5]

大多数有关法律的实施办法中通常只有一两处规定村规民约。如《广西壮族自治区实施〈中华人民共和国消防法〉办法》第 35

---

〔1〕 具体包括《村民委员会组织法》实施办法 26 部、《妇女权益保障法》实施办法 18 部、《农村土地承包法》实施办法 8 部、《老年人权益保障法》实施办法 3 部、《反家庭暴力法》实施办法 4 部、《水土保持法》实施办法 3 部、《人民调解法》实施办法 1 部、《消防法》实施办法 1 部、《全国人民代表大会常务委员会关于全面禁止非法野生动物交易、革除滥食野生动物陋习、切实保障人民群众生命健康安全的决定》的实施意见 1 部。

〔2〕《青岛市实施〈中华人民共和国妇女权益保障法〉办法》《武汉市实施〈中华人民共和国环境保护法〉办法》。

〔3〕《伊犁哈萨克自治州施行〈中华人民共和国婚姻法〉的补充规定》。

〔4〕 如《上海市实施〈中华人民共和国村民委员会组织法〉办法》第 20 条第 3 款："村规民约一般针对村民福利、房屋管理、租赁管理、环境卫生、社会治安、精神文明建设、奖惩措施等事项逐一约定。"

〔5〕《西藏自治区实施〈中华人民共和国妇女权益保障法〉办法》第 46 条规定："村民自治章程、村规民约以及村民会议或者村民代表会议决定中有侵害妇女合法权益内容的，由乡镇人民政府责令其改正。"

条第4款："村屯应当制定消防安全村规民约，实行消防安全联防制度。"《广东省实施〈中华人民共和国人民调解法〉办法》第36条规定："人民调解委员会在不违反法律、法规强制性规定的前提下，可以参考行业惯例、村规民约、社区公约和公序良俗等，引导当事人达成调解协议。"《天津市实施〈中华人民共和国水土保持法〉办法》第13条第2款规定："乡、镇人民政府应当指导村民委员会制定村规民约，保护水土保持设施，加强生态环境建设。"

（二）文明促进规范中村规民约的内容

在省级地方性法规中，共有7个文明行为促进条例、1个精神文明建设条例和1个生态文明排头兵建设促进条例中规定有村规民约的内容。如《贵州省文明行为促进条例》规定，依法制定村规民约是乡镇人民政府、村民委员会等建设文明村镇应当采取的措施之一。[1]《河南省文明行为促进条例》规定，居民委员会、村民委员会应当坚持法治、德治和自治相结合，将文明行为基本规范纳入居民公约、村规民约，开展多种形式的文明行为促进活动；公民应当参与文明乡村建设，自觉遵守法律、法规和村规民约的规定。[2]《天津市促进精神文明建设条例》规定，本市居民应当自觉遵守市民文明公约和行为守则、居民公约、村规民约及其他有关行为规范，积极参与精神文明建设。[3]

在设区的市的地方性法规中，共有95个文明行为促进条例、3个生态文明建设促进条例中规定，有村规民约的内容。如《龙岩市文明行为促进条例》规定乡镇人民政府、街道办事处和村民委员会、居民委员会应当将文明行为促进工作作为基层精神文明建设的工作内容，把文明行为规范纳入村规民约和社区公约。[4]《锦州市文明行为促进条例》规定，公民应当遵守法律、法规，自觉遵守市民公约、村规民约、学生守则以及行业规范，尊重公序良俗。[5]《中卫

〔1〕 参见《贵州省文明促进条例》第35条。
〔2〕 参见《河南省文明促进条例》第6条第3款、第17条。
〔3〕 参见《天津市促进精神文明建设条例》第41条。
〔4〕 参见《龙岩市文明行为促进条例》第26条第1款。
〔5〕 参见《锦州市文明行为促进条例》第5条。

市文明行为促进条例》鼓励村（居）民委员会将文明行为规范纳入村规民约和居民文明公约。[1]

在自治州、自治县的单行条例中，共有1个文明行为促进条例中规定有村规民约的内容，即《木垒哈萨克自治县文明行为促进条例》。其规定，村民委员会、社区居民委员会应当依法组织实施村规民约、居民公约，引导文明行为，劝阻不文明行为，宣传文明先进典型。[2]

在地方政府规章中，只有《三明市市区文明行为促进办法》和《昆明市人民政府关于推行移风易俗促进文明殡葬的若干规定》2个文明促进规范中规定有村规民约的内容。其中，前者规定公民应当爱国守法、明礼诚信、团结友善、勤俭自强、敬业奉献，自觉遵守市民公约、村规民约、业主公约及其他有关文明行为规范，尊重公序良俗。[3]后者规定乡（镇）人民政府、街道办事处和村（居）民委员会要充分发挥基层红白理事会等群众组织的作用，把移风易俗、文明殡葬的内容纳入村规民约和社区公约。[4]

（三）环境保护规范中村规民约的内容

有关环境保护的省级地方性法规很多，其中在12个环境保护条例、7个生活垃圾管理条例、5个森林防火条例、6个河道管理条例、5个河长制湖长制条例、2个饮用水水源保护条例、2个湖泊保护条例等规范中规定有村规民约的内容。

如《宁夏回族自治区环境保护条例》规定村民委员会应当制定生产生活环境保护的村规民约，保护农村环境并监督实施。[5]《四川省沱江流域水环境保护条例》鼓励村民委员会、居民委员会制定村规民约或者居民公约，对水环境保护作出约定。[6]《河北省乡村环境保护和治理条例》规定村民委员会应当协助乡镇人民政府开展

〔1〕 参见《中卫市文明行为促进条例》第22条第3款。
〔2〕 参见《木垒哈萨克自治县文明行为促进条例》第6条。
〔3〕 参见《三明市市区文明行为促进办法》第7条。
〔4〕 参见《昆明市人民政府关于推行移风易俗促进文明殡葬的若干规定》（2014年修正）第5条。
〔5〕 参见《宁夏回族自治区环境保护条例》第26条第1款。
〔6〕 参见《四川省沱江流域水环境保护条例》第14条第3款。

乡村环境保护和治理工作，召集村民会议，制定和完善乡村环境保护和治理方面的村规民约；村民委员会及其成员应当遵守并组织实施村规民约。[1]

如《福建省城乡生活垃圾管理条例》鼓励村（居）民委员会制定村规民约或者管理规约，督促引导村（居）民主动参与生活垃圾治理。[2]《甘肃省农村生活垃圾管理条例》规定，村民委员会通过制定村规民约等方式开展农村生活垃圾的清扫、分类、投放等工作，督促村庄内的单位和个人做好村庄保洁工作；任何单位和个人都有权对农村生活垃圾设施建设、维护以及垃圾投放、收集、运输、处理中存在的违法违规行为和不遵守村规民约的行为进行举报。[3]

《浙江省河长制规定》鼓励村级河长组织村（居）民制定村规民约、居民公约，对水域保护义务以及相应奖惩机制作出约定。[4]《海南省饮用水水源保护条例》规定，村（居）民委员会应当结合当地实际，在村规民约或者居民公约中规定村（居）民保护饮用水水源的义务，开展宣传教育，落实保护措施。[5]《湖南省森林防火若干规定》规定，森林防火区的村（居）民委员会应当建立健全森林防火组织，制定村规民约、居民公约，采取措施预防森林火灾，协助做好森林火灾应急处置工作。[6]

设区的市的地方性法规、自治条例和单行条例、地方政府规章中同样有大量有关环境保护的规范性文件，其中规定村规民约内容的不在少数。经过对检索结果的比较，笔者发现其有关村规民约的内容规定与省级地方性法规有关村规民约的内容规定相类似，只是前者要更为具体一些，规范使用的范围相对小一些而已。故此处略去对这部分内容的表述以免重复。

---

〔1〕 参见《河北省乡村环境保护和治理条例》第5、24条。
〔2〕 参见《福建省城乡生活垃圾管理条例》第4条第3款。
〔3〕 参见《甘肃省农村生活垃圾管理条例》第7条、第31条第2款。
〔4〕 参见《浙江省河长制规定》第8条。
〔5〕 参见《海南省饮用水水源保护条例》第7条第2款。
〔6〕 参见《湖南省森林防火若干规定》第3条第4款。

（四）城乡建设与管理规范中村规民约的内容

在有关城乡建设与管理的省级地方性法规中，在 16 个社会综合治理条例、7 个人口与计划生育条例、3 个多元纠纷化解条例、3 个农村公路条例等规范性文件中检索到村规民约的内容。

如《安徽省社会治安综合治理条例》规定，依法制定村规民约、居民公约并监督执行，是村（居）民委员会在社会治安综合治理中的职责之一。[1]《新疆维吾尔自治区社会治安综合治理条例》和《山西省城乡环境综合治理条例》也有类似规定。[2]

《湖南省食品生产加工小作坊小餐饮和食品摊贩管理条例》规定，村（居）民委员会可以通过村规民约等方式加强食品安全管理和宣传，提高村（居）民食品安全意识。[3]《北京市禁止赌博条例》规定，居民委员会、村民委员会应当把禁止赌博列入居民公约、村规民约，进行宣传教育，防止赌博发生。[4]《云南省禁毒条例》鼓励在村规民约中规定禁毒的内容，并督促遵守。[5]

诸多关于城乡建设与管理的设区的市的地方性法规也规定有村规民约的内容。如《盘锦市城乡容貌和环境卫生管理条例》规定，镇人民政府和街道办事处指导村民自治组织制定符合乡村容貌和环境卫生标准的村规民约；村民委员会应当根据乡村容貌和环境卫生专项规划组织制定实施维护本区域容貌和环境卫生的村规民约；乡村应当建立日常卫生保洁制度，将保洁人员的雇佣、保洁费的筹集和使用纳入村规民约的内容。[6]《湖州市美丽乡村建设条例》规定，村民应当依法和按照村规民约履行义务，共享本村的美丽乡村建设成果，鼓励村民会议依照法定程序将美丽乡村建设行为规范纳入村规民约。[7]《永州市乡村房屋建设管理条例》规定，鼓励成立乡村

---

〔1〕 参见《安徽省社会治安综合治理条例》第 11 条第 1 项。

〔2〕 参见《新疆维吾尔自治区社会治安综合治理条例》第 36 条第 2 项、《山西省城乡环境综合治理条例》第 19 条。

〔3〕 参见《湖南省食品生产加工小作坊小餐饮和食品摊贩管理条例》第 3 条第 2 项。

〔4〕 参见《北京市禁止赌博条例》第 6 条。

〔5〕 参见《云南省禁毒条例》第 16 条。

〔6〕 参见《盘锦市城乡容貌和环境卫生管理条例》第 42 条、第 43 条、第 46 条第 4 款。

〔7〕 参见《湖州市美丽乡村建设条例》第 6、41 条。

建房理事会，通过村规民约、签订建房管理协议等方式对乡村建房行为进行自治管理。[1]《日喀则市城市管理条例》规定，社区（村民）委员会协助乡（镇）人民政府、街道办事处动员辖区人员参与城市管理，将城市管理工作纳入社区居民公约（村规民约），改善人居环境。[2]

另外，在关于城乡建设与管理的自治条例和单行条例、经济特区法规及地方政府规章中也有有关村规民约的规定，具体内容与上述地方性法规相类似，此不赘述。

（五）历史文化保护规范中村规民约的内容

有多个关于历史文化保护的省级地方性法规中有村规民约内容的规定。如《北京市非物质文化遗产条例》规定，该市鼓励将保护本地区的代表性项目纳入居民公约、自治章程、村规民约。[3]《四川省传统村落保护条例》规定，传统村落所在地村民委员会依法将传统村落保护发展事项纳入村规民约，对违反传统村落保护规定的行为进行劝阻和制止。[4]《四川省阆中古城保护条例》鼓励阆中古城保护区内村民委员会、居民委员会制定村规民约或者居民公约，对阆中古城保护工作作出约定。[5]《福建省历史文化名城名镇名村和传统村落保护条例》规定，历史文化街区、名镇、名村和传统村落可以制定村规民约，建立群众性保护组织，自觉开展历史遗存保护、环境卫生整治、道路建设等保护工作，引导社会公众参与保护。[6]《贵州省安顺屯堡文化遗产保护条例》规定，安顺屯堡村寨村（居）民可以根据有关法律法规订立村规民约，做好安顺屯堡文化遗产自我保护工作。[7]《甘肃省麦积山风景名胜区条例》规定，麦积山风景名胜区管委会、麦积区人民政府和风景名胜区内的镇人民政府应当指导村民委员会组织制定村规民约，鼓励村民参与风景名胜区保

〔1〕 参见《永州市乡村房屋建设管理条例》第4条第5款。
〔2〕 参见《日喀则市城市管理条例》第5条第2款。
〔3〕 参见《北京市非物质文化遗产条例》第46条第4款。
〔4〕 参见《四川省传统村落保护条例》第4条第4款。
〔5〕 参见《四川省阆中古城保护条例》第9条。
〔6〕 参见《福建省历史文化名城名镇名村和传统村落保护条例》第37条第1款。
〔7〕 参见《贵州省安顺屯堡文化遗产保护条例》第40条。

护工作。[1]

有多个关于历史文化保护的设区的市的地方性法规中有村规民约内容的规定。如《黔东南苗族侗族自治州月亮山梯田保护条例》鼓励村民委员会、农民专业合作社等组织通过健全村规民约、合作社章程，参与月亮山梯田保护。[2]《黄山市徽州古建筑保护条例》规定，古建筑所在地村民委员会或者居民委员会应当制定古建筑保护村规民约，自觉开展古建筑保护。[3]《宁波市历史文化名城名镇名村保护条例》规定，历史文化名镇、名村所在地村（居）民委员会的职责之一是依法修订村规民约，开展保护宣传。[4]《上饶市历史建筑保护条例》规定，村（居）民委员会协助政府和有关部门做好历史建筑的保护工作，将历史建筑保护内容纳入村规民约。[5]

再如，《安顺市亚鲁王非物质文化遗产保护条例》鼓励村（居）民委员会制定村规民约保护亚鲁王非物质文化遗产。[6]《宁德市畲族文化保护条例》规定，畲族村（居）民委员会协助当地人民政府做好畲族文化的保护和宣传，将其纳入村规民约，劝阻、制止并及时报告破坏畲族文化的行为。[7]《峨眉山世界文化和自然遗产保护条例》鼓励和引导村民委员会、居民委员会在村规民约、居民公约中规定有关峨眉山保护的内容。[8]

在多个关于历史文化保护的自治州、自治县单行条例中包含有村规民约的内容。如《湘西土家族苗族自治州传统村落保护条例》《黔东南苗族侗族自治州锦屏文书保护条例》《黔南布依族苗族自治州古树名木保护条例》《云南省镇沅彝族哈尼族拉祜族自治县传统村落保护条例》《木垒哈萨克自治县传统村落保护条例》《连南瑶族自治县民族文化遗产保护条例》等。

---

[1] 参见《甘肃省麦积山风景名胜区条例》第6条第1款。
[2] 参见《黔东南苗族侗族自治州月亮山梯田保护条例》第8条第2款。
[3] 参见《黄山市徽州古建筑保护条例》第5条第4款。
[4] 参见《宁波市历史文化名城名镇名村保护条例》第38条第1项。
[5] 参见《上饶市历史建筑保护条例》第4条第5款。
[6] 参见《安顺市亚鲁王非物质文化遗产保护条例》第6条第4款。
[7] 参见《宁德市畲族文化保护条例》第5条第4款。
[8] 参见《峨眉山世界文化和自然遗产保护条例》第38条第2款。

在多个关于历史文化保护的地方政府规章中也包含有村规民约的内容，如《安徽省历史文化名城名镇名村保护办法》《江苏省传统村落保护办法》《宁波市海上丝绸之路史迹保护办法》等。

（六）其他规范中村规民约的内容

除了上述法律规范中关于村规民约的规定外，一些其他内容的法律规范中也有关于村规民约的规定。

如《辽宁省法治宣传教育条例》规定，司法行政部门应当引导村（居）民依法制定村（居）民自治章程、村规民约，推进基层法治建设。[1]《湖北省志愿服务条例》鼓励将志愿精神纳入市民公约、村规民约和行业规范等。[2]《浙江省农产品质量安全规定》鼓励将保障农产品质量安全的具体措施和要求纳入村规民约。[3]《新疆维吾尔自治区去极端化条例》规定，乡镇人民政府、街道办事处应当指导村、居民委员会制定推行新型村规民约、居民公约等，提高法治化水平，建立常态化治理机制，依法做好去极端化工作。[4]《云南省民族团结进步示范区建设条例》规定，乡（镇）人民政府应当支持村民委员会开展示范区建设工作，鼓励将民族团结进步内容纳入村规民约。[5]

再如《青岛市禁止焚烧抛撒丧葬祭奠物品规定》规定，居民委员会、村民委员会应当支持将禁止焚烧、抛撒丧葬祭奠物品纳入居民公约、村规民约。[6]《长春市农作物秸秆露天禁烧和综合利用管理条例》规定，乡（镇）人民政府、街道办事处应当指导、督促村民委员会（包括农村社区居民委员会）将秸秆露天禁烧纳入村规民约。[7]《郑州市殡葬管理条例》规定，城乡基层组织应当把改革丧葬习俗纳入村民自治章程、村规民约或者居民守则。[8]《衢州市电

---

〔1〕 参见《辽宁省法治宣传教育条例》第 25 条。
〔2〕 参见《湖北省志愿服务条例》第 35 条第 2 款。
〔3〕 参见《浙江省农产品质量安全规定》第 4 条第 4 款。
〔4〕 参见《新疆维吾尔自治区去极端化条例》第 31 条。
〔5〕 参见《云南省民族团结进步示范区建设条例》第 38 条第 3 款。
〔6〕 参见《青岛市禁止焚烧抛撒丧葬祭奠物品规定》第 3 条第 4 款。
〔7〕 参见《长春市农作物秸秆露天禁烧和综合利用管理条例》第 17 条第 4 项。
〔8〕 参见《郑州市殡葬管理条例》第 25 条第 2 款。

梯安全条例》鼓励业主公约、居民公约和村规民约对文明乘坐电梯的行为规范作出约定。[1]《安庆市实施林长制条例》鼓励村（社区）林长组织村（居）民制定村规民约、居民公约，对森林资源、湿地和绿地等相关资源保护义务以及相应奖惩机制作出约定。[2]

其中，《海东市移风易俗促进条例》中有关村规民约的内容较多。比如，县、乡人民政府应当指导本区域内村（社区）完善村规民约、居民公约；指导村（社区）通过村规民约、居民公约确定婚礼的必要程序、婚宴酒席的具体规模、礼金标准、婚事操办天数等；本市区域内居民结婚彩礼标准应当遵守村规民约、居民公约的规定；村（居）民办理丧事，应当按照村规民约、居民公约的规定控制丧礼仪式规模、天数、丧餐、礼金等；对拒不执行移风易俗促进工作有关规定的，或者以暴力抗拒监督、检查的，或者打击报复监督人、举报人的，依照村规民约、居民公约或者相关法律规定处理。[3]

除了省级地方性法规和设区的市的地方性法规，在自治条例和单行条例、经济特区法规、地方政府规章中，也有一些关于村规民约的其他内容，在此不再赘述。

三、法律中的村规民约的功能

既有的相关研究表明，村规民约在基层社会治理中具有重要作用，[4]其功能是多方面的。[5]但那是就实践而言，本文所说的法律

〔1〕 参见《衢州市电梯安全条例》第6条第3款。
〔2〕 参见《安庆市实施林长制条例》第10条第3款。
〔3〕 参见《海东市移风易俗促进条例》第13、14、15、19、36条。
〔4〕 参见唐家斌、熊梅、何瓦特："论村规民约对基层治理的作用"，载《原生态民族文化学刊》2020年第6期；舒松："民族地区生态环保村规民约的作用机理及其实证分析"，载《贵州民族研究》2019年第11期；赵凌："重塑村规民约之于乡村法治建设的作用"，载《人民论坛》2019年第25期；吴园林："发挥村规民约在多元纠纷解决中的作用"，载《人民法院报》2019年8月12日。
〔5〕 参见李敏："村规民约在基层情境治理中的法治功能分析"，载《广西民族大学学报（哲学社会科学版）》2019年第2期；高艳芳、黄永林："论村规民约的德治功能及其当代价值——以建立'三治结合'的乡村治理体系为视角"，载《社会主义研究》2019年第2期；张爱民、林榕："民族地区村规民约在乡村治理中的价值功能思考"，载《辽宁行政学院学报》2020年第1期。

中的村规民约的功能，是指法律在其规范内容中赋予村规民约的功能，亦即法律、法规、规章的制定者希望村规民约在实践中能够发挥的作用。通过检索我们可以发现，法律所赋予村规民约的功能同样是多方面的。

（一）作为行为规范的村规民约

从行为主体的角度看，村规民约主要是对农村集体经济组织、村民委员会、村民会议、村民小组、村民及其他人的相关行为具有规范作用。从行为性质的角度看，村规民约的作用主要体现在对善良行为的鼓励和对恶劣行为的禁止两个方面。下面笔者就法条检索的结果，主要从主体角度对村规民约的功能进行分类梳理。

第一，将村规民约作为农村集体经济组织、村民委员会、村民会议、村民小组等的行为规范。如《民法典》规定，农村集体经济组织或者村民委员会、村民小组应当依照法律、行政法规以及章程、村规民约向本集体成员公布集体财产的状况。[1]《村民委员会组织法》规定村民会议可以制定和修改村民自治章程、村规民约，村民委员会及其成员应当遵守并组织实施村民自治章程、村规民约。[2]

《福建省城乡生活垃圾管理条例》鼓励村（居）民委员会制定村规民约或者管理规约，督促引导村（居）民主动参与生活垃圾治理。[3]《安庆市实施林长制条例》鼓励村（社区）林长组织村（居）民制定村规民约、居民公约，对森林资源、湿地和绿地等相关资源保护义务以及相应奖惩机制作出约定。[4]《黔东南苗族侗族自治州月亮山梯田保护条例》鼓励村民委员会、农民专业合作社等组织通过健全村规民约、合作社章程，参与月亮山梯田保护。[5]《北京市禁止赌博条例》规定，居民委员会、村民委员会应当把禁止赌博列入居民公约、村规民约，进行宣传教育，防止赌博发生。[6]

---

〔1〕 参见《民法典》第264条。

〔2〕 参见《村民委员会组织法》第10条、第27条第1款。

〔3〕 参见《福建省城乡生活垃圾管理条例》第4条第3款。

〔4〕 参见《安庆市实施林长制条例》第10条第3款。

〔5〕 参见《黔东南苗族侗族自治州月亮山梯田保护条例》第8条第2款。

〔6〕 参见《北京市禁止赌博条例》第6条。

第二，将村规民约作为村民的行为规范。如《云南省禁毒条例》规定，鼓励在村规民约中规定禁毒的内容，并督促遵守。[1]《甘肃省麦积山风景名胜区条例》规定，麦积山风景名胜区管委会、麦积区人民政府和风景名胜区内的镇人民政府应当指导村民委员会组织制定村规民约，鼓励村民参与风景名胜区保护工作。[2]《天津市促进精神文明建设条例》规定，本市居民应当自觉遵守市民文明公约和行为守则、居民公约、村规民约及其他有关行为规范，积极参与精神文明建设。[3]

再如，《青岛市禁止焚烧抛撒丧葬祭奠物品规定》支持将禁止焚烧、抛撒丧葬祭奠物品纳入居民公约、村规民约。[4]《衢州市电梯安全条例》鼓励业主公约、居民公约和村规民约对文明乘坐电梯的行为规范作出约定。[5]《海东市移风易俗促进条例》规定，本市区域内的村民结婚，其彩礼标准、婚礼程序、婚宴规模、礼金标准应当遵守村规民约、居民公约；村（居）民办理丧事，应当按照村规民约、居民公约规定控制丧礼仪式规模、天数、丧餐、礼金等。[6]《锦州市文明行为促进条例》规定公民应当遵守法律、法规，自觉遵守市民公约、村规民约、学生守则以及行业规范，尊重公序良俗。[7]《长春市农作物秸秆露天禁烧和综合利用管理条例》规定应当将秸秆露天禁烧纳入村规民约。[8]

第三，将村规民约作为其他主体的行为规范。村规民约在一定的条件下也可以成为村民自治组织及其成员以外的其他主体的行为规范。如《村民委员会组织法》规定，驻在农村的机关、团体、部队、国有及国有控股企业、事业单位及其人员不参加村民委员会组织，但应当通过多种形式参与农村社区建设，并遵守有关村

〔1〕 参见《云南省禁毒条例》第16条。
〔2〕 参见《甘肃省麦积山风景名胜区条例》第6条第1款。
〔3〕 参见《天津市促进精神文明建设条例》第41条。
〔4〕 参见《青岛市禁止焚烧抛撒丧葬祭奠物品规定》第3条第4款。
〔5〕 参见《衢州市电梯安全条例》第6条第3款。
〔6〕 参见《海东市移风易俗促进条例》第14、15、19条。
〔7〕 参见《锦州市文明行为促进条例》第5条。
〔8〕 参见《长春市农作物秸秆露天禁烧和综合利用管理条例》第17条第4项。

规民约。[1]《甘肃省农村生活垃圾管理条例》规定，任何单位和个人都有权对农村生活垃圾设施建设、维护以及垃圾投放、收集、运输、处理中存在的违法违规行为和不遵守村规民约的行为进行举报，监督管理单位接到举报后，应当及时调查处理。[2]另外，村规民约还可以和自治章程、行业惯例等一起作为人民调解委员会等调解组织调解民间纠纷的规范依据。对于这方面的内容下文将专门予以梳理。

（二）作为确定权利义务依据的村规民约

法律通过对村规民约的规定，能够据以确定一些相关主体的权利义务，从而使得村规民约具有了"定分"的功能。

第一，将村规民约作为基层政府及其职能部门履行职权的客体。如《贵州省文明行为促进条例》规定乡镇人民政府、街道办事处（社区）应当把依法制定村规民约作为建设文明村镇的措施之一，指导、支持基层自治组织依法制定村规民约。[3]《辽宁省法治宣传教育条例》规定司法行政部门应当会同民政、农业农村、文化和旅游等部门，引导村（居）民依法制定村（居）民自治章程、村规民约，推进基层法治建设。[4]《云南省民族团结进步示范区建设条例》规定，乡（镇）人民政府应当支持村民委员会开展示范区建设工作，鼓励将民族团结进步内容纳入村规民约。[5]《龙岩市文明行为促进条例》规定，乡镇人民政府、街道办事处和村民委员会、居民委员会应当将文明行为促进工作作为基层精神文明建设的工作内容，把文明行为规范纳入村规民约和社区公约。[6]《盘锦市城乡容貌和环境卫生管理条例》规定，镇人民政府和街道办事处负责本区域的乡村容貌和环境卫生专项规划的实施，指导村民自治组织制定符合乡

---

〔1〕 参见《村民委员会组织法》第38条第1款。

〔2〕 参见《甘肃省农村生活垃圾管理条例》第31条第2款。

〔3〕 参见《贵州省文明行为促进条例》第35、40条。

〔4〕 参见《辽宁省法治宣传教育条例》第25条。

〔5〕 参见《云南省民族团结进步示范区建设条例》第38条第3款。

〔6〕 参见《龙岩市文明行为促进条例》第26条第1款。

村容貌和环境卫生标准的村规民约。[1]

第二，将村规民约作为村民自治组织行使权利和履行义务的客体。在有的法律法规中，村规民约是村民组织行使权利的客体，亦即制定村规民约是其可以行使的权利。如《村民委员会组织法》规定，村民会议可以制定和修改村民自治章程、村规民约，并报乡、民族乡、镇的人民政府备案。[2]《四川省阆中古城保护条例》鼓励阆中古城保护区内村民委员会、居民委员会制定村规民约或者居民公约，对阆中古城保护工作作出约定。[3]《福建省"福建土楼"世界文化遗产保护条例》规定，村民委员会可以根据本条例制定村规民约，建立群众性的保护组织，保护"福建土楼"。[4]《金昌市市政公用设施管理条例》规定，村（居）民委员会可以制定村规民约或者居民公约，引导村（居）民自觉保护市政公用设施。[5]

在更多的法律法规中，村规民约是村民自治组织履行义务的对象，亦即制定村规民约是其应当履行的义务。如《安徽省社会治安综合治理条例》《江苏省实施〈中华人民共和国村民委员会组织法〉办法》《上海市实施〈中华人民共和国村民委员会组织法〉办法》等将依法制定相应内容的村规民约规定为村民委员会的职责。[6]如《宁夏回族自治区环境保护条例》《山西省城乡环境综合治理条例》《河北省乡村环境保护和治理条例》等规定村民委员会应当制定相应内容的村规民约。[7]

第三，将村规民约作为村民行使权利和履行义务的依据。如《海南省饮用水水源保护条例》规定，村（居）民委员会应结合当

---

〔1〕 参见《盘锦市城乡容貌和环境卫生管理条例》第 42 条。

〔2〕 参见《村民委员会组织法》第 27 条第 1 款。

〔3〕 参见《四川省阆中古城保护条例》第 9 条。

〔4〕 参见《福建省"福建土楼"世界文化遗产保护条例》第 4 条第 1 款。

〔5〕 参见《金昌市市政公用设施管理条例》第 7 条第 2 款。

〔6〕 参见《安徽省社会治安综合治理条例》第 11 条、《江苏省实施〈中华人民共和国村民委员会组织法〉办法》第 9 条、《上海市实施〈中华人民共和国村民委员会组织法〉办法》第 10 条。

〔7〕 参见《宁夏回族自治区环境保护条例》第 26 条第 1 款、《山西省城乡环境综合治理条例》第 19 条、《河北省乡村环境保护和治理条例》第 5 条。

地实际，在村规民约或者居民公约中规定村（居）民保护饮用水水源的义务，开展宣传教育，落实保护措施。[1]《湖州市美丽乡村建设条例》规定，村民应当依法和按照村规民约履行义务，共享本村的美丽乡村建设成果。[2]《锦州市文明行为促进条例》公民应当遵守法律、法规，自觉遵守市民公约、村规民约、学生守则以及行业规范，尊重公序良俗。[3]

（三）作为纠纷解决依据的村规民约

法律通过对村规民约"法律渊源"地位的确定，使得村规民约可以作为纠纷解决的依据，从而具有了"止争"的功能。

如《广东省实施〈中华人民共和国人民调解法〉办法》规定，人民调解委员会在不违反法律、法规强制性规定的前提下，可以参考行业惯例、村规民约、社区公约和公序良俗等，引导当事人达成调解协议。[4]《福建省多元化解纠纷条例》规定，人民调解组织依法调解民间纠纷，在不违反法律法规的前提下，可以依据自治章程、行业惯例、交易习惯、村规民约和居民公约等进行调解。[5]《河北省多元化解纠纷条例》规定，在不违背法律、法规、国家政策和公序良俗的情况下可以适用习惯、行业规范、村规民约、居民公约和道德规范调解纠纷。[6]《海南省多元化解纠纷条例》规定，化解纠纷单位和组织依法调解纠纷。在不违背法律法规、国家政策和公序良俗的情况下，可以依据行业惯例、交易习惯、自治章程和村规民约进行调解。[7]

再如，《昌吉回族自治州乡村治理促进条例（试行）》规定，乡镇人民政府负责本行政区域内乡村治理的具体工作，其应当指导并监督村民委员会将有关规范民间借贷内容纳入村规民约，有效调

[1] 参见《海南省饮用水水源保护条例》第7条。
[2] 参见《湖州市美丽乡村建设条例》第6条。
[3] 参见《锦州市文明行为促进条例》第5条。
[4] 参见《广东省实施〈中华人民共和国人民调解法〉办法》第36条。
[5] 参见《福建省多元化解纠纷条例》第24条第1款。
[6] 参见《河北省多元化解纠纷条例》第33条。
[7] 参见《海南省多元化解纠纷条例》第34条。

解民间借贷纠纷。[1]《厦门经济特区多元化纠纷解决机制促进条例》规定，调解员在不违反法律、行政法规强制性规定的前提下，可以参考行业惯例、交易习惯、村规民约、社区公约和公序良俗，引导当事人达成调解协议。[2]

（四）作为社会治理依据的村规民约

通过法律的治理是社会治理的基本方式，[3]通过村规民约的社会治理也是客观事实。[4]分析检索结果我们可以发现，法律主要通过三种方式赋予村规民约以社会治理的功能。

第一，鼓励或者要求针对某些社会事务"制定村规民约"，从而据以对其进行治理。如《四川省沱江流域水环境保护条例》鼓励村民委员会、居民委员会制定村规民约或者居民公约，对水环境保护作出约定。[5]《福建省"福建土楼"世界文化遗产保护条例》规定，村民委员会可以根据本条例制定村规民约，建立群众性的保护组织，保护"福建土楼"。[6]《山西省城乡环境综合治理条例》规定，村民委员会应当制定维护村容村貌、环境卫生和秩序的村规民约，对垃圾分类、投放、收集和清运以及污水排放等作出约定。[7]

再如，《中卫市文明行为促进条例》鼓励村（居）民委员会将

---

[1] 参见《昌吉回族自治州乡村治理促进条例（试行）》第5、16条。

[2] 参见《厦门经济特区多元化纠纷解决机制促进条例》第19条

[3] 参见赵晓力："通过法律的治理：农村基层法院研究"，北京大学1999年博士学位论文；赵晓力："通过合同的治理——80年代以来中国基层法院对农村承包合同的处理"，载《中国社会科学》2000年第2期；童志锋、黄家亮："通过法律的环境治理：'双重困境'与'双管齐下'"，载《湖南社会科学》2008年第3期。尹亚军："通过合同的治理——克服农地流转困境的助推策略"，载《社会科学研究》2019年第6期；徐爱国："论通过法律的国家治理方式"，载《民主与科学》2020年第2期；王裕根："法律的社会治理之维"，载《检察日报》2020年7月4日。

[4] 参见高其才："村规民约在乡村治理中的作用——从法律行政法规部门规章等中央规范性文件角度的考察"，载《暨南学报（哲学社会科学版）》2017年第9期；高其才："通过村规民约的乡村治理——从地方方法规规章角度的观察"，载《政法论丛》2016年第2期。

[5] 参见《四川省沱江流域水环境保护条例》第14条第3款。

[6] 参见《福建省"福建土楼"世界文化遗产保护条例》第4条第3款。

[7] 参见《山西省城乡环境综合治理条例》第19条。

文明行为规范纳入村规民约和居民文明公约。[1]《金昌市市政公用设施管理条例》规定,村(居)民委员会可以制定村规民约或者居民公约,引导村(居)民自觉保护市政公用设施。[2]《关岭布依族苗族自治县封山育林条例》规定,村民委员会、居民委员会可以制定村规民约,加强对封山育林的管护。[3]《盘锦市城乡容貌和环境卫生管理条例》规定,村民委员会应当根据乡村容貌和环境卫生专项规划,组织制定实施维护本区域容貌和环境卫生的村规民约,组织村民开展自律管理,规范垃圾收集、清运、污水排放、清雪除冰、道路的清扫和保洁等行为,推进实施新能源建设。[4]

第二,鼓励或者要求把某些社会事务"纳入村规民约"从而据以对其进行治理。如《云南省民族团结进步示范区建设条例》规定,乡(镇)人民政府应当支持村民委员会开展示范区建设工作,鼓励将民族团结进步内容纳入村规民约。[5]《浙江省农产品质量安全规定》鼓励将保障农产品质量安全的具体措施和要求纳入村规民约。[6]《河南省文明行为促进条例》规定,居民委员会、村民委员会应当坚持法治、德治和自治相结合,将文明行为基本规范纳入居民公约、村规民约,开展多种形式的文明行为促进活动。[7]《四川省传统村落保护条例》规定,传统村落所在地村民委员会参与传统村落保护发展规划的编制和实施,依法将传统村落保护发展事项纳入村规民约。[8]

再如,《湖州市美丽乡村建设条例》鼓励村民会议依照法定程序将美丽乡村建设行为规范纳入村规民约。[9]《龙岩市文明行为促进条例》规定,乡镇人民政府、街道办事处和村民委员会、居民委员

[1] 参见《中卫市文明行为促进条例》第22条第3款。
[2] 参见《金昌市市政公用设施管理条例》第7条。
[3] 参见《关岭布依族苗族自治县封山育林条例》第12条第1款。
[4] 参见《盘锦市城乡容貌和环境卫生管理条例》第43条。
[5] 参见《云南省民族团结进步示范区建设条例》第38条第3款。
[6] 参见《浙江省农产品质量安全规定》第4条第4款。
[7] 参见《河南省文明行为促进条例》第6条第3款。
[8] 参见《四川省传统村落保护条例》第4条第4款。
[9] 参见《湖州市美丽乡村建设条例》第41条。

会应当将文明行为促进工作作为基层精神文明建设的工作内容，把文明行为规范纳入村规民约和社区公约。[1]《宁德市畲族文化保护条例》规定，畲族村（居）民委员会协助当地人民政府做好畲族文化的保护和宣传，将其纳入村规民约，劝阻、制止并及时报告破坏畲族文化的行为。[2]《日喀则市城市管理条例》规定，社区（村民）委员会协助乡（镇）人民政府、街道办事处动员辖区人员参与城市管理，将城市管理工作纳入社区居民公约（村规民约），改善人居环境。[3]

第三，鼓励或者要求对某些社会事务"通过村规民约"进行治理。如《湖南省食品生产加工小作坊小餐饮和食品摊贩管理条例》规定，村（居）民委员会协助有关部门和乡镇人民政府、街道办事处做好食品安全监督管理相关工作，可以通过村规民约等方式加强食品安全管理和宣传，提高村（居）民食品安全意识。[4]《永州市乡村房屋建设管理条例》鼓励成立乡村建房理事会，通过村规民约、签订建房管理协议等方式对乡村建房行为进行自治管理。[5]《黔东南苗族侗族自治州月亮山梯田保护条例》鼓励村民委员会、农民专业合作社等组织通过健全村规民约、合作社章程，参与月亮山梯田保护。[6]《海东市移风易俗促进条例》规定，县（区）人民政府或者其派出机关、乡（镇）人民政府应当坚持婚事新办的原则，指导村（社区）通过村规民约、居民公约确定婚礼的必要程序、婚宴酒席的具体规模、礼金标准、婚事操办天数等。[7]《昌吉回族自治州乡村治理促进条例（试行）》规定，村民委员会在村党组织领导下，通过村民会议制定村规民约，实现村民自治，鼓励通过村规民约引导未成年人的父母或者其他监护人关心爱护未成年人健康成长，

---

〔1〕 参见《龙岩市文明行为促进条例》第26条第1款。

〔2〕 参见《宁德市畲族文化保护条例》第5条第4款。

〔3〕 参见《日喀则市城市管理条例》第5条第2款。

〔4〕 参见《湖南省食品生产加工小作坊小餐饮和食品摊贩管理条例》第3条第3款。

〔5〕 参见《永州市乡村房屋建设管理条例》第4条第5款。

〔6〕 参见《黔东南苗族侗族自治州月亮山梯田保护条例》第8条第2款。

〔7〕 参见《海东市移风易俗促进条例》第15条。

教育未成年人遵守文明行为规范。[1]

（五）作为其他依据的村规民约

通过文本检索可以发现，法律中的村规民约除了上述所概括的功能外，还有其他一些上文尚未涉及或者概括得不充分的功能，如弥补法律的局限、促进社会生产、促进社会公益事业与精神文明建设、促进民族团结进步、促进乡村经济建设与社会发展等。限于本文的篇幅，此不赘述。

四、法律中的村规民约的效力地位

从法律多元主义的角度看，法包括国家制定法和各种习惯法两类。[2]本文所说的"法律"属于前者，而"村规民约"则属于后者。讨论法律中的村规民约的效力地位，可以通过分析法律对村规民约的效力规定和法律对村规民约的位阶规定来进行，这其实是一个问题的两个方面。

（一）法律对村规民约的效力规定

第一，法律对村规民约效力的认可。如《村委会组织法》规定村民委员会及其成员应当遵守宪法、法律、法规和国家的政策，遵守并组织实施村民自治章程、村规民约。[3]《江苏省实施〈中华人民共和国村民委员会组织法〉办法》规定，村民委员会及其成员应当遵守村规自治章程、村规民约。[4]《天津市促进精神文明建设条例》规定，本市居民应当自觉遵守市民文明公约和行为守则、居民公约、村规民约及其他有关行为规范，积极参与精神文明建设。[5]《福建省多元化解纠纷条例》规定，人民调解组织依法调解民间纠纷，在不违反法律法规的前提下，可以依据自治章程、行业惯例、交易习惯、村规民约和居民公约等进行调解。[6]

---

〔1〕 参见《昌吉回族自治州乡村治理促进条例（试行）》第5、22条。

〔2〕 参见高其才：《中国习惯法论》（修订版），中国法制出版社2008年版，第3页。

〔3〕 参见《村民委员会组织法》第10条。

〔4〕 参见《江苏省实施〈中华人民共和国村民委员会组织法〉办法》第9、10条。

〔5〕 参见《天津市促进精神文明建设条例》第41条。

〔6〕 参见《福建省多元化解纠纷条例》第24条第1款。

再如,《四川省沱江流域水环境保护条例》鼓励村民委员会、居民委员会制定村规民约或者居民公约,对水环境保护作出约定。[1]《海东市移风易俗促进条例》规定,结婚双方根据当地的传统风俗习惯协议给予彩礼的,彩礼标准应当遵守村规民约、居民公约的规定,对拒不执行移风易俗促进工作有关规定的,依照村规民约、居民公约或者相关法律规定处理。[2]《锦州市文明行为促进条例》规定,公民应当遵守法律、法规,自觉遵守市民公约、村规民约、学生守则以及行业规范,尊重公序良俗。[3]

第二,法律对村规民约效力的限制。如《村民委员会组织法》规定,村民自治章程、村规民约以及村民会议或者村民代表会议的决定不得与宪法、法律、法规和国家的政策相抵触,不得有侵犯村民的人身权利、民主权利和合法财产权利的内容。[4]《上海市实施〈中华人民共和国村民委员会组织法〉办法》规定,村民自治章程、村规民约以及村民会议或者村民代表会议的决定不得与宪法、法律、法规和国家的政策相抵触,不得有侵犯村民的人身权利、民主权利和合法财产权利的内容。[5]《江苏省实施〈中华人民共和国村民委员会组织法〉办法》规定,村民自治章程、村规民约以及村民会议、村民代表会议的决定、决议与宪法、法律、法规和国家政策相抵触的,由乡镇人民政府责令改正;侵害村民合法权益的,应当依法承担法律责任。[6]

《湖北省实施〈中华人民共和国妇女权益保障法〉办法》规定,村民会议、村民代表会议、村民委员会及村民小组在制定村民自治章程、村规民约时,不得以妇女未婚、结婚、离婚、丧偶等为由,侵害其合法权益。[7]《辽宁省实施〈中华人民共和国妇女权益保障法〉规定》规定,不得通过村民会议、村民代表会议决定或者村规

---

〔1〕 参见《四川省沱江流域水环境保护条例》第14条第3款。
〔2〕 参见《海东市移风易俗促进条例》第14、36条。
〔3〕 参见《锦州市文明行为促进条例》第5条。
〔4〕 参见《村民委员会组织法》第27条。
〔5〕 参见《上海市实施〈中华人民共和国村民委员会组织法〉办法》第21条第1款。
〔6〕 参见《江苏省实施〈中华人民共和国村民委员会组织法〉办法》第39条。
〔7〕 参见《湖北省实施〈中华人民共和国妇女权益保障法〉办法》第25条第1款。

民约等形式侵害妇女在土地承包、集体经济组织收益分配、土地征收征用补偿费和安置补助费分配以及宅基地使用、农村社会保障、农村合作医疗等方面的权利。[1]《山西省实施〈中华人民共和国农村土地承包法〉办法》规定，发包方不得以村规民约为由侵犯妇女的土地承包权益。[2]《西藏自治区实施〈中华人民共和国妇女权益保障法〉办法》规定，村民会议、村民代表会议制定的村民自治章程、村规民约中不得有歧视妇女的内容，村民自治章程、村规民约以及村民会议或者村民代表会议决定中有侵害妇女合法权益内容的，由乡镇人民政府责令其改正。[3]《昌吉回族自治州乡村治理促进条例（试行）》规定，村民会议可根据本村实际制定和修改完善村规民约，村规民约不得与宪法、法律、法规和国家的政策相抵触。[4]

（二）法律对村规民约的位阶规定

第一，法律对村规民约"法的渊源"地位的认可。依照法的渊源理论，村规民约是法的"资源性要素"，属于法的非正式渊源的范畴。[5]分析检索结果可以发现，法律根据不同情况，在有关事项是否由村规民约调整的问题上，以不同的方式表达了对村规民约法的渊源地位的认可。

一是，就有些事项法律"鼓励"制定村规民约或将其纳入村规民约的调整。如《北京市非物质文化遗产条例》鼓励将保护本地区的代表性项目纳入居民公约、自治章程、村规民约。[6]《福建省城乡生活垃圾管理条例》鼓励村（居）民委员会制定村规民约或者管理规约，督促引导村（居）民主动参与生活垃圾治理。[7]《湖北省志愿服务条例》鼓励将志愿精神纳入市民公约、村规民约和行业规

---

〔1〕 参见《辽宁省实施〈中华人民共和国妇女权益保障法〉规定》第 16 条。

〔2〕 参见《山西省实施〈中华人民共和国农村土地承包法〉办法》第 9 条第 1 款。

〔3〕 参见《西藏自治区实施〈中华人民共和国妇女权益保障法〉办法》第 28、46 条。

〔4〕 参见《昌吉回族自治州乡村治理促进条例（试行）》第 37 条。

〔5〕 参见张文显主编：《法理学》（第 3 版），高等教育出版社、北京大学出版社 2007 年版，第 90 页。

〔6〕 参见《北京市非物质文化遗产条例》第 46 条第 4 款。

〔7〕 参见《福建省城乡生活垃圾管理条例》第 4 条第 3 款。

范等。[1]《云南省禁毒条例》鼓励在村规民约中规定禁毒的内容，并督促遵守。[2]《安顺市亚鲁王非物质文化遗产保护条例》鼓励制定村规民约保护亚鲁王非物质文化遗产。[3]

二是，就有些事项法律认为"可以"制定村规民约或将其纳入村规民约的调整。如《村民委员会组织法》规定，村民会议可以制定和修改村民自治章程、村规民约，并报乡、民族乡、镇的人民政府备案。[4]《福建省多元化解纠纷条例》规定，人民调解组织依法调解民间纠纷，在不违反法律法规的前提下，可以依据自治章程、行业惯例、交易习惯、村规民约和居民公约等进行调解。[5]《湖南省食品生产加工小作坊小餐饮和食品摊贩管理条例》规定，可以通过村规民约等方式加强食品安全管理和宣传，提高村（居）民食品安全意识。[6]《海东市移风易俗促进条例》规定，村（社区）理事会的具体运行机制以章程的形式确定，也可以在村规民约、居民公约中规定。[7]《黔东南苗族侗族自治州农村公路条例》规定，村民委员会在乡、镇人民政府指导下可以将村道的保护和管理纳入村规民约。[8]《乐东黎族自治县城乡容貌和环境卫生管理条例》规定，各村（居）民委员会可以根据国家有关法律法规和本条例，结合实际制定本区域容貌和环境卫生管理的村规民约。[9]

三是，就有些事项法律认为"应当"制定村规民约或将其纳入村规民约的调整。如《江苏省实施〈中华人民共和国村民委员会组织法〉办法》规定，村民委员会成员应当遵守宪法、法律、法规和国家政策，模范执行村民自治章程和村规民约。[10]《北京市禁止赌

---

[1]　参见《湖北省志愿服务条例》第35条第2款。
[2]　参见《云南省禁毒条例》第16条。
[3]　参见《安顺市亚鲁王非物质文化遗产保护条例》第6条第4款。
[4]　参见《村民委员会组织法》第27条第1款。
[5]　参见《福建省多元化解纠纷条例》第24条第1款。
[6]　参见《湖南省食品生产加工小作坊小餐饮和食品摊贩管理条例》第3条第3款。
[7]　参见《海东市移风易俗促进条例》第26条第2款。
[8]　参见《黔东南苗族侗族自治州农村公路条例》第24条第2款。
[9]　参见《乐东黎族自治县城乡容貌和环境卫生管理条例》第7条。
[10]　参见《江苏省实施〈中华人民共和国村民委员会组织法〉办法》第10条第1款。

博条例》规定，居民委员会、村民委员会应当把禁止赌博列入居民公约、村规民约，进行宣传教育，防止赌博发生。[1]《甘肃省麦积山风景名胜区条例》规定，麦积山风景名胜区管委会、麦积区人民政府和风景名胜区内的镇人民政府应当指导村民委员会组织制定村规民约，鼓励村民参与风景名胜区保护工作。[2]《广西壮族自治区实施〈中华人民共和国消防法〉办法》规定，村屯应当制定消防安全村规民约，实行消防安全联防制度。[3]《河南省文明行为促进条例》规定，居民委员会、村民委员会应当坚持法治、德治和自治相结合，将文明行为基本规范纳入居民公约、村规民约，开展多种形式的文明行为促进活动。[4]再如，《宁夏回族自治区环境保护条例》规定村民委员会应当制定针对生产生活环境保护的村规民约，保护农村环境，并监督实施。[5]《天津市促进精神文明建设条例》规定，本市居民应当自觉遵守市民文明公约和行为守则、居民公约、村规民约及其他有关行为规范，积极参与精神文明建设。[6]《海东市移风易俗促进条例》规定，村（居）民办理丧事，应当按照村规民约、居民公约规定控制丧礼仪式规模、天数、丧餐、礼金等。[7]《湖州市美丽乡村建设条例》规定，村民应当依法和按照村规民约履行义务，共享本村的美丽乡村建设成果。[8]《锦州市文明行为促进条例》规定，公民应当遵守法律、法规，自觉遵守市民公约、村规民约、学生守则以及行业规范，尊重公序良俗。[9]

第二，村规民约在法律所规定的多元规范中的位阶。一方面，村规民约与出自国家的规范性文件相比位阶较低。所有的法律都规定村规民约的内容不得违反法律或者与法律相抵触。如《村民委员

---

〔1〕 参见《北京市禁止赌博条例》第6条。

〔2〕 参见《甘肃省麦积山风景名胜区条例》第6条第1款。

〔3〕 参见《广西壮族自治区实施〈中华人民共和国消防法〉办法》第35条第4款。

〔4〕 参见《河南省文明行为促进条例》第6条第3款。

〔5〕 参见《宁夏回族自治区环境保护条例》第26条第1款。

〔6〕 参见《天津市促进精神文明建设条例》第41条。

〔7〕 参见《海东市移风易俗促进条例》第19条。

〔8〕 参见《湖州市美丽乡村建设条例》第6条。

〔9〕 参见《锦州市文明行为促进条例》第5条。

会组织法》规定，村民自治章程、村规民约以及村民会议或者村民代表会议的决定不得与宪法、法律、法规和国家的政策相抵触，不得有侵犯村民的人身权利、民主权利和合法财产权利的内容。[1]《福建省多元化解纠纷条例》规定，人民调解组织依法调解民间纠纷，在不违反法律法规的前提下，可以依据自治章程、行业惯例、交易习惯、村规民约和居民公约等进行调解。[2]《厦门经济特区多元化纠纷解决机制促进条例》规定，调解员在不违反法律、行政法规强制性规定的前提下，可以参考行业惯例、交易习惯、村规民约、社区公约和公序良俗，引导当事人达成调解协议。[3]《昌吉回族自治州乡村治理促进条例（试行）》规定，村民会议可根据本村实际制定和修改完善村规民约。村规民约包括村风民俗、社会公共道德、社会治理、精神文明建设及奖惩机制等内容。村规民约不得与宪法、法律、法规和国家的政策相抵触。[4]

如果相关法律不需要对法律与村规民约的效力位阶作出明确规定，那么便会在表述规范内容时把法律、政策等出自国家的规范性文件排在村规民约的前面，或者单独表述。如《民法典》规定农村集体经济组织或者村民委员会、村民小组应当依照法律、行政法规以及章程、村规民约向本集体成员公布集体财产的状况。[5]《村民委员会组织法》规定，村民委员会及其成员应当遵守宪法、法律、法规和国家的政策，遵守并组织实施村民自治章程、村规民约。[6]《安徽省社会治安综合治理条例》规定，村（居）民委员会在社会治安综合治理中的职责之一是宣传、贯彻执行有关法律、法规和政策，依法制定村规民约、居民公约，并监督执行；[7]《锦州市文明行为促进条例》规定，公民应当遵守法律、法规，自觉遵守市民公

〔1〕 参见《村民委员会组织法》第27条第2款。
〔2〕 参见《福建省多元化解纠纷条例》第24条第1款。
〔3〕 参见《厦门经济特区多元化纠纷解决机制促进条例》第19条。
〔4〕 参见《昌吉回族自治州乡村治理促进条例（试行）》第37条。
〔5〕 参见《民法典》第264条。
〔6〕 参见《村民委员会组织法》第10条。
〔7〕 参见《安徽省社会治安综合治理条例》第11条第1项。

约、村规民约、学生守则以及行业规范，尊重公序良俗。[1]

另一方面，村规民约与非出自国家的社会规范相比位阶具有一定的随机性。即当村规民约与其他非出自国家的社会规范出现在同一个法律条文中的时候，其彼此之间并没有明确的位阶次序，而是具有一定的随机性。如《村民委员会组织法》规定，村民会议可以制定和修改村民自治章程、村规民约，并报乡、民族乡、镇的人民政府备案。[2]《北京市非物质文化遗产条例》规定，本市鼓励将保护本地区的代表性项目纳入居民公约、自治章程、村规民约。[3]《贵州省文明行为促进条例》规定，各级人民政府及有关部门、精神文明建设工作指导机构应当指导、支持行业协会、基层自治组织、住宅小区等，依法制定服务规范、自律章程、村规民约、业主公约等自律自治规范。[4]《湖北省志愿服务条例》鼓励将志愿精神纳入市民公约、村规民约和行业规范等。[5]《四川省阆中古城保护条例》鼓励阆中古城保护区内村民委员会、居民委员会制定村规民约或者居民公约，对阆中古城保护工作作出约定。[6]《天津市促进精神文明建设条例》规定，本市居民应当自觉遵守市民文明公约和行为守则、居民公约、村规民约及其他有关行为规范，积极参与精神文明建设。[7]

再如，《衢州市电梯安全条例》鼓励业主公约、居民公约和村规民约对文明乘坐电梯的行为规范作出约定。[8]《阿坝藏族羌族自治州民族团结进步条例》规定，自治州行政区域内村民委员会（居民委员会）应当创新民族团结进步方式，把民族团结进步的相关内容纳入村规民约、居民公约、学生行为规范和行业规范。[9]《海南经

---

[1] 参见《锦州市文明行为促进条例》第5条。
[2] 参见《村民委员会组织法》第27条第1款。
[3] 参见《北京市非物质文化遗产条例》第46条第2款。
[4] 参见《贵州省文明行为促进条例》第40条。
[5] 参见《湖北省志愿服务条例》第35条第2款。
[6] 参见《四川省阆中古城保护条例》第9条。
[7] 参见《天津市促进精神文明建设条例》第41条。
[8] 参见《衢州市电梯安全条例》第6条第3款。
[9] 参见《阿坝藏族羌族自治州民族团结进步条例》第18条。

济特区禁毒条例》规定，村（居）民委员会应当结合当地实际，在村规民约或者居民公约中规定禁毒方面的内容，开展禁毒宣传，协助人民政府以及公安机关等部门，落实禁毒防范措施。[1]

结　语

现行有效的数百件法律法规规章中有关于村规民约的规定，反映了村规民约在制定法中得到了一定程度的重视，在乡村社会治理中发挥了较大的作用。但是从村规民约在法律中的具体存在状态来看，其主要存在于地方性法规、自治条例和单行条例、经济特区法规、地方政府规章等地方规范性文件中，除个别法律外，在其他法律、行政法规、司法解释等中央规范性文件中没有发现村规民约的内容。这说明村规民约主要是农村及城市基层社会治理的重要规范依据，但是在一般社会关系的调整及行政、司法活动中，村规民约几乎没有用武之地。同时，法律虽然对村规民约的规定涉及诸多方面的内容，但是法律对村规民约如何发挥作用多是一般性、原则性的规定，属于"准用性规范"，需要借助村规民约的具体内容才能发挥实际作用。而从法律对村规民约效力地位的规定来看，其对村规民约采取了既利用又限制的态度，亦即利用其积极功能并限制其消极功能。

值得注意的是，包含村规民约内容的现行有效的各级各类法律规范，大都是近十年来制定或者修订的。这很大程度上与我国在全面依法治国过程中坚持法治国家、法治政府、法治社会一体建设的指导方针有关。社会良好秩序的形成与维持，既需发挥法律的作用，又需借助其他社会规范的作用，这已是人们的共识。2020 年 12 月中共中央发布的《法治社会建设实施纲要（2020-2025 年）》把健全社会领域制度规范建设作为法治社会建设的重要内容，强调要加强居民公约、村规民约、行业规章、社会组织章程等社会规范建设，充分发挥社会规范在协调社会关系、约束社会行为、维护社会秩序等方面的积极作用。据此，我们有理由相信，随着我国法治建设的

---

[1]　参见《海南经济特区禁毒条例》第19条。

深入发展，村规民约在社会治理中的作用将越来越大，其受法律重视的程度将进一步提高，其在法律中的内容范围和效力地位也将进一步扩大和提高。

我国民族区域自治地方规范性文件中的村规民约考察

柳海松*

引 言

我国《宪法》第 24 条第 1 款规定："国家通过普及理想教育、道德教育、文化教育、纪律和法制教育，通过在城乡不同范围的群众中制定和执行各种守则、公约，加强社会主义精神文明的建设。"2018 年 12 月 4 日，民政部等 7 部门联合发布了《关于做好村规民约和居民公约工作的指导意见》（以下简称《指导意见》）。《指导意见》从目标任务、基本原则、主要内容、制定程序、执行监督、组织实施等方面对村规民约工作提出了规范要求。我国的法律、行政法规、地方性法规等规范性文件从不同的效力层次和角度对村规民约进行了规范，已经有学者对此进行了较为系统和深入的梳理和分析。[1]本文试图从民族区域自治地方现行有效的地方性法规、自治条例、单行条例和政府规章等规范性文件关于村规民约的规范角度

---

* 柳海松，新疆大学法学院讲师，法学博士。

〔1〕 如高其才教授分别对法律、行政法规、部门规章等中央规范性文件和地方性法规、民族自治地方自治条例和单行条例、经济特区法规、地方政府规章等地方规范性文件对"村规民约"的规范情况进行了分析。详见高其才："通过村规民约的乡村治理——从地方法规规章角度的观察"，载《政法论丛》2016 年第 2 期；高其才："村规民约在乡村治理中的作用——从法律行政法规部门规章等中央规范性文件角度的考察"，载《暨南学报（哲学社会科学版）》2017 年第 9 期。

进行梳理，以期为进一步研究奠定基础。

（1）关于我国民族区域自治地方的地方性法规。《宪法》第100条第2款规定："设区的市的人民代表大会和它们的常务委员会，在不同宪法、法律、行政法规和本省、自治区的地方性法规相抵触的前提下，可以依照法律规定制定地方性法规，报本省、自治区人民代表大会常务委员会批准后施行。"《立法法》规定了自治区和自治州、自治县（旗）的立法机关依法制定地方性法规的权限。如《立法法》第72条第1款规定："省、自治区、直辖市的人民代表大会及其常务委员会根据本行政区域的具体情况和实际需要，在不同宪法、法律、行政法规相抵触的前提下，可以制定地方性法规。"第72条第2款规定："设区的市的人民代表大会及其常务委员会根据本市的具体情况和实际需要，在不同宪法、法律、行政法规和本省、自治区的地方性法规相抵触的前提下，可以对城乡建设与管理、环境保护、历史文化保护等方面的事项制定地方性法规，法律对设区的市制定地方性法规的事项另有规定的，从其规定。设区的市的地方性法规须报省、自治区的人民代表大会常务委员会批准后施行。省、自治区的人民代表大会常务委员会对报请批准的地方性法规，应当对其合法性进行审查，同宪法、法律、行政法规和本省、自治区的地方性法规不抵触的，应当在四个月内予以批准。"第72条第5款规定："自治州的人民代表大会及其常务委员会可以依照本条第二款规定行使设区的市制定地方性法规的职权。……"第73条第2款规定："除本法第八条规定的事项外，其他事项国家尚未制定法律或者行政法规的，省、自治区、直辖市和设区的市、自治州根据本地方的具体情况和实际需要，可以先制定地方性法规。在国家制定的法律或者行政法规生效后，地方性法规同法律或者行政法规相抵触的规定无效，制定机关应当及时予以修改或者废止。"

（2）关于自治条例和单行条例。《宪法》第116条规定："民族区域自治地方的人民代表大会有权依照当地民族的政治、经济和文化的特点，制定自治条例和单行条例。自治区的自治条例和单行条例，报全国人民代表大会常务委员会批准后生效。自治州、自治县的自治条例和单行条例，报省或者自治区的人民代表大会常务委员会批准后生效，并报全国人民代表大会常务委员会备案。"《立法法》第 75 条第 2 款规定："自治条例和单行条例可以依照当地民族的特点，对法律和行政法规的规定作出变通规定，但不得违背法律或者行政法规的基本原则，不得对宪法和民族区域自治法的规定以及其他有关法律、行政法规专门就民族区域自治地方所作的规定作出变通规定。"另外，《民族区域自治法》第 19 条规定："民族自治地方的人民代表大会有权依照当地民族的政治、经济和文化的特点，制定自治条例和单行条例。自治区的自治条例和单行条例，报全国人民代表大会常务委员会批准后生效。自治州、自治县的自治条例和单行条例报省、自治区、直辖市的人民代表大会常务委员会批准后生效，并报全国人民代表大会常务委员会和国务院备案。"

关于我国民族区域自治地方的政府规章。《立法法》第 82 条第 1 款规定："省、自治区、直辖市和设区的市、自治州的人民政府，可以根据法律、行政法规和本省、自治区、直辖市的地方性法规，制定规章。"

《宪法》第 30 条第 1 款第 2 项、第 3 项分别规定："省、自治区分为自治州、县、自治县、市"；"县、自治县分为乡、民族乡、镇"。第 30 条第 2 款规定："……自治州分为县、自治县、市。"第 30 条第 3 款规定："自治区、自治州、自治县都是民族区域自治地方。"截至 2020 年底，我国共建立有 155 个民族区域自治地方，包括 5 个自治区、30 个自治州、120 个自治县（旗），此外，还设立有 1173 个民族乡、1 个民族苏木。在我国 55 个少数民族中，有 44 个建立了自治地方。其中 30 个自治州分布在 8 个省和 1 个自治区；120 个自治县（旗）分布在 15 个省和 3 个自治区。[1]

2021 年 3 月 10 日，笔者在"国家法律法规数据库"[2]的"地方性法规"中的"省级地方性法规"中以"村规民约"为关键词搜

---

〔1〕 参见 https://www.neac.gov.cn/seac/ztzl/mzzzdf/index.shtml，2021 年 3 月 7 日最后访问。

〔2〕 国家法律法规数据库由全国人大常委会办公厅建立并维护，数据库目前提供中华人民共和国现行有效的宪法（含修正案）、法律、行政法规、地方性法规、自治条例和单行条例、经济特区法规、司法解释电子文本。

索，得到自治区级现行有效地方性法规 31 件，得到民族区域自治地方设区的市和自治州现行有效地方性法规 32 件，得到现行有效自治州自治条例 1 件，自治州单行条例 23 件，自治县自治条例 1 件，自治县（旗）单行条例 54 件。在"北大法律信息网"〔1〕的"法律法规"中"地方性法规规章"的"地方政府规章"中以"村规民约"为关键词搜索，得到现行有效的地方政府规章 60 件，其中属于民族区域自治地方政府规章 6 件。这些数据因数据库统计缺漏等因素而并不完整，仅能作为参考，但是能够大致反映我国民族区域自治地方现行有效的地方性法规、自治条例、单行条例和政府规章关于村规民约规范的状况。

据此，本文所讨论的民族区域自治地方现行有效的规范性文件中关于村规民约的规范，根据制定机关和效力范围的不同主要分为三种类型：民族区域自治地方地方性法规中的村规民约；自治条例、单行条例中的村规民约和民族区域自治地方政府规章中的村规民约。

一、民族区域自治地方地方性法规中的村规民约

（一）自治区级地方性法规中的村规民约

在自治区立法机关制定的现行有效地方性法规中有 31 件对村规民约进行了规范。其中，广西壮族自治区人民代表大会常务委员会制定 11 件，内蒙古自治区人民代表大会常务委员会制定 4 件，宁夏回族自治区人民代表大会常务委员会制定 5 件，西藏自治区人民代表大会常务委员会制定 5 件，新疆维吾尔自治区人民代表大会常务委员会制定 6 件。从上述 31 件地方性法规的情况看，自治区人大及其常委会制定的地方性法规主要分为两类：

第一，自治区人大及其常委会根据国家法律的规定，制定相关法律的实施细则和办法。该类地方性法规中有关村规民约的规范在于进一步明确法律的内容、范围等，使得法律更加具体、明确，在村社更加容易施行。如《西藏自治区实施〈中华人民共和国妇女权

---

〔1〕 北大法律信息网是北大英华公司和北大法制信息中心共同创办的法律综合型网站，法律法规库收录自 1949 年起至今的全部法律法规。

益保障法〉办法》规定了村民会议、村民代表会议制定的村规民约中不得有歧视妇女的内容，在讨论决定土地权益等事项时，不得以妇女未婚、结婚、离婚、丧偶为由，侵害妇女在农村土地承包经营、集体收益分配、股权分配、土地征收补偿费使用分配以及宅基地分配、使用等方面依法享有的与男子平等的权益。[1]《西藏自治区人民代表大会常务委员会关于贯彻〈全国人民代表大会常务委员会关于全面禁止非法野生动物交易、革除滥食野生动物陋习、切实保障人民群众生命健康安全的决定〉的实施意见》规定，要将革除滥食野生动物陋习等内容纳入村规民约，各级人民政府要坚持以人民为中心的思想，按照"谁执法、谁普法"的要求，把学习宣传《全国人民代表大会常务委员会关于全面禁止非法野生动物交易、革除滥食野生动物陋习、切实保障人民群众生命健康安全的决定》（以下简称《决定》）与普法宣传结合起来，依托"四讲四爱"群众教育实践活动等载体，大力开展送野生动物保护法律法规和《决定》精神进机关、进企业、进社区、进乡镇、进村居、进学校、进连队、进宗教活动场所、进网络等活动，广泛宣传《决定》出台的重要意义和主要内容，普及生态环境保护、野生动物保护、公共卫生等方面的法律法规和科学知识，做到家喻户晓、人人知晓。[2]

第二，自治区人大及其常委会根据宪法、法律、行政法规的有关原则、精神，结合本行政区域的实际情况而制定的地方性法规，这实际上就是自治区立法先行一步，其中的有关村规民约的规范在一定程度上也更加贴近当地的经济、社会发展的现实需求。如《广西壮族自治区文明行为促进条例》规定，要加强基层群众性自治组织建设，依法制定村规民约，提升自我教育、自我管理、自我服务能力；[3]还规定各级人民政府及有关部门、精神文明建设工作机构

---

〔1〕 参见《西藏自治区实施〈中华人民共和国妇女权益保障法〉办法》第28条第1款。

〔2〕 参见《西藏自治区人民代表大会常务委员会关于贯彻〈全国人民代表大会常务委员会关于全面禁止非法野生动物交易、革除滥食野生动物陋习、切实保障人民群众生命健康安全的决定〉的实施意见》第2条。

〔3〕 参见《广西壮族自治区文明行为促进条例》第44条第1项。

应当指导、支持行业协会、基层自治组织、住宅小区等，依法制定村规民约等自律自治规范，以此推动相关单位、行业和基层文明行为促进工作。[1]再如，《广西壮族自治区乡村清洁条例》规定村民委员会根据本村实际情况组织制定和完善乡村清洁村规民约，将保洁员的雇用、保洁费的筹集和使用，村民清扫打理自家庭院、房前屋后卫生的行为规范，生产、生活废弃物的处理规范，维护乡村公共环境卫生的行为规范，爱护乡村清洁设施的行为规范，违反乡村清洁村规民约的处理措施等事项纳入村规民约的内容。[2]

（二）自治州、民族区域自治地方设区的市地方性法规中的村规民约

从自治州、民族区域自治地方设区的市地方性法规中有关村规民约的规范来看，现行有效地方性法规 32 件，主要包括如下三种类型：

第一，省辖区内的民族区域自治地方制定的地方性法规。在我国的 23 个省中，有 6 个省的 10 个自治州人民代表大会常务委员会制定的 12 件地方性法规中对村规民约进行了规范。如《楚雄彝族自治州乡村清洁条例》规定，要通过村规民约（居民公约）等形式，建立和落实卫生保洁、门前三包、公益性清扫、经费收支管理等制度；[3]村（居）民委员会、村（居）民小组通过村规民约（居民公约）、"一事一议"约定和收取保洁费、生活垃圾处理费，确定违反乡村清洁约定的处理措施，报乡（镇）人民政府备案；[4]《恩施土家族苗族自治州饮用水水源地保护条例》规定，村（居）民委员会协助开展饮用水水源地保护工作，鼓励将饮用水水源地保护纳入村规民约、居民公约。[5]再如，《湘西土家族苗族自治州农村村民住房建设若干规定》规定，村民委员会协助乡镇人民政府开展农村村民住房建设的管理监督和服务工作，对农村村民住房建设中的违

---

[1] 参见《广西壮族自治区文明行为促进条例》第 56 条。
[2] 参见《广西壮族自治区乡村清洁条例》第 13 条。
[3] 参见《楚雄彝族自治州乡村清洁条例》第 7 条第 1 项。
[4] 参见《楚雄彝族自治州乡村清洁条例》第 11 条第 1 款。
[5] 参见《恩施土家族苗族自治州饮用水水源地保护条例》第 4 条第 4 款。

法违规行为予以劝阻，并及时向乡镇人民政府或者有关主管部门报告，可以通过制定村规民约、签订协议等方式对农村村民住房建设行为进行管理[1]等。

第二，五个自治区行政区划内的自治州人民代表大会制定的地方性法规。此类地方性法规共有 4 件涉及对村规民约的规范，如《昌吉回族自治州全民参与公益活动条例》规定，基层群众性自治组织应当组织参与公益活动，为公益组织提供场所和其他便利条件，鼓励将公益活动纳入村规民约，提高全民参与公益的意识；[2]《克孜勒苏柯尔克孜自治州乡村环境治理条例》规定，村（居）民委员会应当依法将乡村环境治理纳入村规民约，并组织村（居）民开展乡村环境治理活动[3]等。

第三，自治区行政区划内有立法权的设区的市人民代表大会制定的地方性法规。此类地方性法规共有 16 件，如《日喀则市城市管理条例》规定，村民委员会协助乡（镇）人民政府动员辖区人员参与城市管理，将城市管理工作纳入村规民约，改善人居环境；[4]《吐鲁番市文明行为促进条例》规定，区（县）人民政府及有关部门应当指导、支持村民委员会制定村规民约，引导文明行为；[5]《玉林市南流江流域水环境保护条例》规定，村民委员会协助人民政府和有关部门开展南流江流域水环境保护工作，结合当地实际，在村规民约中规定村民保护南流江流域水环境的义务[6]等。

二、自治条例、单行条例中的村规民约

（一）自治条例中的村规民约

1. 自治州自治条例中的村规民约

在我国现设 30 个自治州制定的 28 件自治条例中，仅玉树藏族

---

〔1〕 参见《湘西土家族苗族自治州农村村民住房建设若干规定》第 6 条。
〔2〕 参见《昌吉回族自治州全民参与公益活动条例》第 10 条第 7 款。
〔3〕 参见《克孜勒苏柯尔克孜自治州乡村环境治理条例》第 4 条第 3 款。
〔4〕 参见《日喀则市城市管理条例》第 5 条第 2 款。
〔5〕 参见《吐鲁番市文明行为促进条例》第 27 条。
〔6〕 参见《玉林市南流江流域水环境保护条例》第 4 条第 3 款。

自治州人民代表大会制定的《玉树藏族自治州自治条例》对村规民约进行了规范。该自治条例于 1987 年 11 月 19 日由玉树藏族自治州第七届人民代表大会第三次会议通过，1988 年 4 月 20 日，青海省第七届人民代表大会常务委员会第二次会议予以批准，后根据 2005 年 11 月 26 日青海省第十届人民代表大会常务委员会第十九次会议关于批准《玉树藏族自治州人民代表大会关于修改〈玉树藏族自治州自治条例〉的决定》的决议予以修正；2020 年 3 月 26 日，玉树藏族自治州第十三届人民代表大会第六次会议进行了修订，于 2020 年 7 月 22 日由青海省第十三届人民代表大会常务委员会第十八次会议予以批准。

《玉树藏族自治州自治条例》在第六章"社会事业"中对村规民约进行了规范。《玉树藏族自治州自治条例》规定，自治机关应当健全基层群众自治制度，完善村规民约等民主管理制度。[1]

2. 自治县（旗）自治条例中的村规民约

在我国现设 120 个自治县（旗）制定的 109 件自治条例中，对"村规民约"进行规范的自治县（旗）自治条例仅 1 件，即《三江侗族自治县自治条例》。该自治条例于 1989 年 4 月 16 日由三江侗族自治县第九届人民代表大会第三次会议通过，1989 年 9 月 16 日，由广西壮族自治区第七届人民代表大会常务委员会第十二次会议予以批准；1997 年 4 月 1 日，三江侗族自治县第十一届人民代表大会第五次会议对该条例进行了修正，并于 1997 年 9 月 24 日由广西壮族自治区第八届人民代表大会常务委员会第三十次会议予以批准；2018 年 1 月 11 日，三江侗族自治县第十六届人民代表大会第三次会议对该条例进行了修订，并于 2018 年 5 月 31 日由广西壮族自治区第十三届人民代表大会常务委员会第三次会议予以批准。

《三江侗族自治县自治条例》在"总则"中对村规民约进行了规范，要求自治县应当坚持中国共产党的领导、人民当家作主、依法治国有机统一，坚持和完善基层群众自治制度，以村规民约等形

---

〔1〕 参见《玉树藏族自治州自治条例》第 51 条第 2 款。

式，促进人民群众自我管理、自我服务、自我教育、自我监督。[1]

（二）单行条例中的村规民约

1. 自治州单行条例中的村规民约

我国现设 30 个自治州所制定的单行条例中，对村规民约进行了规范的单行条例有 23 件，主要包括如下两种类型：

第一，自治区行政区划内的自治州人民代表大会制定的单行条例。现有 1 个自治区的 2 个自治州制定的 2 件单行条例对村规民约进行了规范，即新疆维吾尔自治区的昌吉回族自治州人民代表大会和伊犁哈萨克自治州人民代表大会制定了单行条例各 1 件。如《伊犁哈萨克自治州施行〈中华人民共和国婚姻法〉的补充规定》规定，婚嫁应当从简，对巧立名目、加重经济负担的结婚习俗，村民自治组织应制定村规民约加以规范；[2]《昌吉回族自治州乡村治理促进条例（试行）》规定，村民委员会在村党组织领导下，通过村民会议制定村规民约，实现村民自治。[3]

第二，省辖区内的自治州人民代表大会制定的单行条例。在我国的 23 个省中，云南、四川、贵州、甘肃、青海、湖南 6 个省的 14 个自治州制定的 21 件单行条例对村规民约进行了规范。如《云南省楚雄彝族自治州林业管理条例》规定，乡村应制定完善植树造林、保护森林资源的制度和村规民约，设立专职或者兼职护林员；[4]《阿坝藏族羌族自治州城乡基础设施管理条例》规定，乡镇人民政府应当指导村（居）民委员会建立城乡基础设施管理制度，确定专人负责辖区内城乡基础设施的管理工作，村（居）民委员会应当坚持"谁受益、谁负责、谁管理"的原则，制定村规民约，建立管理运行和维护机制；[5]《黔东南苗族侗族自治州农村公路条例》规定，村民委员会在乡、镇人民政府指导下可以将村道的保护和管理纳入村

---

〔1〕 参见《三江侗族自治县自治条例》第 4 条。

〔2〕 参见《伊犁哈萨克自治州施行〈中华人民共和国婚姻法〉的补充规定》第 9 条。

〔3〕 参见《昌吉回族自治州乡村治理促进条例（试行）》第 5 条第 3 款。

〔4〕 参见《云南省楚雄彝族自治州林业管理条例》第 13 条第 1 款。

〔5〕 参见《阿坝藏族羌族自治州城乡基础设施管理条例》第 18 条第 1 款。

规民约。[1]再如,《甘肃省甘南藏族自治州草原管理办法》规定,自治州、县(市)、乡(镇)人民政府全面负责本行政区域内的草原生态保护建设、退化草原治理、超载牲畜核减、禁牧休牧和草畜平衡工作,草原行政主管部门负责本行政区域内的草原监督管理、动态监测、技术指导和督查检查工作,乡(镇)人民政府应当指导村委会建立村规民约,约定草原生态保护、农牧户牲畜饲养量和超载过牧处罚措施,促进草畜平衡;[2]《湘西土家族苗族自治州传统村落保护条例》规定,依法组织村民会议或者村民代表会议,将传统村落保护发展事项纳入村规民约。[3]

2. 自治县(旗)单行条例中的村规民约

在我国现设 120 个自治县(旗)所制定的单行条例中,对村规民约进行了规范的单行条例有 54 件,主要包括如下两种类型:

第一,自治区行政区划内的自治县(旗)人民代表大会制定的单行条例。现有新疆维吾尔自治区的 2 个自治县和广西壮族自治区的 3 个自治县共计制定的 6 件自治县单行条例对村规民约进行了规范。如《焉耆回族自治县农村人居环境整治条例》规定,村(居)民委员会应当将乡村环境卫生治理纳入村规民约,划定保洁责任区,组织村民开展清洁家园、清洁水源、清洁田园、绿化美化等乡村清洁活动;[4]《木垒哈萨克自治县文明行为促进条例》规定,村民委员会应当依法组织实施村规民约,引导文明行为,劝阻不文明行为,宣传文明先进典型;[5]《富川瑶族自治县传统村落保护条例》规定,将传统村落保护工作纳入村规民约,督促村(居)民保护传统建筑、构筑物和文物古迹,合理利用传统村落内的历史文化遗产。[6]

第二,省辖区内的自治县(旗)人民代表大会制定的单行条例。在我国的 23 个省中,有海南、广东、湖南、湖北等 13 个省的 43 个

---

〔1〕 参见《黔东南苗族侗族自治州农村公路条例》第 24 条第 2 款。

〔2〕 参见《甘肃省甘南藏族自治州草原管理办法》第 3 条。

〔3〕 参见《湘西土家族苗族自治州传统村落保护条例》第 7 条第 2 项。

〔4〕 参见《焉耆回族自治县农村人居环境整治条例》第 20 条。

〔5〕 参见《木垒哈萨克自治县文明行为促进条例》第 6 条第 3 款。

〔6〕 参见《富川瑶族自治县传统村落保护条例》第 7 条第 1 项。

自治县制定的48件单行条例对村规民约进行了规范。如《保亭黎族苗族自治县城乡容貌和环境卫生管理条例》规定，村（居）民委员会应当制定村规民约，对本村容貌和环境卫生管理作出约定，维护整洁、优美的生产生活环境；[1]《连南瑶族自治县民族文化遗产保护条例》规定，村民委员会应当根据传统瑶族村寨发展规划和保护项目名录，引导和推动村民制定相关村规民约，并组织实施；[2]《麻阳苗族自治县饮用水水源保护条例》规定，村（居）民委员会应当协助乡（镇）人民政府依法做好饮用水水源保护工作，制定保护饮用水水源的村规民约，并明确看护人员；[3]《长阳土家族自治县森林资源保护条例》规定，村民委员会应当将森林资源保护纳入村规民约内容，引导村民做好森林资源培育保护与合理利用，协助乡镇人民政府和林业管理机构做好辖区内护林员的选聘与考评；加强森林资源的保护与管理；加强对村民进行法制宣传等森林资源保护的相关工作。[4]

三、民族区域自治地方政府规章中的村规民约

我国《立法法》第82条第1款规定："省、自治区、直辖市和设区的市、自治州的人民政府，可以根据法律、行政法规和本省、自治区、直辖市的地方性法规，制定规章。"第2款规定："地方政府规章可以就下列事项作出规定：（一）为执行法律、行政法规、地方性法规的规定需要制定规章的事项；（二）属于本行政区域的具体行政管理事项。"该条第3款还规定："设区的市、自治州的人民政府根据本条第一款、第二款制定地方政府规章，限于城乡建设与管理、环境保护、历史文化保护等方面的事项。已经制定的地方政府规章，涉及上述事项范围以外的，继续有效。"

在我国民族区域自治地方政府规章中，现行有效的政府规章中对村规民约进行了规范的有6件。其中，广西壮族自治区有2件。

---

〔1〕 参见《保亭黎族苗族自治县城乡容貌和环境卫生管理条例》第33条第3款。

〔2〕 参见《连南瑶族自治县民族文化遗产保护条例》第13条第2款。

〔3〕 参见《麻阳苗族自治县饮用水水源保护条例》第5条第2款。

〔4〕 参见《长阳土家族自治县森林资源保护条例》第7条。

如《广西壮族自治区实施〈基本农田保护条例〉办法》规定，村民委员会应用书面形式将保护田块的位置、面积和保护责任告知土地承包户，并组织村民制定保护基本农田保护区的村规民约；〔1〕《广西壮族自治区人口和计划生育管理办法》规定，农村实行计划生育村民自治，开展民主管理、民主监督。村民委员会可以制定计划生育村规民约，与育龄夫妻签订计划生育协议，就落实生育政策、节育措施、孕情检查、奖励措施等内容约定双方的权利与义务。〔2〕宁夏回族自治区有2件。如《宁夏回族自治区村务公开和民主管理暂行规定》规定，村民要自觉遵守民主管理行为规范，正确行使民主权利，严格遵守国家法律、法规，遵守村规民约，自觉执行村民会议和村民代表会议的决议，认真履行村民义务，增强集体观念，维护集体利益，关心、热爱集体。敢于监督，勇于同侵犯民主权利、损害集体利益的行为作斗争。抵制宗族派性活动。讲文明、守公德，争创遵纪守法文明户，争做社会主义的"四有"新人；〔3〕《宁夏回族自治区农业废弃物处理与利用办法》规定，村（居）民委员会以及村民聚居点应当制定维护本区域容貌和环境卫生的村规民约，对农业废弃物的收集、清运、处理和处置等作出约定。〔4〕拉萨市有1件，即自2012年11月1日起施行的《拉萨市控制义务教育阶段学生辍学办法》。该办法规定了"组织制定有关控制辍学工作的村规民约，并监督实施"是村（居）民委员会应当协助乡（镇）人民政府、街道办事处做好的工作之一。〔5〕新疆维吾尔自治区有1件，即《乌鲁木齐市生活垃圾分类管理办法》，该办法规定，村（居）民委员会应当做好生活垃圾源头减量和分类投放的宣传、指导，将生活垃圾源头减量和分类投放纳入村规民约。〔6〕

〔1〕 参见《广西壮族自治区实施〈基本农田保护条例〉办法》第5条第2款。
〔2〕 参见《广西壮族自治区人口和计划生育管理办法》第5条第1款。
〔3〕 参见《宁夏回族自治区村务公开和民主管理暂行规定》第26条。
〔4〕 参见《宁夏回族自治区农业废弃物处理与利用办法》第25条第2款。
〔5〕 参见《拉萨市控制义务教育阶段学生辍学办法》第14条第4项。
〔6〕 参见《乌鲁木齐市生活垃圾分类管理办法》第8条。

结　语

总的来看，我国民族区域自治地方的地方性法规、自治条例、单行条例和政府规章等规范性文件关于村规民约的规范涉及乡村治理的政治、经济、文化、社会、生态诸领域，具体包括村民自治、农村治安、农村自然资源保护与利用、农村环境保护、农村公共事务、农民权益保护、农村纠纷解决等方面。[1]除此之外，民族区域自治地方现行有效的地方性法规、自治条例、单行条例和政府规章关于村规民约的规范还呈现出了如下几个方面的典型特征：

第一，进一步突出了基层党组织在村规民约制定、修改和执行中的领导作用。如《昌吉回族自治州乡村治理促进条例（试行）》规定，村民委员会在村党组织领导下，通过村民会议制定村规民约，实现村民自治。[2]

第二，由于大多数民族区域自治地方均面临多民族杂居和少数民族传统文化和特色村寨、建筑亟待保护等现实问题，因此民族区域自治地方现行有效的地方性法规、自治条例、单行条例和政府规章在村规民约规范的具体内容中均突出了民族团结、少数民族文化遗产保护、特色村寨和传统建筑保护等内容。如《新疆维吾尔自治区民族团结进步工作条例》规定，要将民族团结进步的相关内容纳入村规民约；[3]《连南瑶族自治县民族文化遗产保护条例》规定村民委员会应当根据传统瑶族村寨发展规划和保护项目名录，引导和推动村民制定相关村规民约，并组织实施；[4]《三都水族自治县民族文化村寨保护条例》规定，村民委员会可以制定村规民约，开展辖区内的民族文化村寨的保护工作[5]；等等。

我国民族区域自治地方现行有效的地方性法规、自治条例、单

---

〔1〕　参见高其才："通过村规民约的乡村治理——从地方法规规章角度的观察"，载《政法论丛》2016年第2期。

〔2〕　参见《昌吉回族自治州乡村治理促进条例（试行）》第5条第3款。

〔3〕　参见《新疆维吾尔自治区民族团结进步工作条例》第14条。

〔4〕　参见《连南瑶族自治县民族文化遗产保护条例》第13条第2款。

〔5〕　参见《三都水族自治县民族文化村寨保护条例》第8条第4款。

行条例和政府规章等规范性文件关于村规民约的规范，较为全面地调整了乡村社会关系，维护了乡村社会秩序，在乡村振兴中将发挥不可替代的作用，但还存在如下需要进一步完善的地方：

第一，立法水平还有待进一步提高，问题集中表现在对村规民约制定主体的设定不符合法律的规定。依据《村民委员会组织法》第 27 条的规定，村规民约可以由村民会议制定和修改，而在我国民族区域自治地方现行有效的地方性法规、自治条例、单行条例和政府规章中有相当一部分规范性文件是将村民委员会设定为村规民约的制定主体。如《三都水族自治县民族文化村寨保护条例》规定，村民委员会可以制定村规民约，以推动辖区内的民族文化村寨的保护工作；[1]《甘肃省甘南藏族自治州生态环境保护条例》规定，应当由村民委员会等自治组织制定针对生态环境保护工作的村规民约[2]；等等。

第二，民族区域自治地方现行有效的地方性法规、自治条例、单行条例和政府规章等规范性文件关于村规民约的规范缺乏系统性。绝大多数民族区域自治地方的规范性文件均只是在乡村治理、乡村振兴的某些方面或某些环节对村规民约进行了规范。如甘肃省东乡族自治县仅仅在林木管理对村规民约进行了规范；新疆维吾尔自治区木垒哈萨克自治县只是从倡导文明行为和传统村落保护两个方面对村规民约进行了规范。乡村治理、乡村振兴是一个复杂、系统的工程，民族区域自治地方的地方性法规、自治条例、单行条例和地方政府规章对村规民约的规范要进一步考虑乡村的实际、尊重村民自治，推动村规民约在乡村治理和乡村振兴中发挥更多的积极作用。

---

〔1〕 参见《三都水族自治县民族文化村寨保护条例》第 8 条第 4 款。
〔2〕 参见《甘肃省甘南藏族自治州生态环境保护条例》第 7 条第 4 款。

政府指导下环境卫生村规民约的制定、执行及效果
——基于广西荔平村的田野调查

陆俊材[*]

引 言

2020 年 12 月，中共中央印发《法治社会建设实施纲要（2020—2025 年）》，提出加强居民公约、村规民约、行业规章、社会组织章程等社会规范建设，充分发挥社会规范在协调社会关系、约束社会行为、维护社会秩序等方面的积极作用。

村规民约是不同于国家法律的社会规范，在乡村治理中有其独立的作用场域。对村规民约可从宏观层面、中观层面与微观层面进行探讨。宏观层面是基于整个乡村治理体系的视域去考察的。比如，有研究指出，当代中国的村规民约在保障基层民主、管理公共事务、解决民间纠纷等方面在乡村社会治理中发挥着积极作用，但还存在国家行政权力干预因素等阻碍乡规民约在乡村治理中发挥积极作用的因素。[1]中观层面主要就村规民约本身去解读。比如，有研究者认为，村规民约作为一种非正式制度具备了规制性基础要素、规范

---

[*] 陆俊材，清华大学法学院博士研究生。根据学术惯例，本文的地名、人名进行了化名处理，特此说明。

[1] 参见陈寒非、高其才："乡规民约在乡村治理中的积极作用实证研究"，载《清华法学》2018 年第 1 期。

性基础要素、文化认知性基础要素并分别外化成惩戒监督机制、价值导向机制与传递内化机制,这三种机制联合推动村规民约发挥效力。[1]微观层面研究村规民约规范对行动者个体的影响。比如,有研究发现,村规民约对农户亲环境行为的影响有"村规民约认知→村规民约认同→亲环境意愿→亲环境行为"的内化模式作用机制及"村规民约认知→亲环境意愿→亲环境行为"的强制模式作用机制。[2]

本文从中观层面,也即以法学的视角就规范本身对村规民约进行讨论。从法理上说,村规民约属于非国家意义上的习惯法,[3]是村民集体意识的表达,是乡村自治体系中的重要组成部分。然而,就本文所研究的广西荔平村环境卫生村规民约而言,从其制定到施行在很大程度上离不开当地政府的指导与支持。从某种程度上说,荔平村环境卫生村规民约是国家力量建构的产物。有研究就指出,村规民约作为一种非正式制度需嵌入特定的社会网络与秩序中才能有效地发挥作用,而当前我国推行的村规民约是现代国家力量建构的产物,脱嵌于当下的乡村社会,因而能发挥的作用有限,在乡村振兴背景下可通过激活自治、践行德治及推行法治来实现村规民约的调适,进而发挥村规民约的预期治理功能。[4]那么,广西荔平村环境卫生村规民约是否就真的处于"脱嵌"状态而难以发挥其作用?还是说呈现出另一种状态?这些是本文所要回答的问题。

为此,笔者于 2021 年 1 月 25 日至 2021 年 2 月 3 日就荔平村环境卫生村规民约的制定、施行等情况进行了调研,之后又进行了多次补充调查。荔平村距城区 2 公里,全村总人口 3283 人,791 户,分 25 个村民小组,外出务工 936 人,耕地面积约 1980 亩,旱地 420

---

〔1〕 参见周家明、刘祖云:"村规民约的内在作用机制研究——基于要素—作用机制的分析框架",载《农业经济问题》2014 年第 4 期。

〔2〕 参见郭利京、林云志、周正圆:"村规民约何以规范农户亲环境行为?",载《干旱区资源与环境》2020 年第 7 期。

〔3〕 高其才教授将习惯法定义为:"习惯法是独立于国家制定法之外,依据某种社会权威和社会组织,具有一定的强制性的行为规范的总和。"参见高其才:《中国习惯法论》(第 3 版),社会科学文献出版社 2018 年版,第 3 页。

〔4〕 参见冷向明、熊雪婷:"社会网络基础变迁视角下村规民约的建构性脱嵌及其调适",载《西南民族大学学报(人文社会科学版)》2020 年第 11 期。

亩，是一个以种植为主的村。村民主要以种植、养殖、经商为业。

本文采用实证研究方法，通过深度访谈、参与式观察等方式收集材料；以广西荔平村为个案，主要从环境卫生村规民约的制定、施行及效果三个方面进行分析，探讨政府指导下环境卫生村规民约的现实状态，以促进学界对此类问题的进一步深入探讨。

一、环境卫生村规民约的制定

首先，介绍荔平村环境卫生村规民约的制定背景。为改善乡村群众生活生产条件，广西壮族自治区于 2013 年起开展了"美丽广西·清洁乡村"活动。[1]根据自治区"美丽广西·清洁乡村"活动的统一部署，荔平村所在的市、县及镇人民政府积极开展"美丽某某·清洁乡村"活动。其中各村制定环境卫生村规民约便是"清洁乡村"活动的重要内容之一。2013 年 5 月，为了更好地落实政府的"清洁乡村"活动，荔平村村委会基本按照镇"范本"制定了本村的《"美丽荔平·清洁乡村"村规民约》。2020 年起，荔平村村委会按照上级政府的工作部署，推动"美丽荔平·清洁乡村"活动进入巩固提升阶段，于 2020 年 3 月基本按照镇"范本"将原来的环境卫生村规民约修改为《荔平村环境卫生管理村规民约》。

其次，讨论荔平村环境卫生村规民约的制定主体。荔平村环境卫生村规民约的制定主体是荔平村的村民代表会议。村民代表会议由村民代表组成，而当选村民代表又需要满足一定的条件。2021 年 1 月，正值荔平村的村党支部委员会及村民委员会（下文简称"村两委"）举行第九届换届选举，选举流程基本遵照 2020 年 12 月当地县的换届选举工作领导小组印发的"村两委"换届选举工作指导手册进行。该指导手册中的《荔平村第九届村民代表推选办法》提到了村民代表选举的法定程序及村民代表应具备的相应条件。

村民代表应具备的积极条件有：

---

[1] 参见自治区党委办公厅、自治区政府办公厅："'美丽广西·清洁乡村'活动方案"，载《广西日报》2013 年 4 月 22 日。

1. 本村选民。

2. 政治好。拥护党的领导，自觉在思想上政治上行动上同以习近平同志为核心的党中央保持高度一致，带头执行党在农村的各项方针政策。遵纪守法、廉洁自律、作风民主、公道正派。

3. 懂农业。具有一定的文化科技知识，掌握"三农"政策，熟悉农村情况，带头致富和带领群众致富能力强。

4. 爱农村。具有较强的事业心和责任感，甘于奉献。

5. 爱农民。密切联系群众，善于做群众工作，热心为群众服务，与群众想在一起、干在一起，在群众中有较高威信。

6. 具有正常履行职责的身体条件。

不应具备的消极条件有：

1. 被剥夺政治权利的。

2. 政治上有问题，或政治上的"两面人"。

3. 严重损害国家和人民利益的。

4. 与敌对势力相勾结或接受国（境）外组织、个人参选资助或培训的。

5. 品行不端、道德败坏的。

6. 受过刑事处罚的。

7. 存在"村霸"和涉黑涉恶问题的。

8. 非法宗教的组织者、实施者、参与者。

9. 搞宗族派性的。

10. 因违规违纪违法被给予组织处理、党纪处分、政务处分且影响期未满的。

11. 涉嫌违规违纪违法正在接受调查处理或被立案侦查的。

12. 有行贿、权钱交易行为的。

13. 有拉票贿选或其他不正当竞争行为，以及其他干扰、妨碍、破坏换届选举行为的。

14. 拖欠集体资金，侵占集体资产、资源的。

15. 曾经被清理出村干部队伍的。

16. 长期外出不能回村工作的。

17. 被依法列为失信联合惩戒对象的。

据笔者多方了解，之前参与荔平村环境卫生村规民约的制定的村民代表基本都按照该指导手册中的《荔平村第九届村民代表推选办法》进行选举。

最后，再梳理一下荔平村环境卫生村规民约的制定程序。荔平村环境卫生村规民约的制定程序主要有三个步骤：

（1）为更好地落实上级政府的相关政策，荔平村村委会召开"村两委"会议，根据镇"范本"拟定本村环境卫生村规民约草案，并确定村民代表会议召开的时间。

（2）村委召开村民代表会议，有超过 2/3 的村民代表参加，会上充分讨论环境卫生村规民约草案，最后由到会人数过半数投票表决通过。

（3）村民代表将制定好的环境卫生村规民约拿到各自然村张贴公布，并向村民大力宣传。

二、环境卫生村规民约的内容

荔平村环境卫生村规民约在内容上基本照搬镇"范本"，其适用范围可以说是整个镇而不限于荔平村。

2013 年 5 月公布的《"美丽荔平·清洁乡村"村规民约》主要包括：保洁员制度，生活垃圾、生活污水的处理，化肥、农药的使用，灭蝇、灭蚊、灭蟑螂和灭鼠行动，家畜的圈养，环境卫生公共设施的保护等方面。其具体内容如下：

"美丽荔平·清洁乡村"村规民约

为切实做好本村环境卫生治理工作，创造清洁、优美的村屯环境，营造"清洁家园人人有责，清洁家园从我做起"的良好氛围，特制定本村民规约。

一、生活垃圾及废弃物实行集中处理办法，在每户设置垃圾桶，由保洁员统一分类回收集中处理。

二、各农户门前屋后实行"三包"：包清扫保洁。包不乱扔乱倒生活垃圾、包不乱倒生活污水。

三、全体村民认真打扫村庄周围、公共场所的卫生区，做到每天打扫，每周一大扫。

四、村民应定期进行灭蝇、灭蚊、灭蟑螂和灭鼠行动，以减少疾病的传播。

五、禁止把垃圾、生产废弃物和各种农药瓶丢入小溪和水塘，确保小溪和水塘水面清洁。

六、按照病虫防治发生时期，使用高效、低毒、低残留农药，降低农药使用量，禁止使用高毒、高残留农药，使用后农药瓶不得乱丢，应进行深埋处理。

七、每户家禽必须圈养，不得散养。

八、农户大小便必须经过净化池处理，不准直接排放，并且教育好小孩，不得随地大小便。

九、农村红白事废弃物不得丢进江边，要自行焚烧处理。

十、每户每月交2元保洁费。

十一、安排一人做保洁员，确保垃圾清运和焚烧。

十二、严禁破坏和盗窃公共设施，一经查实，责令恢复。

十三、卫生清洁、人人有责，对本条均需共同遵守，任何人不得以任何借口和理由对清洁乡村活动进行阻挠。

2020年3月公布的《荔平村环境卫生管理村规民约》主要包括：清洁家园、清洁水源、清洁田园、保洁员制度、奖励机制等方面。其具体内容如下：

荔平村环境卫生管理村规民约

为全面推进农村环境卫生综合整治，推动我村"清洁乡村"活动深入开展，不断改善村容村貌，提高村民文明素质，创造清洁优美、文明和谐的生产生活环境，根据相关法律、法规，结合本村实际，经村民代表会议通过，制定本村《环境卫生管理村规民约》，望全体村民共同监督遵守。

一、大力宣传清洁家园、清洁水源、清洁田园行动的重要意义，营造"清洁行动人人有责，清洁行动从我做起"的良好氛围。

二、积极参与"清洁家园"行动，落实户前三包（包卫生、包秩序、包美化）责任制，生活垃圾建筑材料或垃圾定点存放，杜绝乱扔、乱倒现象，确保村主干道路面及两侧和公共场所卫生整洁。无粪堆粪坑、无散养牲畜，无私搭乱建现象，无柴草垛、无垃圾，保证道路畅通。

三、积极参与"清洁水源"工作。不得在水源保护区种植不利水源涵养的树种和作物、喷洒农药和施用除草剂等对水质有影响的农药、化肥；不得向河道溪流、沟渠、池塘中倾倒垃圾、丢弃农作物秸秆、直排生活污水、畜禽粪便；不在河床自行采沙；不实施毒鱼等行为。

四、积极参与"清洁田园"工作。严格控制农药、化肥的使用，积极施用农家肥，尽量不施用化肥；农药瓶、化肥袋、废弃塑料膜等生产废弃物要收集处理或分类倒入垃圾桶（池）内，不得向河坡、田埂、水体等乱扔。

五、各户要及时缴纳卫生保洁费。每人每月缴交 1 元保洁费，用于聘请保洁员及村内环境卫生支出；对村内建设、维护环卫设施和开展集中清洁活动，要积极集资投劳。

六、理事会经常对清洁乡村工作进行检查，每月召开一次评议会议，对保洁员工作进行评议，保洁员连续两个月被评为不合格的予以辞退，由村委会另行聘请。

七、《乡村清洁条例》于 2016 年 7 月 1 日起施行，积极学习宣传并遵守《条例》，对违反《条例》的村民，由政府或者其委托的乡镇综合执法机构给予警告，限期整改；逾期未改正的，对违反者进行罚款。

八、对认真执行本村规民约的村民，给予表彰奖励，在评优评先、享受优惠政策待遇等方面优先倾斜照顾。

九、本村规民约自公布之日起生效。[1]

三、环境卫生村规民约的施行

首先，介绍一下荔平村环境卫生村规民约的施行主体。荔平村环境卫生规民约的施行主体主要是"村两委"干部、各村小组组长及保洁员。另外，荔平村小学部分教师及当地镇政府相关工作人员也参与到了环境卫生村规民约的施行工作中。

其次，再梳理一下荔平村环境卫生村规民约施行的相关措施与机制。2013 年 5 月，在当地政府的指导下，为了更好地施行环境卫生村规民约，荔平村"村两委"采取了九个方面的措施及制度：

（1）成立施行领导小组。由村党支部书记任组长，村委主任任副组长，其他村委干部为领导小组成员。

（2）实行村组干部包段包户责任制。实行分组、分片、分段负责制，每名村组干部包一路段，若干住户，负责监督住户搞好日常清洁卫生。

（3）发动宣传。宣传的方式有：

第一，组织召开各村民小组长、村民代表及党员会议，传达上级政府关于清洁乡村活动的意义与精神，通过各村民小组长、村民代表及党员引导广大村民参与投入到清洁乡村活动中去。

第二，让荔平小学学生将《"美丽荔平·清洁乡村"活动倡议书》带给家长，让广大村民接受宣传和教育，扩大宣传和影响。

第三，在每个自然村的中心场张贴宣传标语和《"美丽荔平·清洁乡村"活动倡议书》。

第四，开展流动广播宣传。

（4）建立相关会议记录簿制度。

第一，清洁乡村会议记录簿。主要记录学习贯彻区、市、县、镇有关清洁乡村的文件、会议精神，凡是镇里每召开一次相关会议

---

[1] 荔平村公布的村规民约没有落款时间。据荔平村村委会主任助理冯先生介绍，该村规民约公布时间是 2020 年 3 月。访谈时间：2021 年 2 月 3 日。

或发相关文件，都要召开党员、队长会议进行传达并做好记录等。要求每月不少于 2 次。做到有记录、有签到册、有学习资料等。

第二，进村入户宣讲记录簿。主要记录每个村民小组召开代表会、党员座谈会情况及镇村干部进村入户开展大宣讲、大走访、大调研的情况。要求每个生产队均要召开一次村民代表会议。

第三，群众参加清洁乡村整治出工记录簿。主要记录各村民小组组织群众参加清洁乡村整治活动出工的情况，出工多少作为下一步评先评优的依据。要求各队各户每月不少于一次。

（5）"户前三包"责任状。每家每户与村民小组签订"户前三包"责任状，责任户、村民小组及村委会各存一份。

（6）建设公共设施。荔平村没有集体经济收入，所以公共设施经费主要来源于上级政府有关部门的拨款及村民捐款。公共设施主要是垃圾桶、垃圾池、垃圾焚烧炉等。

（7）建立保洁员制度。2013 年至 2015 年，荔平村村委会实行每个村民小组设 1 名保洁员，保洁员与村民小组的村民理事会签订保洁协议书，甲方为荔平村某某村民小组村民理事会，乙方为保洁员（由村民小组组长担任）。根据保洁员聘用协议书，保洁员有如下义务：每天清扫、收集所管辖区域内的垃圾并运送到焚烧炉焚烧，把不能焚烧的玻璃瓶、砖头等拣出来放到指定地点；对所管辖区域内的焚烧炉进行维护和定期清理；教育和督促村民不乱扔垃圾，搞好房前屋后的清洁卫生，摆放好房前屋后杂物，每天按时把垃圾投入垃圾桶或者垃圾池；每月的工资由所管辖区域内收取的保洁费来结算，各保洁员工资 100 元至 300 元/月不等，其中 80% 为基本工资，20% 为绩效工资，绩效工资甲方视考核乙方工作情况发放，每月工资的发放时间为次月第一天；清扫工具和垃圾清运车辆由甲方提供，乙方要妥善保管甲方提供的清扫工具和垃圾清运车，如因乙方保管不善丢失的，乙方要折价赔偿甲方；乙方不得私自找人代替，如要请假需经甲方批准；协议履行期间，乙方应接受甲方的监督、检查，具有"一年内经检查发现有 1 次或连续 2 次被评为不合格""乙方身体状况不适合履行保洁员职责的""乙方私自找人代替的"情况之一的，甲方有权解除保洁员聘用协议。

然而，每个村民小组安排该村民小组组长作保洁员的效果并不好，主要是因为保洁员每个月的工资太少，保洁员工作积极性不高。于是，2015年9月1日起，荔平村村委会只聘用1名保洁员负责整个村的保洁工作，根据该保洁员的聘用协议书，该保洁员的义务与之前保洁员的义务基本一致，只是每月的工资变为了3500元、这样一来，该保洁员的工作积极性较高，工作效果也比之前有较大提升。

保洁员制度的一项重要内容便是向村民收取保洁费。2013年5月至2015年8月，各村民的保洁费由各村民小组组长收取；2015年9月保洁员制度改革后由村委统一收取，一般是每年村民来交合作医疗费或者到村委办事时顺带收取。如今，荔平村村委会服务中心办公桌上放了一个告示牌，上面写着："尊敬的村民：您好，保洁员正在辛苦劳动，您来办事，请问您户交了保洁费吗？"

（8）进行示范性的清洁活动。示范性清洁活动主要有五类：

第一，将清洁任务包干到镇村干部和荔平小学教师，通过教师、干部在村中各处打扫卫生、拾捡垃圾的实践发挥示范性的作用。

第二，通过村委退休老干部及村中党员的清洁乡村实践而产生示范性作用。

第三，通过村民小组组长的清洁乡村实践而产生示范性作用。

第四，利用低保、困难救助对象等得到政府照顾的家庭和人员参加村中的公共卫生清洁活动，从而起到一定的示范性作用。

第五，发动荔平小学生开展清洁活动，放学时学校发给每位学生一个垃圾袋，让其在回家的路上捡拾路边的生活垃圾并将其扔进公共垃圾桶，从而起到一定的示范性作用。

这些参与示范性清洁活动的各主体主要对工作量较大的公共区域（如路边的卫生死角、河边等）进行集中清理，在清理活动过程中发动村民群众各自清理自己的庭院及自己造成污染的公共场所。另外，这些参与示范性清洁活动的主体还经常走村串户地巡查，对于一些违反村规民约的村民进行"身教"与"言教"。"身教"指的是示范性主体当着村民的面亲自纠正村民的行为，比如，将村民乱扔的垃圾捡入垃圾桶内；"言教"指的是言语上的教育。

（9）建立奖惩机制。村委会每季度组织群众代表对所有农户卫生情况进行评比，评出文明示范户，予以挂牌表彰鼓励，对卫生保持不好的住户进行通报批评，并将评比情况在公示栏内公示。总的来说，违反村规民约的村民有可能受到批评教育、暂停村委会的相关服务及上报政府这几项处罚。

批评教育是指，施行主体走村入户巡查如果发现村民有乱扔乱倒垃圾、随地大小便、散养牲畜等行为，可对其进行批评教育并责令改正；暂停村委会相关服务是指，不肯交保洁费的村民来村委会办事时，村委会对其进行"暂停服务"处理，也即要先交保洁费才能办事；上报政府是指，村民有破坏清洁乡村相关公共设施等较严重行为时，村委会要上报政府，由上级政府有关部门采取如没收工具、强行禁止等相关整治措施。

2020年3月，在当地政府的指导下，为了更好地施行新公布的《荔平村环境卫生管理村规民约》，荔平村村委会进一步增设了如下"巩固提升"措施及制度：

（1）扩大基础设施建设。加大村屯垃圾收集处理设施建设及农村垃圾集运处理设施建设。

（2）增加清洁整顿措施，扩大惩治范围。如拆除农户废弃旧房、猪栏和危房，整治村范围内的乱贴广告现象。村民有《荔平村环境卫生管理村规民约》提到的在河床私自采沙、毒鱼、电鱼、乱搭乱建等较严重行为的，村委会应上报上级政府，由政府相关部门采取没收工具、强行禁止等相关整治措施。

（3）完善保洁员管理考勤制度。保洁员每日分2次进行集中清扫，分别是9:30与19:30前，该时间段内，保洁员务必要在村中进行巡回检查，及时清扫路面杂物，清理垃圾池、垃圾桶垃圾。路面杂物及河道内、水沟杂物连续3个工作日发现未清理的，给予保洁员记过批评；保洁员由村委会管理，镇政府联系村工作队每周对各个自然村定时检查1次，每月按全村范围内检查1次，每月检查评分排名靠前的保洁员给予一定奖励，每次排名靠后的保洁员给予通报批评，多次通报不改的，办理解聘手续。另外，保洁员的工作职责增加了。比如，保洁员要对垃圾进行分类处理，对不能氧化的塑料、玻璃、电池、建筑垃圾等能利用的废物进行收集、销售，等等。

另外，2020年3月起至2020年12月31日，荔平村村委会设立了非固定性村级扶贫公益性岗位，聘用村中的贫困人员作公益性保洁员，并按月给予公益性保洁员一定的服务补贴。

（4）完善考核奖惩机制。根据合理定标、量化考核、等级评比的原则，统一制定考核细则和评分标准，以达标、基本达标、不达标来反映实际和效果。村支部、村委会按照考核细则和评分标准每季度对自然村关于清洁乡村工作进行一次考核，对于考核达标的自然村给予通报表彰，对于考核不达标的自然村要限期整改，连续2次不达标的给予通报批评。

（5）采用新的垃圾处理方式。因地制宜地选择垃圾处理模式，村中垃圾以就地处理为主，对可回收和不可回收垃圾进行大分类，在村屯就地对生活垃圾实行减量化、资源化，减少集中处理垃圾量。

（6）引进新的环保技术。如使用绿色防控病虫害等新技术进行清洁田园活动。

（7）建立长效保洁机制。把改变农村不良生活习惯、强化自力更生思想、养成农村文明新风尚作为开展清洁乡村活动的重要工作，消除依赖思想，实现从干部引导、集中整治到村屯自治、村民自觉、卫生自律的转变，促进农村环境卫生状况全面好转。

最后，再讨论一下荔平村环境卫生村规民约的监督保障机制。为了确保环境卫生村规民约得到较好的施行，荔平村还设置了一套下对下、下对上、上对下、上对上的多层立体的监督机制。

下对下的监督指的是村民之间的监督，监督的方式主要有相互指责以及上报村委会、上报政府等。相互指责指的是村民之间对于违反环境卫生村规民约的人与事进行负面的评价。上报村委会、政府指的是村民将违反环境卫生村规民约的人或事上报村委会、政府以希望村委会、政府对其进行处理。据了解，村民上报村委会、政府的事往往是需要村委会、政府处理的较大的事。比如，私自采沙、破坏公共设施、违规建养猪场等。就乱扔垃圾这样的小事上报村委会、政府的较少。

下对上的监督主要指的是村民对于保洁员、村民小组组长、村委会干部的监督。荔平村村民十分清楚自己每月所交的保洁费便是用作保洁员的工资发放，村民如果发现保洁员有不负责的情况便会积极地向村委反映。村民同样监督村干部对环境卫生村规民约的遵守，可以将村干部不遵守环境卫生村规民约、没施行好环境卫生村规民约的行为反映给当地镇政府。荔平村村委会主任助理冯先生告诉笔者："清洁乡村活动由我们村委发起，我们村委得首先带好头才有说服力，村民时刻都在监督我们。你看村规民约说为了清洁水源不能在江河附近建养猪场，我自己的养猪场就被拆了。"[1]

笔者查阅到 4 份《荔平村群众来访记录》，其内容展示了村民对保洁员与村委的监督。内容如下：

记录 1

来访日期：2020 年 3 月 5 日；来访人：×××；联系方式：×××

接访人：×××

反映问题：我村某某路口的垃圾桶放置存在问题。

答复情况：我会及时和保洁员沟通并让他处理。

处理结果：已将垃圾桶安置妥当。2020 年 3 月 7 日

记录 2

来访日期：2020 年 4 月 16 日；来访人：×××；联系方式：×××

接访人：×××

反映问题：我村里的垃圾未得到及时处理。

答复情况：我会和保洁员反应并及时作出处理。

处理结果：已和保洁员安排好。2020 年 4 月 18 日

记录 3

来访日期：2020 年 5 月 12 日；来访人：×××；联系方式：×××

接访人：×××

反映问题：我村的垃圾桶放得有点少，希望安排到两处。

答复情况：好的。我会去核实并安排到位。

处理结果：已安排两处垃圾桶。2020 年 5 月 14 日

---

[1] 访谈时间：2021 年 1 月 29 日。

记录4

来访日期：2020年5月30日；来访人：×××；联系方式：×××

接访人：×××

反映问题：村中有个别垃圾桶旁边的垃圾未清理彻底。

答复情况：好的。我会和保洁员沟通，叫他工作到位的。

处理结果：保洁员已去处理。2020年6月2日

上对下的监督分为三层：

第一层是镇政府对于村委、村民小组组长等村委领导层施行清洁乡村活动的监督检查。据了解，镇政府相关工作人员会不定时地到村中进行检查，督促村委做好清洁乡村工作。

第二层是村两委、村民小组组长等村委领导层对于保洁员、普通村民的监督。

在当地政府的指导下，荔平村村委会设立了"美丽荔平·清洁乡村"活动监督机构，监督机构中村支书担任主任，村主任、村小学校长担任副主任，村妇女主任、民兵营长、团支书及各村民小组组长担任监督机构的成员。该监督机构的职责是：①监督各村民小组、学校开展"美丽荔平·清洁乡村"活动情况；②检查各村民小组、学校开展"美丽荔平·清洁乡村"活动存在的问题，并上报镇的"美丽办"；③监督各村民落实"门前三包"责任情况；④监督各村民小组环境卫生村规民约制订落实情况；⑤监督各村民小组环境卫生保洁员、环保设施管理员落实情况。

第三层是保洁员对普通村民的监督。保洁员会将村民遵守环境卫生村规民约的情况上报给村委会。2021年1月31日，荔平村村委会党支部书记周支书带笔者在村中转了一圈，笔者发现村中还存在少量乱扔垃圾的现象。在巡查的路上，笔者正巧碰到了正在清理垃圾的保洁员。这位保洁员见到周支书便向支书反映说："现在大部分村民还是按照规定将垃圾倒进垃圾桶，但少部分村民还是不按照要求。我来收拾垃圾的时候想和那些不按照规定倒垃圾的村民说一下，但我找不到人，也不知谁倒的，他们一倒了就走了见不到人。我也不能时时监督着。"

上对上的监督指的是村干部之间、各村民小组长之间的相互督促。一方面，督促自身遵守环境卫生村规民约；另一方面，相互督促做好清洁乡村工作，将环境卫生村规民约落实到位。监督方式主要有相互批评指责以及上报政府相关部门等。

四、环境卫生村规民约的效果

总体而言，在当地政府及荔平村全体村民的共同努力下，荔平村环境卫生村规民约取得了不错的效果，村里的整体环境卫生水平得到了较大的提升。

从村民的外在行为表现来看，环境卫生村规民约基本得到了村民的遵守。荔平村环境卫生村规民约的遵守主体是全体荔平村村民，可分为示范型遵守主体与普通型遵守主体。示范型遵守主体主要包括村干部、各村民小组组长、村委退休老干部、村中党员、贫困户等得到政府照顾的家庭和人员、村小学教师与学生等。普通型遵守主体主要指的是荔平村的普通村民。对于示范型遵守主体而言，环境卫生村规民约的所有内容都得到了积极、主动的遵守。对于普通型遵守主体而言，环境卫生村民规约的大部分内容均得到了普遍性的遵守，但还有少部分内容没有得到普遍性的遵守。示范型遵守主体的遵守行为对于普通型遵守主体的遵守行为有很大的促进作用。

环境卫生村规民约中没有得到普通型遵守主体普遍遵守的内容往往与村民切身利益相冲突，故在施行过程中仍存在一定的阻力。比如，村中的速生桉种植问题、牲畜散养问题、陈旧粪坑拆除问题等。针对这些突出问题，荔平村村委会寄希望于上级政府提供资金、制度等各方面的帮助。

据荔平村村委会主任助理冯先生介绍：[1]

像不乱扔垃圾这种不涉及村民利益的，村民比较容易遵守；但一些涉及村民利益的，村民一时难以遵守，这需要政府加大整治力量。

---

〔1〕 访谈时间：2021 年 1 月 29 日。

速生桉是一种对水源有污染的经济作物，排出的水有毒，能污染附近的江河；但我们没有权利让人家不种，很多村民种这个赚了钱，村民已经种了的我们也管不了。这要看政府有什么相关的整治措施了。

旧时村民习惯用粪坑来做厕所，很臭的，蚊虫又多，影响乡村村貌。现在有一些粪坑虽然暂时不用了，但村民就丢在那里不舍得拆，又占地方又臭。村民不肯拆是考虑到财产的问题，想着粪坑是自己的财产，怕拆了土地就不是自己的了。这时我们只能做村民思想工作，告诉他拆了土地仍是他的，且多出一块土地还能种东西。那些接受我们教育的村民肯自己拆除，但一些村民还是不肯听从我们的建议，这只能看政府之后有什么政策与措施了。

我们鼓励村民圈养牲畜，不让动物到处乱走，不在居民附近处养。但实际上难以广泛执行。村民散养是有他自己的道理的，一方面没有地方圈养，一方面牲畜自由走动肉质好一些；我们没办法制止，不能强制，只能看上级政府有什么措施来限制这条了。比如我们村委会隔壁村民养的鸡经常跑来村委会拉屎，我们也经常教育该村民不要这样，但还是没办法制止，我们不可能把他们的鸡抓来杀。

从村民的内在观念状态来看，示范型遵守主体在思想意识上与环境卫生村规民约的内在环保价值理念保持高度一致，但普通型遵守主体还存在心理上没有完全认同环境卫生村规民约的情形。因为普通型遵守主体占了所有遵守主体的大多数，所以便导致了这样的效果：从总体上看，如今荔平村村民的环保意识相较于环境卫生村规民约公布前有所提升，但离预期目标还存在差距。正如荔平村村委会主任助理冯先生所说的："村规民约在公布之前村民的环保意识是比较差的，村规民约的实行让村民的环保意识有了一定程度的提高，但提高程度不大。"[1]

如果进一步分析遵守的原因我们会发现，不同类型的遵守主体遵守环境卫生村规民约的内心考量因素的侧重方向是有一定区别的。

---

〔1〕 访谈时间：2021 年 1 月 29 日。

首先，道德因素是示范型遵守主体与普通性遵守主体所共同考虑的。对于示范型遵守主体而言，这部分主体或者文化素质较高、有较强的环保意识及爱护乡村环境的道德感（村委会干部、各村民小组组长、村中党员、村委会退休干部、村小学教师），或者受到了较好的环保教育（村小学的学生），或者受到了政府的特别照顾而心怀感恩（贫困户等得到政府照顾的家庭和人员），从而积极遵守并认可环境卫生村规民约。这便是示范型遵守主体的遵守行为所基于的心理道德因素。

对于普通型遵守主体而言，2013 年 5 月环境卫生村规民约开始施行时，许多村民对于这个"突如其来"的规定并不"适应"。村委会主任助理冯先生介绍说："我们刚开始搞清洁乡村的时候，村民还不怎么配合。就比如说处理生活垃圾，我们要求村民把垃圾扔进垃圾桶内再统一由保洁员清理，但村民一开始没有这个环保意识，很多村民就把垃圾扔在垃圾桶附近或者随地乱扔，我们进村巡查时如果发现有这种情况的就当面指正他，并亲自帮他捡垃圾，我们这样的工作做多了村民们渐渐也不好意思了，培养了一些环保意识，现在大多数村民都能自觉按照村规民约把垃圾扔进桶里。再比如，村规民约要求村民经常打扫自家附近的公共区域，一开始村民们也都不习惯，都是等着自家地上垃圾实在多得看不下去了才会去清理，我们就大力宣传教育，提升村民的环保意识，现在村民普遍都能保持自家附近公共区域的清洁，而且村民看到别人家附近那么干净而自家那么脏也会不好意思的。"[1]冯先生所说的羞耻感、逐渐养成的环保意识便是普通型遵守主体遵守行为的所基于的道德因素。

与普通型遵守主体所不同的是，示范型遵守主体的遵守行为在很多情况下是基于政治性因素的考量。比如，村"两委"干部与村中党员要始终保持较高的政治觉悟，时刻保持自身的先进性，响应国家政府的政策号召，要带头遵守；比如，清洁乡村活动由镇政府大力推动，一方面在各村开展清洁乡村的评优活动，另一方面镇政府相关工作人员还会经常到各村巡查乡村清洁工作，督促村干部落

---

〔1〕 访谈时间：2021 年 2 月 2 日。

实好清洁乡村工作，要求村干部等示范型遵守主体通过亲力亲为的方式来带动普通型遵守主体遵守环境卫生村规民约，这无疑给荔平村示范型遵守主体带来了较大的政治上的推动力；比如，贫困户等得到政府照顾的人员基于对政府惠民政策的感恩而积极主动地遵守，等等。这也是在当地政府指导下荔平村环境卫生村规民约得到示范型遵守主体外在行为以及内在心理的积极遵守的重要原因。

对于普通型遵守主体而言，其在遵守环境卫生村规民约时经济利益因素是较突出的考量方面。在一些与村民切身经济利益相冲突的问题上，很多情况下，环境卫生村规民约的遵守更多地需要村委会、当地政府处罚性措施的威慑，也即普通型遵守主体会因为害怕受到相应的行政处罚而遵守环境卫生村规民约。

据荔平村村委会主任助理冯先生的介绍：[1]

关于收取保洁费这条，一开始有部分村民不愿意交的，认为不需要村委会来帮处理垃圾，自己就能处理，所以不想交钱。但后来我们在村委会统一收费，你要来村委会办什么事的你得先交保洁费，村民也都会自觉交钱，现在几乎所有村民都交了保洁费，只有极少长期在外居住的村民我们没办法收取。

我们要求江河旁200米内不能有养猪场，这条村民能遵守了，但村民在遵守这条时靠的是镇政府的力量，镇政府将之前违规的养猪场全部拆完且补了钱，现在村民见到被拆了不敢再建，因为再建的拆了就要被强制拆除且不补钱。

不在河床自行采沙这条是镇政府发文搞的，一旦发现就强制制止；要有证才能在河边抽沙，因为政府有强制力，没有证采沙的一旦被发现，政府会没收采沙的一切工具。所以这条大家遵守得很好。

如果出现有电鱼、毒鱼的，政府会对其采取强制措施，强制禁止，没收电鱼、毒鱼工具；这条大家也基本遵守，以前到处见有人电鱼、毒鱼，现在几乎没见了。

---

[1] 访谈时间：2021年1月29日。

当然，这里并不是说示范型遵守主体的遵守行为不考虑任何的经济利益因素，只是说政治性因素要处于更突出的地位，也即示范型遵守主体在遵守环境卫生村规民约时更有可能在某些情况下出于政治性因素的考量而放弃部分经济利益。而对于普通型遵守主体而言，因为政治性因素并不是突出的考量因素，从荔平村的现状看能使得普通型遵守主体放弃部分经济利益而遵守环境卫生村规民约的最有效方式便是村委会与当地政府的处罚措施，但荔平村村委会因为缺少执法权而对村民处罚的方式、强度都是有限的，于是荔平村村委会在面对环境卫生村规民约没有得到一些村民的遵守的情形时，在很多时候只能寄希望于上级政府"加大整治力量"。

五、思考

本文以荔平村为个案，对政府指导下环境卫生村规民约的制定、施行及效果进行了初步的总结，展现了环境卫生村规民约在乡村社会中的真实状态。

本文所说的"政府指导"是广义意义上的，包括政府的一切指导性影响与作用，其本质上均是国家力量发挥效用的过程。当地政府的指导性作用覆盖了荔平村环境卫生村规民约的方方面面。从环境卫生村规民约的制定来看，环境卫生村规民约的制定程序是在政府"清洁乡村"活动背景下、村委会响应相关政策而启动的，政府还指导制定主体村民代表会议的成员的选举，并且环境卫生村规民约的内容也基本照搬政府的指导性"范本"。从环境卫生村规民约的施行来看，当地政府相关工作人员积极参与到了环境卫生村规民约的施行工作中，当地政府指导荔平村村委会建立相关施行机制并提供经济支持及强制力保障，当地政府还通过自行督查及指导村委会建立监督机制的方式来进一步保证环境卫生村规民约的有效施行。从环境卫生村规民约的效果来看，当地政府的指导性作用有助于环境卫生村规民约得到较好的施行，当地政府以政治引导与法律威慑的方式引领村民遵守环境卫生村规民约并取得了较好的效果，至少从外在行为上环境卫生村规民约基本得到了荔平村村民的遵守与执行。所以，我们可以得出的一个基本结论是，荔平村环境卫生村规民约作为一种非正式制度，虽然属于国家力量建构的产物，但并没有呈现出明显的"脱嵌"状态，而是依靠国家力量的辅助以某种"半国家半社会"的姿态嵌入到乡村社会网络与秩序中，从而发挥其应有的作用。

同时，我们也应注意到，政府指导下的荔平村环境卫生村规民约的制定与施行还存在着一定的问题。从制定的内容上说，荔平村环境卫生村规民约的内容基本照搬镇"范本"，而镇"范本"是镇政府相关部门基于对整个镇范围内的民情的总体把握、分析制定出来的。一方面，有些内容因没能充分考虑到实际操作层面而难以施行（比如，牲畜的散养问题等）；另一方面，没能考虑到荔平村村委会本身的个体性情况，因而荔平村环境卫生村规民约的科学性并不充分。从施行上说，荔平村环境卫生村规民约有相当部分内容的施行需要依靠政府力量、资源的不断输入。比如，环境卫生公共设备的更新与维护需要政府的资金投入，对于某些违反村规民约的情形需要政府的行政执法，绿色生态农业需要政府在技术、资金等各方面的支持，等等。因而，在荔平村村委会碰到环境卫生村规民约难以施行的情况时往往寄希望于政府进一步"加大整治力量"，这也意味着荔平村一时还难以建立起基本脱离国家力量摄入的环境卫生村规民约施行上的长效机制。

产生这些问题的根本原因是因为荔平村环境卫生村规民约是"外生型"的，因而在内容上无法真正全面契合村内的实际情况，在施行上一时还难以将其内容完全"外化"为村民的行为及"内化"为村民的意识。因此，在环境卫生村规民约的效果上便表现出了一些令人不甚满意的地方：还有少部分环境卫生村规民约的内容未能得到村民的普遍性遵守，村民的整体环保意识离环境卫生村规民约的要求还存在一定的差距。为此，笔者对于政府指导下荔平村环境卫生村规民约提出如下建议：

第一，在制定上，一方面可以参考镇"范本"，但另一方面要更多地从村民生活实际出发，更广泛地征求村民的意见，融合如宗族族贤、乡村贤能等各类新乡贤的智慧，制定出更能契合本村实际情况的、切实可行的、符合广大村民需求的环境卫生村规民约。

第二，在施行上，一方面依靠国家政府力量的保障，但另一方面要充分调动起村民自身的积极性，从而让村民自觉地使自己的行为与环境卫生村规民约所要求的保持一致。比如，可以将环境卫生村规民约的施行与村民的切身利益更广泛地结合起来，可以通过族贤等村中有影响力、有威望的人士来发动村民遵守环境卫生村规民约，等等。

第三，在遵守上，加强村民对环境卫生村规民约所蕴含的价值观念的体认。比如，多开展广泛而深入的乡村教化，在宣传教育中可以将环境卫生村规民约的价值理念与村民普遍认可的传统文化理念结合起来，从而"软化"村民对于某些私利的"执着"，进而让村民在某些情况下能适度地放弃自身的一些利益而成全"美好乡村环境"这一更大的乡村公共利益。

总之，如荔平村这样的"外生型"环境卫生村规民约，当与乡村自治、乡村德教更紧密地结合时，便能更好地建立起只依靠乡村自身力量的长效机制，从而在乡村治理中发挥出更大的效用。

非常时期的疫情防控村规民约与乡村应急治理能力

马 敬*

引 言

2020 年初,面对新冠肺炎疫情的肆虐,从中央到地方各级政府均坚决采取了一系列积极应对措施,有效遏制了疫情的迅速扩散。除此之外,习近平总书记于 2020 年 2 月 23 日在统筹推进新冠肺炎疫情防控和经济社会发展工作部署会议上发表了重要讲话,进一步指出"要紧紧扭住城乡社区防控和患者救治两个关键,⋯⋯大幅度充实基层特别是社区力量,⋯⋯织密织牢社区防控网,实行严格的网格化管理⋯⋯"[1]可见,我国城乡基层社会是此次疫情防控工作所需的基础、关键力量。其中,规范的力量尤为重要——不少地方在此非常时期纷纷制定了专门的疫情防控社区公约或者村规民约,通过规范的力量来防控疫情并发挥了积极的作用,取得了显著的效果。就乡村社会而言,非常时期的疫情防控村规民约就能够充分发挥其及时宣传疫情防控知识、有效规范村民行为、切实保障村民健康、稳定乡村社会秩序等积极作用。

---

* 马敬,西北师范大学法学院讲师,法学博士。

〔1〕习近平:"在统筹推进新冠肺炎疫情防控和经济社会发展工作部署会议上的讲话",载《人民日报》2020 年 2 月 24 日。

自新冠肺炎疫情暴发以后，我们通过百度搜索、微信公众号等互联网信息平台，陆续搜集到涉及疫情防控且较为典型的村规民约共25份。[1]本文将通过分析这些村规民约的具体内容，探讨非常时期的疫情防控村规民约是如何发挥积极作用以应对这一突发公共卫生事件对乡村社会秩序造成的巨大威胁，体现出了良好的乡村应急宣传、处置、救援和保障等应急治理能力。同时，针对疫情防控村规民约反映出的乡村应急治理能力的不足之处，思考如何"遵循法治原则、民主原则、合理性原则，避免出现群体性事件等疫情防控的次生事件"，[2]以提升我国乡村应急治理能力的问题。

一、村规民约宣传疫情防控知识与乡村应急宣传能力

突发公共卫生事件出现后，有关应急知识的宣传普及工作应当立即展开，使广大民众能够及时了解相关知识并做好防护措施，如此方能有效避免进一步损失及其所引发的社会恐慌，即"运用科学方法，对危机出现的条件、发展趋势和演变规律等做判断，并作出警示，以便有关部门和公众了解并及时采取应对措施"的公共"预警"。[3]为此，《突发事件应对法》第29条第2款规定："居民委员会、村民委员会、企业事业单位应当根据所在地人民政府的要求，结合各自的实际情况，开展有关突发事件应急知识的宣传普及活动和必要的应急演练。"新冠肺炎疫情暴发后，几乎所有疫情防控村规民约均根据所在地人民政府的要求，专门强调了有关疫情防控知识宣传普及的内容。如浙江省海宁市斜桥镇《永合村疫情防控临时村规民约》第4~6条规定："保持良好的个人卫生习惯，勤洗手、慎揉眼，咳嗽和打喷嚏时用纸巾掩住口鼻，包好扔进垃圾桶，防止飞沫传播""保持良好的生活习惯，早睡早起，适量增加室内运动，提

---

〔1〕 这25份疫情防控村规民约来自于17个省、自治区和直辖市的乡村，如云南省丽江市玉龙纳西族自治县《奉科镇奉科村新型冠状病毒肺炎疫情防控通知》、广西壮族自治区河池市天峨县《六排镇纳洞村防控疫情"七个一律"临时村规民约》、天津市宁河区造甲城镇《大王台村疫情防控村规民约》，等等。

〔2〕 高其才："自我卫护：习惯法视野下非常时期的城市社区管控规范——以2020年初防控新冠肺炎疫情为对象"，载《法学杂志》2020年第4期。

〔3〕 王乐夫、蔡立辉主编：《公共管理学》，中国人民大学出版社2013年版，第350页。

高自身免疫力""做好家庭卫生，房间保持通风，外出回家做好消毒"。[1] 而且，为使疫情防控知识更易为广大村民所熟知，一些新制定的疫情防控村规民约采取了传统的"三字经""顺口溜"等形式，读起来朗朗上口，便于记忆。如河南省洛阳市栾川县《陶湾镇前锋村新型冠状病毒感染的肺炎疫情防控村规民约（三字经版）》指出："此疫情，飞沫传，可控制，能防范。讲卫生，多消毒，拒野味，蒸煮熟。重科学，听官宣，不信谣，不传谣。"[2] 又如四川省大邑县新场镇《高坝村新编顺口溜村规民约》指出："病毒来了我不慌，做好卫生最重要。勤洗手、勤消毒，房前屋后无死角。不走亲、不串户，病毒来了无依托。不聚餐、不聚会，病情过了再相会。"[3]

这些疫情防控村规民约及时介绍了新冠肺炎疫情的主要传播方式和具体防护措施，普及了科学的生活卫生知识并教育广大村民要"不信谣、不传谣"，在疫情面前做到"莫恐慌"。同时，村规民约的内容要想实现家喻户晓仍依赖于有效的宣传方式。对此，许多村民委员会一方面借助现代化的网络信息平台（如村内的"微信群""微信公众号"）进行宣传；另一方面，为避免宣传遗漏及进一步增强宣传效果，往往由身具"乡村权威"色彩的村党支部书记或村民委员会主任担任播音员，依靠传统的"高音喇叭"式的村内广播进行宣传。我们近期可以经常在一些网络视频直播平台看到这些"书记""村长"们语重心长地向村民们宣传疫情防控村规民约及相关应急知识的画面。此外，再辅以宣传单、宣传展板等方式，宣传效果良好。"通过这种接地气的方式，让防控知识深入人心，营造群防群控的浓厚氛围，真正做到防控依靠群众，防控为了群众。仁南村委会第一书记邢健介绍，《疫情防控村规民约》制定后，各村民小

---

〔1〕 来自微信公众号"永合民情"：《永合村疫情防控临时村规民约》，发表时间：2020 年 2 月 11 日，2020 年 6 月 6 日最后访问。

〔2〕 罗代彬："防控亮出三字经，村规民约作补充"，载 http://www.luanchuan.gov.cn/view.php? id=22576，2020 年 6 月 6 日最后访问。

〔3〕 来自微信公众号"凤鸣高坝"："众志成城、抗击疫情、高坝村在行动！"，发表时间：2020 年 2 月 9 日，2020 年 6 月 6 日最后访问。

组通过大喇叭、微信群、宣传单等广泛宣传，做到了家喻户晓。"[1]

重视宣传工作不仅是党和政府的优良传统和政治优势，而且也是村民自治组织的"家传法宝"——无论是过去的"鸣锣喊寨"，还是现在的"村内广播""网络信息平台"，大多均以村规民约为主要内容进行宣传动员，组织村民开展自救和互救。由此可见，通过村民自治组织的种种努力，非常时期的疫情防控村规民约在应急知识的及时宣传普及方面发挥了积极的作用，体现出了我国乡村在应对突发公共卫生事件时具备的良好应急宣传能力。

二、村规民约全面规范村民行为与乡村应急管控能力

新冠肺炎疫情在各地传播的时间既是农闲时节又正值春节前后，按照传统习惯，村民们在此时大多要走亲访友、聚餐聊天、消遣娱乐，或者借春节之机操办喜事。显然，人群的聚集很可能增加病毒扩散的风险，导致疫情防控工作陷入被动局面。《传染病防治法》第42条规定："传染病暴发、流行时，县级以上地方人民政府应当立即组织力量，按照预防、控制预案进行防治，切断传染病的传播途径，必要时，报经上一级人民政府决定，可以采取下列紧急措施并予以公告：（一）限制或者停止集市、影剧院演出或者其他人群聚集的活动；……"第9条第2款又规定："居民委员会、村民委员会应当组织居民、村民参与社区、农村的传染病预防与控制活动。"因此，笔者搜集到的22份疫情防控村规民约对此均有针对性规定。如广西壮族自治区河池市天峨县《六排镇纳洞村防控疫情"七个一律"临时村规民约》规定："红事一律停办、白事一律简办""一律不准串门、不准聚餐""一律不准聚堆打牌、聊天和任何形式的赌博""无特殊情况一律待在家，确需外出的一律佩戴口罩""外来人员一律不允许带进村屯（除防控工作人员外）"等。

安徽省合肥市长丰县庄墓镇《刘浅社区疫情期间村规民约》第3、4条规定："本社区居民在抗疫期间，不准串门，不准打牌，不

---

[1] 邝晓霞等："疫情防控入村规 通俗易懂受欢迎"，载 http://news.sina.com.cn/s/2020-02-29/doc-iimxyqvz6664337.shtml，2021年4月16日最后访问。

准扎堆，出门要戴口罩，不听劝导者，一经发现将让其本人在卡点执勤一天。""在抗疫期间，本社区居民不准操办红白喜事，如有违反者，除□□□□□□桌椅外，另处罚本户一千元罚金。"〔1〕此类重在规范村民行为的疫情防控村规民约基本以"七个一律"或"十个一律"等命名。如四川省自贡市大安区发布的《新店镇新建村防控疫情"十个一律"临时村规民约》、重庆市秀山土家族苗族自治县平凯街道发布的《新型冠状病毒感染的肺炎疫情防控"十个一律"村规民约》，等等。此外，部分地方因一些村民有在年节集体烧香敬神、祈福还愿的习惯，也可能造成疫情蔓延，故在村规民约中专门强调疫情防控期间不得举办宗教活动。如福建省泉州市洛江区马甲镇《新民村防控疫情村规民约》第4条规定："神事不办，平安纳福。"〔2〕江苏省苏州市吴江区《七都镇黄连坑村关于疫情防控的村规民约》第2条也规定："全面停止集会、庙会、宗教活动等群体性活动。"〔3〕

通过村规民约有效规范村民行为以实现疫情防控取得了良好的治理效果。如新浪网的一篇报道："2月3日，以'红事一律停办，白事一律简办'开头的'10个一律'，迎来大考——村民张元和14岁的孙子因破伤风去世。白发人送黑发人，一家人悲痛欲绝。这场丧事怎么办，全村人都在看。'村规怎么说，这事就怎么办。关乎全村人的安危，我不能拆台！'没等村干部开口，年过六旬，有着30年党龄的张元和强忍悲痛表明了自己的态度。老党员大事面前明大义，不摆酒席、不设灵堂，丧事一切从简，当天便把逝者抬上山入土安葬。"〔4〕"我爷爷今年100岁，本来我已经发出请柬准备年初三

〔1〕 因网络图片清晰度不高，故以"□"代替个别无法看清的文字，具体参见田海韵："庄墓镇：临时性'村规民约'筑牢疫情'防火墙'"，载 http://ah. ifeng. com/a/20200213/8425918_ 0. shtml，2021年4月12日最后访问。

〔2〕 吴珊珊，于灿峰："战'疫'有高招：洛江村规民约筑起'防火墙'"，来自微信公众号："大美洛江"，2021年4月16日最后访问。

〔3〕 来自微信公众号"七都镇黄连坑村务公开监督平台"，2021年4月16日最后访问。

〔4〕 "775个鲜红的手印"，载 http://k. sina. com. cn/article_ 2659523842_ 9e851d020 2000pp3i. html? from=cul，2021年4月12日最后访问。

在家办 20 多桌酒席为老人家祝寿，这几天通过镇村干部的不断宣传村规民约的内容规定，我们都表示了支持和理解，现在亲朋好友改成微信视频给爷爷祝福。"[1]

明确的行为规范、确定的"违法"后果以及良好的治理效果，使得疫情防控村规民约可以在一定程度上体现出当前我国乡村较为良好的应急处置能力。一方面，通过疫情防控村规民约有效规范了村民的行为，避免疫情的输入或进一步扩散，既维护了乡村秩序，又为全国的整体疫情防控工作做出了努力和贡献；另一方面，非常时期的疫情防控村规民约中所强调的有关"禁止聚众赌博""不得轻信和传播谣言""不食用野生动物"以及"简办红白喜事"等内容从长远来看，如果将其进一步吸纳至村规民约当中并不断坚持执行下去，可以改变一些乡村长期以来存在的不良生活习惯，符合今后乡村治理的需要。因为，"作为非国家法意义上习惯法的村规民约具有积极、能动的功能，能够引导、改变某些社会行为，改变既有的某些不良习惯，不断建设文明乡风、推进社会的发展与进步"。[2]但需要引起我们注意的是，疫情防控村规民约的此种严格管控，"涉及大规模人群的人身自由和生活保障，是迫不得已的情况下以牺牲公民人身自由来换取生命保障的措施"，[3]因此在"立法"时，应当保持"克减的最低限度"，避免出现简单粗暴的规定，更不可随意限制村民的人身自由。

三、村规民约切实保障村民健康与乡村应急保障能力

疫情发生后，为切实保障村民健康，村民委员会应当依法采取应急保障措施，组织村民积极开展自救和互救工作。《突发事件应对法》第 55 条规定："突发事件发生地的居民委员会、村民委员会和

---

[1] 朱乃璋、蔡春玲："点头镇防控新冠肺炎疫情宣传纳入《村规民约》"，载 http://www.fdxww.com/xinwenpindao/xiangzhenkuaidi/diantou/2020-02-02/74783.html，2021年 4 月 16 日最后访问。

[2] 高其才："通过村规民约改变不良习惯探析——以贵州省锦屏县平秋镇石引村为对象"，载《法学杂志》2018 年第 9 期。

[3] 方世荣、孙思雨："公共卫生事件'前预警期'的地方政府应对权配置"，载《云南社会科学》2020 年第 3 期。

其他组织应当按照当地人民政府的决定、命令，进行宣传动员，组织群众开展自救和互救，协助维护社会秩序。"第57条又规定："突发事件发生地的公民应当服从人民政府、居民委员会、村民委员会或者所属单位的指挥和安排，配合人民政府采取的应急处置措施，积极参加应急救援工作，协助维护社会秩序。"因此，疫情防控村规民约为进一步保障村民健康，亦规定了不少应急保障措施，体现出了良好的乡村应急保障能力。具体而言，这些措施主要包括在村口设置健康监测点、为被隔离村民配备生活物资、组织志愿者解决村民生活困难、协助患病村民尽快就医等方面。

第一，为有效阻断疫情的传播，各村均采取了封村措施并通过设置健康监测点（绿色通道、卡点等），严格管控村民出入，避免了因人员流动而可能出现的感染。如湖南省平江县三阳乡《石坪村〈村规民约〉的补充决议》第1条规定："在进入村道路路口设置健康监测点，由志愿者值班值守，对所有外来人员和外来车辆实行严格管控。本村村民非紧急事项，原则上一律不得出村。必要物资保障由村委会统筹安排。"〔1〕除人员进出外，一些地方对于车、船等交通工具进出也实行了严格管控。如重庆市秀山土家族苗族自治县平凯街道发布的《新型冠状病毒感染的肺炎疫情防控"十个一律"村规民约》第2条规定："出入本村（社区）的车辆和人员一律实行登记备案。鄂、浙、粤等重点疫区车辆一律原地封停，重点疫区以外其他省市车辆和人员一律进行登记备案并实行居家隔离观察，所有车辆及人员有异常特殊情况一律第一时间向村（社区）报告。"〔2〕

第二，因为疫情防控工作的需要而封闭了村庄，造成普通村民和被隔离村民的日常所需出现了难以为继的状况。为此，一些村规民约明确规定生活物资由村镇统筹配备。如河南省洛阳市栾川县《陶湾社区疫情防控补充村规民约》第2条第2项规定："采取封门

---

〔1〕 来自微信公众号"石坪风采"："'石坪十条'村规民约临时补充决议"，2021年4月18日最后访问。

〔2〕 邱勇："平凯街道：'十个一律'构筑联防联控、群防群控严密防线"，载http://www.zgcqxs.net/news/show-45223.html，2021年4月18日最后访问。

上锁的方式进行隔离，生活物资由镇村统一配备。"〔1〕村民委员会依据自身情况或免费配送或代为购买，给村民的"封闭"生活带来了极大方便，解决了日常需要问题，保障了村民健康，取得了良好的社会效果。如新浪网报道："容城县上坡村召开疫情防控工作会议，决定让当前募集到的12万元捐款活起来，为村内的397户（包括征迁户），每户配发15斤新鲜白菜，15斤土豆，30斤面粉，2个大白萝卜，2袋盐和2个口罩且送货到家。"〔2〕"村委会变成网购物资存放点，居民订购了物资，村委会工作人员送货上门。该村一位村民说'我对这种购买服务，很满意，让我们不用出门，就能体验送货上门的服务，很赞。'"〔3〕

第三，针对疫情防控严峻形势下弱势群体的健康、生活保障问题，各地充分发挥志愿者以及网格员的积极作用，在村规民约中强调党员干部带头，志愿者广泛参与，村民团结、互助、配合。如江西省弋阳县《曹溪镇芳湖村疫情期间"六要六不准"临时村规民约》第1、6、11条分别规定："要团结互助，对孤寡、残疾等村里的弱势人家给予关爱。""党员干部要带头，一线工作讲奉献，村民志愿广参与，支持配合是关键，干群一心抗大疫，赶走瘟神把年贺。""不准隔离观察人员外出，有困难由村里的网格员帮助。"〔4〕又如江苏省苏州市吴江区《七都镇黄连坑村关于疫情防控的村规民约》第7条规定："多做正能量、暖人心的事，多帮忙、不添乱。保护好自己，保护好身边人，关心爱护医务人员，积极主动配合政府的防控措施。"〔5〕一些村规民约还对未成年人实行了特别保护。如内

---

〔1〕 罗代彬："防控亮出三字经，村规民约作补充"，载 http://www.luanchuan.gov. cn/view.php? id=22576，2020年6月6日最后访问。

〔2〕 霍少轩："硬核暖心！这个村免费给村民发放生活物资"，载 https://news.sina. cn/2020-02-11/detail-iimxxstf0443361.d.html? vt=4&pos=3，2020年6月6日最后访问。

〔3〕 王荣海："村委会设置网购物资存放点，工作人员当快递小哥送货上门"，载 https://baijiahao.baidu.com/s? id=1660782965085581872&wfr=spider&for=pc，2020年6月6日最后访问。

〔4〕 "防疫举措战'疫'中的村规民约"，载 http://www.jxyy.gov.cn/zwzx/zwyw/content_ 423351，2021年4月18日最后访问。

〔5〕 来自微信公众号"七都镇黄连坑村务公开监督平台"，2021年4月16日最后访问。

蒙古包头市阿嘎如泰苏木乡《梅力更嘎查疫情防控临时村规民约》第 4 条规定："除重大疾病外，未满十八岁未成年人不得出村。"〔1〕禁止歧视外来人员。如浙江省海宁市斜桥镇《永合村疫情防控临时村规民约》第 9 条规定："各道路管控点做到过卡点必检，认真负责，不歧视外来人员，耐心解释。"〔2〕

第四，几乎所有的疫情防控村规民约都规定村民一旦存在发热、咳嗽等症状应当及时上报，禁止瞒报、漏报。同时，基层党员干部、医生、志愿者们积极协助村民就医——"疫情防控期间，村民就医也是一个不容忽视的问题，寇小刚积极协助村医，针对村民看病买药需求，分类施策，尽量消化在村内，有效降低了村民外出就医途中的感染风险"等等。〔3〕在这些疫情防控村规民约的相关规定中，无论是严格的进出管控措施，还是暖心的帮扶措施，就其制定的一个重要出发点而言，皆是为了保障村民的身体健康。而且，其实施效果出色，绝大部分的村民理解、支持并积极配合，体现出了良好的乡村应急保障能力。

四、村规民约稳定乡村社会秩序与提升乡村应急治理能力

疫情防控村规民约在发挥及时宣传疫情防控知识、有效规范村民行为、切实保障村民健康等作用的同时，关键目的还在于实现其稳定乡村社会秩序的核心作用。根据前述《突发事件应对法》第 55、57 条的规定，村民委员会以及村民有协助维护社会秩序的义务。因此，这些疫情防控村规民约为稳定乡村社会秩序，大多采取了明确的奖励和惩罚措施。如上海市奉贤区庄行镇《存古村村规民约补充条款》第 3、5 条规定："疫情防控期间，村民对已经出借给外来人员的房屋进行清退的，经村里核实后，村里给予一次性防疫补贴，

---

〔1〕 来自微信公众号"亮丽苏木"：《梅力更嘎查疫情防控临时村规民约》，2020 年 6 月 6 日最后访问。

〔2〕 来自微信公众号"永合民情"：《永合村疫情防控临时村规民约》，2020 年 6 月 6 日最后访问。

〔3〕 "'咱干的是村上的事，就得操这份心！'他是村民的'守护神'——记铜川市王益区王家河街道办赵家塬村小组长寇小岗"，载 https://www.jianshu.com/p/91ffe8e3b049，2021 年 4 月 16 日最后访问。

并给予表彰。""疫情防控期间，对村工作人员在指导、宣传、防疫工作中阻挠不配合的村民一律报送公安、司法处理，并取消一切奖励和福利待遇。"〔1〕江苏省常熟市《莫城街道安定村疫情防控"黄红牌警告"制度》规定："防疫期间得黄牌警告的村民，抄报上级部门，列入安定村重点严管对象，安定村微信公众号提出批评，号召全体村民共同监管。得红牌的村民，召开全体村民代表会议，取消年度本村村民福利待遇，列入安定村黑名单，三年内不得出租房屋。"〔2〕这些奖罚分明的规定毫无疑问的是，其对于做好非常时期的疫情防控工作以及稳定乡村社会秩序具有积极的作用。但相对而言，也由此反映出当前我国一些乡村应急治理能力方面存在的"软肋"。

第一，尽管有的疫情防控村规民约规定了奖励措施，但更多的却为惩罚性规定：有"罚款"——从"走亲串友的，双方各处罚30元"到"处罚本户1000元"再到"处罚120斤肉、120斤米、120斤酒"乃至"取消其享受村内任何福利待遇（如新农合担负等）"，以及"封门上锁""强制隔断"等。这些"硬管控"的措施尽管在一定程度上是无奈之举，但在合法性方面却存在很大问题。《村民委员会组织法》第27条第2款："村民自治章程、村规民约以及村民会议或者村民代表会议的决定不得与宪法、法律、法规和国家的政策相抵触，不得有侵犯村民的人身权利、民主权利和合法财产权利的内容。"而类似"罚款""封门上锁""强制隔断"的规定显然违法了。

第二，简单粗暴的处置方式背后也反映出了乡村应急管理体制较为薄弱的问题。自2003年"非典"疫情后，国家进一步重视应急管理体制的完善，通过立法、制定应急预案、宣教应急知识以及组织应急演练等方式不断提升应急治理能力。但相对城市而言，乡村仍是应急管理体制较为薄弱的地区，整体缺乏应急宣传和应急演练，

---

〔1〕 来自微信公众号"奉贤区庄行镇存古村民委员会"："存古村疫情防控进行时"，2020年6月6日最后访问。

〔2〕 来自微信公众号"莫城街道安定村"："安定村史上最严村规民约出台"，2020年6月6日最后访问。

应急储备物资多有不足，而应急预案也往往停留于纸上。因此，一旦发生突发公共卫生事件，只好匆匆制定"临时"或"补充"性的规定。其中自然会有简单粗暴之处，容易造成不良的社会影响——"诸多看似'硬核'的做法并无法律依据，甚或有悖于国家法，'宁左勿右'的思想在很多时候影响了疫情防控指令的实施效果"。[1]最后，应急管理体制的薄弱更进一步地反映出了当前我国在乡村社区服务、专业力量、素养培训、智慧治理、群众动员、统筹协同、信息沟通等方面存在的空白和不足问题。

第三，针对乡村应急治理能力存在的"软肋"，我们应当认真思考如何不断提升乡村应急治理能力的问题。党的十九大报告指出要加强农村基层基础工作，健全自治、法治、德治相结合的乡村治理体系。其中，依法进行乡村社会治理是根本。对此，习近平总书记在 2020 年 2 月 5 日下午主持召开中央全面依法治国委员会第三次会议时发表重要讲话，强调"疫情防控越是到最吃劲的时候，越要坚持依法防控，在法治轨道上统筹推进各项防控工作，保障疫情防控工作顺利开展"。[2]村规民约的内容违法问题屡见不鲜——"其实质是乡村自治秩序与国家法秩序之间的冲突，因此当前通过村规民约推进村级治理法治化应注意在自治与法治之间寻找平衡"。[3]在疫情防控的非常时期，提升乡村应急治理能力首先是坚持"法治为本"，必须依法进行应急治理，即"越吃劲，越依法"。部分地方采取的"硬管控"措施，一旦违法则必须即刻纠正。全国人大常委会法工委发言人、研究室主任臧铁伟强调："采取这些措施本意是为了防止疫情传播，客观上也起到了一定效果。但需要强调的是，对于疫情防控措施，一定要依法审慎，不得擅自

---

〔1〕 高其才、张华："习惯法视角下突发公共卫生事件应急指挥机构的组织和运行规范——以新冠肺炎疫情防控工作领导小组和指挥部为对象"，载《学术交流》2020 年第 5 期。

〔2〕 张真理："越是到最吃劲的时候，越要坚持依法防控"，载 http://theory. people. com. cn/n1/2020/0214/c40531-31586364. html，2021 年 4 月 20 日最后访问。

〔3〕 陈寒非："乡村治理法治化的村规民约之路：历史、问题与方案"，载《原生态民族文化学刊》2008 年第 1 期。

行动。"[1]但另一方面，我们也必须认识到，乡村应急治理能力的不断提升需要尊重内生创新，即"村民是乡村基层社会治理的主体，能够根据本村本乡的实际情况，积极发挥主观能动性，创造性地提出乡村基层社会治理的新办法、新举措"。[2]对此，我们可以从前述村规民约的一些规定以及新闻媒体的有关报道中进行印证，不难发现许多"新办法"和"新举措"，反映出了各地民众的智慧和经验，更体现出了"自治为基"的治理理念。只有充分认识"法治为本"和"自治为基"的重要性，由此寻找到"自治与法治的平衡点"，村规民约的内容违法问题才会迎刃而解，从而为乡村应急治理能力的提升奠定良好的制度基础。

结　语

中国共产党第十九届中央委员会第四次全体会议明确提出要"建设人人有责、人人尽责、人人享有的社会治理共同体"。作为村民自我管理、自我教育、自我服务的基层群众性自治组织的村民委员会是这一社会治理共同体中的重要一员，具有遵守并组织实施由村民会议制定的村规民约的职责。在非常时期，因为各方面条件的限制，除个别疫情防控村规民约可以看到有村民代表签字外，相当一部分很可能没有严格按照《村民委员会组织法》规定的程序进行制定，往往只是村民委员会临时出台的应急措施。但不可否认的是，这些应急措施在一定程度上反映了"人人有责、人人尽责"才能"人人享有"的治理理念，发挥了及时宣传疫情防控知识、有效规范村民行为、切实保障村民健康、稳定乡村社会秩序等积极作用，体现了良好的乡村应急治理能力。

因此，我们应当重视疫情防控村规民约在此次突发公共卫生事件应对中所担当的重要角色，对其合法性、有限性、正当性进行深入研究并将研究成果进一步拓展。如此，将对提升乡村应急治理能

---

〔1〕　"疫情防控不能'以邻为壑'擅自限行设卡需纠正"，载 https://baijiahao.baidu.com/s? id=1661040407248530885&wfr=spider&for=pc，2021 年 4 月 20 日最后访问。

〔2〕　高其才："基于集中居住的乡村基层社会治理——以湖北京山马岭积分制管理为对象"，载《法治现代化研究》2019 年第 4 期。

力、完善乡村应急管理体制并形成乡村应急治理的中国方案，以及健全党组织领导下的乡村治理体系，推进国家治理体系和治理能力现代化具有重要意义。

村规民约参与巩固拓展脱贫攻坚成果
与乡村振兴衔接路径研究
——基于贵州部分地区的分析

王 牧*

引 言

2021 年 2 月 25 日，习近平总书记在全国脱贫攻坚总结表彰大会上宣布我国脱贫攻坚战取得了全面胜利，现行标准下 9899 万农村贫困人口全部脱贫，832 个贫困县全部摘帽，12.8 万个贫困村全部出列，区域性整体贫困得到解决，完成了消除绝对贫困的艰巨任务。但我们需要认识到的是，相对贫困依然将长期存在，实现共同富裕的目标还有一定距离。3 月 11 日，十三届全国人大四次会议表决通过《国民经济和社会发展第十四个五年规划和 2035 年远景目标纲要》，其中强调"实现巩固拓展脱贫攻坚成果同乡村振兴有效衔接"。这意味着扶贫工作并未结束，而是进入了新的阶段，重心将由"扶贫、脱贫"向"防致贫、防返贫"转变。乡村群众自行制定的村规民约作为乡村自治的重要表现形式、基层民主针织发展的重要成果，已成为全面推进依法治国进程中乡村治理的基本模式。[1]

---

* 王牧，武汉大学法学院硕士研究生。

〔1〕 高其才："通过村规民约的乡村治理——从地方法规规章角度的观察"，载《政法论丛》2016 年第 2 期。

村规民约以其刚柔并济的特点，在脱贫攻坚战中发挥了重要作用，也将在巩固拓展脱贫攻坚成果同乡村振兴的有效衔接中发挥积极和长久的作用。笔者将通过分析脱贫地区的现实需求以及查阅贵州省民政厅从全省范围选取的 32 个村（社区）制定的实践中社会效果较好的村规民约（居民公约），梳理检视这些村规民约在脱贫攻坚中发挥的作用和存在的自治机制不足问题，并提出村规民约参与巩固拓展脱贫攻坚成果与乡村振兴衔接的多条完善进路。

一、"后脱贫时代"对村规民约的现实需求

（一）脱贫地区经济发展可持续性弱

在脱贫攻坚战中，开发型扶贫模式是可持续性最强的扶贫模式之一。贵州省在扶贫攻坚战中建立了大量的扶贫产业项目，特别是调整了粮食作物与经济作物的比例，增加高效经济作物种植面积并不断推进规模经营，通过多种渠道拓宽"黔货出山"的销路。但需要看到的是，脱贫地区的经济发展可持续性仍较差，一旦部分延续性较短的帮扶政策撤出，贵州农业发展的先天不足就会再次暴露出来。无论是农业基础设施的缺乏、道路交通的不便，还是供水供电设施和农田水利设施的不足，都将导致脱贫地区在缺少外界帮助时难以继续增产、抵御灾害以及畅通产品销路。例如，在脱贫攻坚战中大量投入种植的经济作物、特色农产品，有很多是由基层政府联系厂家设计包装、设计品牌，甚至是依靠政府和点对点帮扶单位直接购买内部消化的，这些产品极易在脱贫攻坚战结束部分政策撤出后大量滞销。这就需要在山区道路交通设施硬化维护、农业网络直播间、产品包装车间等方面继续投入和建设，自力更生，拓展销路。同时，更需要继续完善农业基础设施、农田水利设施，并定期维护修缮，不断提升产量和质量。

《贵州省生态扶贫实施方案（2017-2020 年）》为贵州贫困地区带来了多项生态扶贫工程，也依托生态资源加快推进生态产业化。但需要注意到是，贵州省生态脆弱区与最后摘帽的 9 个深度贫困县高度重合，这意味着扶贫任务的紧迫性和生态修复的长期性矛盾必

然存在。[1]在解决了绝对贫困问题后，生态修复将是一个长期的任务，乡民滥砍滥伐破坏森林资源的习惯必须被制止，依靠采摘野生菌、挖掘野生药材等对生态环境有损害的方式短时间取得较大收益的方式也需要被替代，潜在的生态风险需要被发现和及时修复。而生态修复的关键在于培养起脱贫地区群众的生态环境保护意识，在贵州有很多"靠山吃山，靠水吃水"观念根深蒂固的地区，如果不牢牢树立保护生态环境、合理开发利用资源的意识，恐怕不仅无法巩固拓展脱贫攻坚成果，造成返贫后果，甚至还会"坐吃山空"透支开发资源，给生态环境带来不可逆的伤害，断了子孙后代的活路。

习近平总书记在全国脱贫攻坚总结表彰大会上强调："胜非其难也，持之者其难也。"我们要切实做好巩固拓展脱贫攻坚成果同乡村振兴有效衔接各项工作，让脱贫基础更加稳固、成效更可持续。增强脱贫地区经济发展的可持续性是巩固拓展脱贫攻坚成果的必然要求，树立可持续发展的理念则是实现乡村振兴的先决条件。村规民约不同于国家战略规划略显抽象生涩的"大道理"，作为每一位村民都需熟知的"小规矩"，其在脱贫地区群众树立可持续发展理念的过程中可以发挥"润物细无声"之作用。具体来说，不仅需要通过村规民约贯彻总书记"金山银山就是绿水青山"这一科学论断，促进生态优先和绿色可持续发展的理念深入人心，同时也迫切地需要通过村规民约直接或间接地为脱贫攻坚中建立起来的集体产业可持续发展所需要的基础设施建设、公共产品供给和产销对接服务提供长久、持续的保障。

（二）乡村振兴内生动力尚未形成

"扶贫先扶智，治贫先治愚"道出了教育在扶贫脱贫和防止返贫中的基础性作用。据联合国教科文组织的研究，不同层次的受教育者提高劳动生产率的水平不同：本科300%、初高中108%、小学43%。可以说，教育是生产力进步的先导，是乡村经济发展的未来所系。根据贵州省民政厅的统计数据：截至2018年10月，全省困难儿

---

〔1〕王有志、宋阳："贵州省生态扶贫及阻断返贫长效机制构建研究"，载《经济研究导刊》2020年第35期。

童人数为 64.95 万人，其中留守儿童数量为 56.7 万人、困境儿童为 6.8 万人。[1] 义务教育政策推行后贫困地区儿童基本都能入学初中，贫困户子女还能得到建档立卡的帮扶，但这些地区初中以后的升学率只有 80% 左右。造成这一现象的根本原因是这些地区教育意识普遍落后，很多家长觉得子女继续求学不如在家里帮忙干活或是外出打工，特别是长久的重男轻女思想造成女孩初中后的升学率更低。所以，这些地区在脱贫后想要继续提高生产率，除了要让摆脱了绝对贫困的扶贫对象把有限的收入投入到子女教育、技能培训上，使下一代进行知识文化资本的积累，也要着力破除重男轻女思想带来的女孩受教育壁垒。

大国之治，重在教化。回顾历史，乡村教化是中华文化长久繁荣的源头；展望未来，乡村振兴同样离不开乡村教育这块基石。没有乡村教化，就没有乡村人才，就没有乡村富庶，就无法实现乡村振兴。扶贫工作期间加大了乡村教育投入，做了很多教育资源引进工作，使乡村儿童接受教育的硬件设施在短期内得到了极大提升。而以战略的眼光来看，在巩固扶贫攻坚成果与乡村振兴衔接的过程中需要长期重点关注的就是乡村教育意识的培养，因为只有让脱贫的群众都认识到教育的力量，才能通过教育产生彻底远离贫困的内生动力。想要切断贫困的代际传递，第一步必须将对教育的支持机制和对教育成果的奖励机制写进村规民约，否则将走不出贫困的"马太效应"，难以跳出贫困的循环圈；第二步则需要将对高学历人才回村的鼓励机制、对乡村人才的挖掘机制和所有年龄段村民的教育培训机制写入村规民约，使教育的成果得到传递，让教育的力量得以发挥。

（三）陈规陋习致贫、返贫现象长期存在

崇尚礼仪、宴请客人是中华民族的传统美德和风俗习惯，但是超出负担能力的大办、滥办和攀比之风就是陈规陋习。放眼全国农村地区，婚丧嫁娶的大操大办是较为普遍的现象，不仅红白喜事，

---

[1] 贵州省政府发展研究中心：《贵州贫困地区儿童发展报告》，载 http://drc.guizhou.gov.cn/ywgz/yjcg/ktyj/201903/t20190306_ 25732675.html，2021 年 6 月 6 日最后访问。

很多地方甚至连乔迁、升学、满月也要大办一场才够面子。谓之陈规陋习，是因为很多农村地区的酒席风气已经远远超出了乡民的经济负担水平，五六万元一场的花费很平常，花费高达二十几万元的红白喜事也逐渐多见。在攀比风气、排场就是脸面等陈旧观念的驱使下，这种"人情开销"已成为长期压在乡民身上沉甸甸的大山，天价彩礼、高价"开路费""超度费"、连夜"跳大神"这些陈规陋习使得部分困难家庭甚至借钱操办，因此返贫风险较大。所以，如何让脱贫群众放下曾经看重的"面子"，改掉大办、滥办酒席的陈规陋习就成了巩固脱贫攻坚成果的重要任务，而通过村规民约用村民民主自治的方式破解这些陈规陋习是最长久和行之有效的。

赌博是《治安管理处罚法》明令禁止的违法行为，因赌致贫不仅发生在低收入群体，也同样发生在中高收入群体甚至很多富人、明星身上。而在农村地区，农民缺少丰富的娱乐活动，农闲时打牌就成了习惯，虽然在城里人看来赌资额度不算太大，但对于贫困户来说很有可能一夜之间便把辛苦一年的收成全部输光。特别是在贵州农村还存在不少社会闲杂人员利用"杀猪盘"圈套等引诱文化程度不高的村民进入赌博圈套。农民一旦陷入赌博，不仅会倾家荡产，甚至还会家破人亡。因为赌博极易上瘾，"久赌成疾"的脱贫对象因赌返贫的风险非常大，脱贫后的乡村必须严厉制止赌博的陋习。对此，村规民约就需要通过通俗易懂的语言，具体、详细地道明赌博的形式和后果，以便村民更好地区分违法行为与合法娱乐活动。同时，对于脱贫地区而言，由于群众经济基础薄弱，村规民约也可以对一些未达《治安管理处罚法》中"赌资较大"的赌博行为进行处罚，以刹住赌博风气。

（四）因病、因灾致贫、返贫隐患巨大

根据国家卫生健康委员会财务司副司长刘魁的介绍，我国建档立卡贫困户中，因病致贫、因病返贫的比例均在42%以上，这说明在我国刚刚脱贫的人口中仍有大量存在因病致贫、返贫的风险。虽然我国农村贫困人口医保的参保率已达到99.9%，但每年几百元的医保费、合作医疗费用却让很多困难群众不愿参保，也难以理解医疗保险的重要性，所以即使通过各种方法使扶贫对象参了保，后续需要每年缴纳的保费或合作医疗费也很难得到保证。而且，在贵州这样的劳务输出省份，很多脱贫地区子女对家中老人的照顾严重欠缺，子女常年在外打工不赡养老人而致贫的情况很多，让老人定期体检就更是奢望了。而恶性肿瘤、心梗、脑梗等很多需要高额支出的大病，都是由于小病长期拖延不治或治疗不当逐渐发展形成的。另外，虽然国家基本公共卫生服务项目免费提供免疫规划疫苗，但农村儿童未进行预防接种或漏接种的比例远大于城市。其中原因大部分是儿童的父母在外务工没有时间回家陪同接种，还有的父母或监护人教育程度低，认为没有必要进行预防接种[1]，这极大地加大了下一代因病致贫、返贫的隐患。

在自然灾害频发的西部 6 省份，自然灾害是巩固脱贫攻坚成果最大的敌人之一，每年的返贫人数中有 70% 是因灾返贫。[2]据中国扶贫基金会调研，一场西南冬春大旱导致云南、贵州、广西、重庆因灾返贫人数分别达 100 万人、53 万人、40 万人、25 万人，因灾而贫困加深人数分别达 540 万人、585 万人、365 万人、142 万人。[3]不仅是自然灾害，由于西南少数民族聚居地区木结构房屋较多，人为疏忽导致的火灾也是致贫、返贫的一大因素。然而，由于很多偏远脱贫地区基础设施仍较落后，防灾减灾设施很不完善，防灾意识更是极为欠缺，一旦进入灾害高发期，这些地区的群众将不可避免地产生大量因灾致贫、返贫的情况。为了预防疾病、灾害这两个造成贫困的重大隐患，除了需要在村规民约写入对隐患的事前预防机制以及针对造成隐患之具体违规行为的惩罚机制外，更重要的是需要在村规民约中加入防止因病、因灾致贫、返贫的长效机制。

（五）扶贫对象依赖心理已然产生

在很长一段时间的扶贫工作中，我国一直采取"输血式"的扶

---

〔1〕 曾志军、屈新桥："农村 1~7 岁儿童未进行预防接种原因分析及对策"，载《中国卫生产业》2012 年第 5 期。

〔2〕 李小云、张悦、李鹤："地震灾害对农村贫困的影响——基于生计资产体系的评价"，载《贵州社会科学》2011 年第 3 期。

〔3〕 庄天慧、张海霞、杨锦秀："自然灾害对西南少数民族地区农村贫困的影响研究——基于 21 个国家级民族贫困县 67 个村的分析"，载《农村经济》2010 年第 7 期。

贫方式，直接给予贫困户物质援助。而当乡民们意识到贫困户的身份可以帮助自己换取扶贫资源时，便产生了一种惰性和依赖心理。[1]所以，在一些地方甚至出现了向负责认定贫困户的工作人员行贿以换取贫困户"头衔"的怪象。扶贫对象的上述心理可以被归纳为"三不心理"，即"不愿脱贫、不能脱贫和不信脱贫"。[2]究其原因，不愿脱贫的原因是扶贫对象在长期接受经济援助后"上瘾"，将自身生活的压力转嫁到政府和扶贫干部身上，认为政府应当为其贫困负责，负担其生活，从而开始"等、靠、要"；不能脱贫的原因是扶贫对象长期居住在偏远地区，经济来源单一，祖辈多年尝试摆脱贫困屡屡受挫，认为自身不具备脱贫致富的能力；而不信脱贫则是不相信自己能真脱贫，对于需要自身承担部分责任的脱贫政策（如专项无息贷款）由于缺乏自信而不敢接受，在需要靠自身努力致富时畏首畏尾。

更有甚者相信了"越闹越有"的歪理，在脱贫攻坚工作中，很多需要占用农民部分土地的扶贫项目受到了巨大阻挠，很多村民为了索要高额补偿而堵路占桥，完全没有意识到这些项目是为了集体和自己，精力都放在动歪脑筋讹诈政府上，就更无从谈起主动努力脱贫了。为了避免扶贫对象的依赖心理使得脆弱的脱贫攻坚成果化为乌有，必须推进"造血式"的扶贫，杜绝"懒汉群体"和"讹诈群体"，让扶贫对象自身承担一定的责任，并且要使乡民们意识到致富还得靠自己。多年的脱贫攻坚工作已经大大改变了脱贫地区的基础设施、道路交通，树立起主动脱贫致富的意识将是实现乡村振兴的重要基础。在这种需求下，村规民约更需要活跃起来，推动村民形成集体决议，发挥其鼓励村民主动致富及激发村民公共意志的作用。

---

〔1〕 谢治菊、刘峰："论贫困户的心理依赖及社会工作介入"，载《学术研究》2020年第6期。

〔2〕 刘浩然、胡象明："精神扶贫的三个维度"，载《人民论坛》2019年第15期。

二、脱贫攻坚时期部分地区村规民约自治机制供给不足

(一)缺少促进经济可持续发展长效机制

优良生态环境是贵州最大的发展优势和竞争优势。贵州省多地的村规民约都包含生态环境保护的内容。例如,《毕节市赫章县结构乡多魁村村规民约"三字经"》就以独特且通俗易懂的方式写道:"山间树,是宝贝,不乱砍,聚财气。"《黔东南州从江县丙妹镇归林村村规民约》创新了独特的惩罚方式,对于毁坏公益林、水源林的,按"三个120"承担违约责任(120斤猪肉、120斤大米、120斤米酒),毁坏国家保护的珍稀植物和在公益林区、水源林区烧炭、开荒则分别按照"三个66"和"三个33"承担违约责任。《黔东南州锦屏县华寨村村民自治公约》第6条约定集体山林后龙山"子孙万代不能分到户头,世代培护"。《贵安新区马场镇场边村村规民约》第9条规定:"严禁在河道内用电、用农药、用炸药等方式捕杀鱼,每发现一次罚款500元~1000元,并送公安机关处理。"《黔南州长顺县白云山镇中院村村规民约》也规定严禁用网捞等高效捕鱼技术捕鱼,抽水灌田时严禁抽干捞鱼,且"本村主要公路两侧列为生态旅游保护区域,严禁随意砍割"。这些规定仅对破坏生态环境的行为设定了惩罚,而没有使全民参与到对生态环境的保护工作之中,没有让大家意识到人人都有保护生态环境的责任,没有主动履行起自己保护生态环境的义务。

同时,通过梳理我们可以发现,不少地区的村规民约在脱贫地区的基础设施的建设和完善上起到了一定的号召作用。《铜仁市石阡县本庄镇雷洞村村规民约》第6条规定:"村民要积极主动参与村、组公益设施建设的投工投劳,并做好工程质量的监督及工程设施的管理维护。"《贵阳市修文县六屯镇大木村村规民约》第3条规定:"支持村内经济社会发展项目的建设,不得以挡工堵路等方式阻挠村内经济社会发展项目建设。"作为以农业为基础产业的村庄,对农业基础设施的保护同样重要。例如,《六盘水市水城区猴场乡双贡村村规民约》第6条规定对有意和无意破坏水沟、山塘、渠道的,要赔偿损失并罚款,在渠道规定的保护范围内种植农作物的,不仅要铲除,

还要罚款。也有的地方对于如何巩固旅游开发式扶贫来之不易的成果并维护该村旅游声誉作出了相关规定。如《六盘水市水城区双水街道办滴水岩村村规民约》规定："私自破坏本村古树、风景树、风景山、观音岩、瀑布等文化遗产和旅游景观的，除照价赔偿外，每人每次罚款 1000 元。""村民对待游客要热情、礼貌、大方，不得对游客无理，停车场不得重复收费，不行坑蒙游客之事。否则全村通报批评，没收所有获利并处罚金 200 元；在村内摆摊设点，经营者不得破坏环境、基础设施，不得影响景区的整体布局，否则村委会有权取缔经营者的经营资格。"

这些规定的立意为树立村民可持续发展理念，但关于促进经济可持续发展的规定大多都为倡导性、宣教性的语句，因缺乏具体措施而较为空洞。虽然少数地方辅以对破坏行为的惩罚措施，但对于集体经济公共设施的保护仍不是乡村经济可持续发展的重点。脱贫攻坚工作给乡村带来了大量新兴集体经济，在巩固拓展脱贫攻坚成果与乡村振兴衔接阶段需要的是保证这些扶贫产业在扶贫工作结束后能够持续生存和发展，这就迫切地需要将保证乡村经济可持续发展的长效机制写进村规民约。

（二）教育激励和人才培养未与经济发展需求联动

面对高等教育入学率较低的问题，村规民约的作用重在鼓励，不少村利用并不宽裕的村级集体经济设立专项奖励，鼓励村民子女用知识改变命运，同时也是为本村的发展树立典型。例如，《贵阳市开阳县禾丰乡穿洞村村规民约》关于科技文化教育设专章，规定村民要积极主动地支持教育事业发展，严禁中小学生中途辍学。此外，每个适龄村民都要加强对科技、文化知识的学习，要了解国家政策方针。并辅以奖励政策，"凡子女考入二本以上大学的家庭由村委会奖励 300 元~1000 元，考入硕士研究生奖励 2000 元，考入博士生奖励 5000 元，硕士研究生以上返回村工作奖励 1 万元~5 万元"。《贵阳市修文县六屯镇大木村村规民约》也规定"本村村民考取全国统招本科并就读的学生，给予 1000 元奖励"，并且"村民要积极参与村组织的远程教育农业科技培训学习，落实上级农技部门在本村的农业科学技术推广"。《黔南布依族苗族自治州长顺县白云山镇中院村村规民约》规定："全体村民有责任管理和建好村小学，维护学校的正常教育秩序是每个村民义不容辞的责任。"同时，另一个不可忽视的问题是，在农村长期重男轻女思想的影响下，脱贫地区女孩的教育壁垒非常难攻破。对此，《六盘水市水城区猴场乡双贡村村规民约》不仅规定"严禁非医学需要的胎儿性别鉴定和选择性人工终止妊娠"，还通过奖励的形式鼓励女孩接受教育——"独女户二女户女孩高考录取二本以上的奖励 10 000 元，并按规定享受合作医疗、养老保险等优先优惠待遇"。这些奖励措施将产生积极的引导作用，悄无声息地推动受教育程度较低的村民转变其固有的"读书无用"之思想，逐渐建立起目光长远的教育培养意识，形成家校共育的合力，让下一代拥有彻底跳出贫困圈的力量。

但是，上述奖励措施仅仅是对村民教育意识的培养，勉励大山深处的脱贫地区孩子走出大山，却鲜少看见鼓励受到教育的优秀青年返乡工作、运用所学带领村民致富的措施。随着扶贫攻坚取得全面胜利，部分驻村帮扶工作队会逐渐撤离，我们需要清醒看到的是，部分脱贫地区整体发展水平较低，自我发展能力很弱，这些地区在巩固拓展脱贫攻坚成果和乡村振兴的衔接中很可能因为缺少经济发展活力而"拖后腿"。为了帮助这些靠短期帮扶举措脱贫的和靠政策兜底脱贫的地区，使脱贫攻坚成果稳得住且下一步还要能致富，必须"扶上马、送一程"。而这"送一程"中很关键的一点就是建设乡土人才的队伍，这其中不仅需要优秀人才返乡做"头雁"，也要发掘有本领、有技术的"土专家"，以及培育懂经营、善管理的"田秀才"。因为村规民约具有对基层社会治理的建设性作用，可以促进乡村物质文明和精神文明的协调发展[1]，所以可以通过村规民约将原有教育激励与人才培养机制与经济发展需求联动，在乡土人才的培养发掘和带领致富机制建立上大做文章。

（三）破除陈规陋习不应忽视保护特色民俗

"一丧三年紧，一婚十年穷"真实地描写了农村地区很多家庭因

---

〔1〕 汪世荣："'枫桥经验'视野下的基层社会治理制度供给研究"，载《中国法学》2018 年第 6 期。

婚丧嫁娶中铺张浪费的陈规陋习致贫返贫的情况，不少地方成立了
"红白喜事管理委员会"或"酒宴理事会"。例如，《贵阳市修文县
六屯镇大木村村规民约》第1条规定："操办酒席需向镇、村红白喜
事理事会申报备案（丧事7日后申报，婚事7日前申报），申报备案
不实的均视为违反规定操办酒席。"安顺市平坝区乐平镇塘约村经村
民代表会议审议通过《塘约村整治滥办酒席制度》，成立塘约村
"酒宴理事会"及服务队。统一规定红喜时间为2天，规模不超30
桌；白喜时间5天内，规模40桌以内。红白喜事统一由理事会指定
厨师4人至5人提供服务，并提供免费餐厨具，而如果私办搬家、
过寿、状元酒、剃毛头等酒席，将被收缴食材送村办学校和养老院。
同样严厉的惩罚也出现在《黔南布依族苗族自治州龙里县醒狮镇谷
新村治理滥办酒席五项规定》中：对违规操办酒席且不听劝阻的，
村委会组织民兵应急分队依规对承办酒席农户的餐具厨具进行没收，
并分别对租赁餐具厨具的经营户和参加帮忙的总管、厨师处以罚款。
《黔西南布依族苗族自治州兴义市马岭镇平寨村村规民约》也规定，
村委会将对违反村规民约办理酒席的村民处以2000元至10 000元违
约金，同时取消其享受村各项优先优惠政策和荣誉的资格。除了禁
止滥办酒席，在一些地方"跳大神""重金开路"等封建迷信习俗
也受到规制。例如，《黔南布依族苗族自治州独山县基长社区居民公
约》写道"不请神弄鬼或装神弄鬼，不搞封建迷信活动"，同时该
社区甚至约定婚丧车队规模不得超过8辆，堪称最严。这样严格的
处罚不仅保护了刚脱贫的群众免受村内"人情大山"的压迫，还不
惜对违规村民动用极其"扫面子"的严肃惩治手段，直接斩断滥办
酒席这一陈规陋习长期留在村民心中的根。

　　近年来，很多贫困群众的收入随着扶贫工作的深入而逐渐增加，
一些脱贫快、提早奔小康的群众甚至出现了"高原反应"，不仅打牌
小赌多了起来，甚至私设赌场、"杀猪盘"等严重违法行为也出现了
死灰复燃的苗头。对屡禁不止的赌博陋习，各地通过村规民约进行
具体的规制。《黔东南苗族侗族自治州锦屏县华寨村村民自治公约》
第5条规定："除逢年过节、白事坐夜娱乐活动外，平时禁止打牌赌
钱，一犯批评、再犯者将报告乡派出所处理。"《六盘水市水城区双

水街道办滴水岩村村规民约》第 30 条规定，参与赌博的每人每次罚款 200 元，而提供赌博场地的则每人每次罚款 200 元至 500 元，并送司法机关备案。这些规定使村民得以明确区分娱乐和赌博在该村的界限，也通过报派出所处理、报司法机关备案等后果让村民对赌博的恶劣性质有明确的认知，避免了赌博风俗的猖獗吞噬掉脱贫攻坚来之不易的成果。

在肯定村规民约对破除陈规陋习的巨大作用的同时，也需要看到各地多样化的民俗文化是中国传统文化多元之所在，是乡村千百年的根。然而，在梳理中，笔者很难看到有村规民约对继承、保护特色民俗文化作出规定，特别是很多少数民族聚居地区千百年来的传统习俗、特色习惯只存在于村民的口口相传中，这些民族文化的珍宝很容易湮没在经济飞速发展的"后脱贫时代"。在村规民约的制定过程中，对民俗文化我们不能只"去其糟粕"——通过严格的惩罚机制破除陈规陋习，还需发挥村规民约对精神文明发展的推动作用，探索如何完善保护特色民俗的机制供给，"取其精华"——挖掘和保护优秀民俗文化，并"为我所用"，将优秀民俗文化的保护传承与乡村振兴背景下的经济发展规划相结合。

（四）防病防灾缺少补充性保障机制

农村的疾病防治是巩固脱贫攻坚成果，预防因病返贫、致贫的关键，多地村规民约主要从培养村民防病意识、提升农村医疗保障覆盖度出发制定相关条规。《铜仁市思南县塘头镇青杠坝村村规民约》对疫苗预防接种的作用和参加新农合的保障效果有直接表述："为保障母子平安，村民怀孕生育的，必须入院分娩。婴儿出生后，必须按规定完成全程预防接种，防止传染发生。同时，村民必须积极参加新农合，以保障病有所医和防止因病返贫、因病致贫。"其他地方也着重强调了参加医疗保险的重要性。《铜仁市石阡县本庄镇雷洞村村规民约》规定村民不仅要按时缴纳新农保、新农合，农房保险也不能落下。而《黔西南布依族苗族自治州册亨县秧坝镇者术村村规民约》第 11 条则直接规定："积极响应国家惠农政策，按时缴纳养老保险金和合作医疗费等相关费用。如符合条件又不参与的，村委会将取消本人当年所享受的国家一切惠农福利。"在鼓励缴纳医疗保险上"科学施策"的典范要属《贵阳市开阳县禾丰乡穿洞村村规民约》。其第 52 条规定："新型农村合作医疗保险补助，由村集体资金按每人每年增加 10 元补助至国家规定村民应缴额度止。《双诚信双承诺协议》大病医疗由村补助部分按村与村民所签协议执行。"虽然每年补助的数额不多，但起到了鼓励村民连续缴纳保险的作用，况且穿洞村是人口五千余人的大型苗族、彝族混居村，这笔开销并不小。根据报道，穿洞村集体每年拿出 49 万元为老百姓新型农村合作医疗保险出资、奖励考上二本以上大学生，慰问 65 岁以上老人。当然，这得益于在江苏省华西村的支持帮助下建立起的村办服装厂，这一体量超 2000 万元的集体产业使得村集体得以维持一笔保障有力的村级经费。

通过梳理我们可以发现，少数民族聚集地区因木结构房屋较多，火灾是最需要防范的灾害之一。多地村规民约主要从事前预防着手，对火灾隐患的防范作出了严格要求。前文提到处罚最"接地气"的《黔东南苗族侗族自治州从江县丙妹镇归林村村规民约》就从村民生活习惯出发作了细致规定，"室内烘烤谷物、棉花、腊肉等无人看守；新出窑的木炭带入家中；一担以上稻草进寨存放"甚至"未履行巡逻喊寨职责"都要按"三个 12"（12 斤猪肉、12 斤大米、12 斤米酒）承担违约责任。铜仁市思南县塘头镇青杠坝村要求村民对户内电线要定期检查，老化和损坏的要请电工及时修理，并禁止乱拉乱接电线。而《六盘水市水城区双水街道办滴水岩村村规民约》则堪称最严"防火令"，不仅小孩带火柴或玩火机的监护人将被罚款，用传统火炉烤火、做饭的村民如被发现火边无人也将被罚 10 元。而失火者除了要赔偿公共损失，还要负担灭火人员的工具费、伙食费、误工费、医药费。另外，还创新性地规定："听到火警呼唤声，见到火警、火灾发生时，有能力而视而不见，不主动参与扑灭的，除全村通报批评外，在 1 年内不得享受我村的优扶政策（救济、扶贫贷款、申请等）和社会事务服务。"促成村内形成了对火灾"零容忍"态度，全村上下极度重视消防安全的良好风气。

上述"典范"穿洞村使用村级财政补助参保依靠的是大体量的集体经济，然而在更多的地区，村级财政无力为村民参加合作医疗保险提供补助，同时合作医疗对参加的年龄、身体状况有限制，也有很多病种没有覆盖到。更普遍的是，很多困难村民在合作医疗保险报销后，仍无力承担自费部分，很容易在关键时刻挺不过来。滴水岩村等出台最严"防火令"让失火者承担巨大赔偿责任以预防火灾，在事前预防机制上下了功夫，但却忽视了事后补救机制，灾害会给受灾群众带来巨大的经济损失，有很大可能导致农民直接返贫，纵使有农村住房保险，也无法补助其大额财产损失。由此看来，疾病和灾害的预防除了要依靠国家农村保障体系制度供给和上级政府对防病防灾资源的协调配置外，还需要依靠村民自治提供补充性保障机制，对国家保障制度未覆盖的部分和保险补偿以外的致贫损失提供一定的补偿。

（五）乡村振兴主体积极性仍有很大提升空间

为了改变长久"输血式"扶贫带来的扶贫对象惰性和依赖心理，必须调动起脱贫地区群众的积极性，让群众意识到自己才是乡村振兴的主体，真正切身参与到乡村治理追求共同富裕的目标之中。经梳理我们可发现，有的地方以口号形式鼓励村民积极致富。如《遵义市桐梓县燎原镇山层村村规民约》以四字诗的形式宣传"勤俭节约，积小为富，好吃懒做，无法致富"。而以种植优质稻米为主要产业，曾被原农业部授予"一村一品示范村"的遵义市湄潭县永兴镇茅坝村则通过极具地方特色的"盘歌"传唱形式，通过传唱让村民熟知和宣传地方稻米品牌。茅坝村村规民约唱道："哟，吹，喂，高师傅来少先生，这首盘歌我来分，皇米出在油沙地，嘉庆吃了赞不停，竺可桢校长吃过后，'米中珍宝'好美称。哟，吹，喂，高师傅来少先生，这首盘歌我来分，一九五八年十一月，邓小平视察来黔北，遵义宾馆来调米，'米中茅台'待贵客。"茅坝村"茅贡米"种植面积达到3250亩，村民人均收入超过7000元，于2019年就全村脱贫清零。其集体经济品牌的建立和畅销离不开村村传唱的村规民约"盘歌"。更多的地方则是通过村规民约督促村民参加集体决议、集体劳动，逐步培养公共意识和集体认同。如《黔西南布依族苗族自治州兴仁市洛渭屯居委会居民公约》规定："凡属群众性的公益事业和集体事业，需召开群众会议的，必须召开会议，按照所涉及人数一半以上通过，以少数服从多数的民主集中制原则决定。"《黔西南布依族苗族自治州册亨县秧坝镇者术村村规民约》第9条规定："村民应积极参加集体公益事业，如不参加，将取消当年所享受的优惠政策。"《贵阳市修文县六屯镇大木村村规民约》规定："每个村民应积极为本村的公益事业投工投劳，如兴修水利、森林防火、乡村公路、人畜饮水工程、兴办集体福利事业等，凡集体投工投劳不到者，村委会按每人每天收取200元务工费。"同时，该村低保户必须签订《低保诚信管理服务协议书》："凡有劳动能力的低保户必须参加村组织安排的义务巡防、村环境卫生保洁等公益活动。无故不参加且不改正的，按相关规定申请给予退出低保。"对于"懒汉群体"的治理不止一种方式。《铜仁市思南县塘头镇青杠坝村村规民约》第16条规定"对荒废耕地者，除责令限期复耕种外，收取抛荒费（建议每亩500元），荒芜两年以上，经责令仍不改正的，由村集体统一收回责任承包权，另行发包给他人经营管理。"还有地方通过奖励检举人来加速达到村内人人监督、人人主动的良好风气。如《黔南布依族苗族自治州独山县基长社区居民公约》约定，违反村规民约罚款金额的80%奖励给举报人，其余用于村公益事业，并对举报人保密。

在制度建立上相对完善的是安顺市平坝区乐平镇塘约村，凡是不参加公共事业建设、不配合组委会工作等违反该村村民代表会议所通过"红九条"的，将以户为单位列入"黑名单"，3个月考察期内村两委将不为该农户办理任何手续，并取消该户享受部分优惠政策的权利。该村还制定了村干部、村小组长"百分制考评办法"，对村干部采取"定岗不定人"的方式，根据得分按每分300元实行"年薪制"。这样不仅将使得村民中的"懒汉"付出沉重代价，也避免了村干部中的"懒汉"尸位素餐，充分调动了全村积极性。

从上述例子中我们可以看出，通过村规民约提振村民主体脱贫致富的积极性已经成了很多地方制定村规民约的共识，也有了不错的实践效果，但是这种激励机制仍有不小的提升空间。想要彻底消除"懒汉群体"，不能仅依靠零星的惩罚措施，而需要建立系统的除"懒"机制。机制中不仅要包含对"懒"的惩罚，让"懒汉群体"感到羞耻、承担"懒"的后果，还要包含对"勤"的奖励，让"懒汉群体"对自我整改有积极性，同时也可避免自力更生的群众因政府帮扶懒汉而产生"仇懒"心理。

三、村规民约参与巩固拓展脱贫攻坚成果与乡村振兴衔接完善进路

（一）将促进经济可持续发展长效机制写入村规民约

在巩固拓展脱贫攻坚成果与乡村振兴衔接时期，和脱贫攻坚时期重在"输血"、投入资金新建大量乡村集体产业不一样的是，这些产业如何能行稳致远地可持续发展为乡村经济"造血"成了最紧迫的问题。很显然，推动这些产业落地的驻村干部一旦撤走，扶贫攻坚阶段村民对扶贫产业管理工作参与度低、缺少自治机制的隐患就会立刻暴露出来，所以迫切需要将促进乡村经济可持续发展长效机制写入村规民约。"后脱贫时代"乡村集体产业面临的主要问题是，村民无法将自己的生产与市场的需求联系在一起，也缺少销售能力。村规民约作为乡村自治的重要形式，应当吸收成熟经验，根据地区特点建立因地制宜的集体经济自治机制。我国对较为高级的农民专业合作社制定了《农民专业合作社法》，较为初级的农民互助组同样是促进乡村经济可持续发展的长效机制，而由于其主要由群众自发自愿成立，形式多变且无专门法律，因此应通过各地村规民约作出具体规定。和我国成立初期主要目的为共享生产工具、换工互助的农业生产互助组不一样，"后脱贫时代"的农民互助组应是"小康互助组"的性质，主要目的为由组长带头人带领困难户共同奔小康。村规民约可对"小康互助组"的组成形式、成立方式、组长的产生方式以及组长和组员的权利义务作出规定。例如，规定"小康互助组"由懂技术、会销售及有扩大产业规模的能人发起并担任组长，联合有劳动力、土地等资源的村民明确投入比例并签订内容合法的"互助协议"，互助组不改变生产资料私有的性质，互助组成员根据"互助协议"明确职责及分配收益，并根据"互助协议"确定互助组信息共享、技术互学、销售互帮的形式。

为保证经济的可持续发展，还必须将保护生态环境的长效机制写入村规民约。例如，已在全国推行的"河长"制，已经被证明对

落实生态环境保护责任有明显效果，也可以通过村规民约助力该制度在基层的全面推行。具体来说，可在村规民约中写入该区域"河长制"涉及本村流域的相关工作要求，约定村民有义务参与并支持"河长制"的工作，同时明确监督实施的主体和方式。同时，乡村也可利用村规民约探索建立"山长制"及"林长制"，使全民参与到生态环境保护工作之中。不同于河流跨区域多、保护难度大的特点，山地、林地多坐落在单个村庄范围内，如通过村规民约约定推选乡贤、村老作为"山长""林长"，落实生态环境保护责任到人，则可以大大提升村民对生态环境保护工作的参与度，并可收获良好的监督保障效果。

（二）增加乡土人才的培养发掘和带领致富机制

首先是乡土人才的培养机制，可举办"讲农家话、说农家事"的"农村课堂"，组织村民通过农村远程教育平台学习农业技术、惠农政策和农业致富典型案例等。由村民代表会议讨论将"农村课堂"的学习规章写入村规民约，并可设立"农村课堂"理事会进行跟踪监督，通过让缺课者缴纳违约金、屡次缺课者降低惠农政策评级等方式督促村民学习。其次是乡土人才的发掘机制，可举办种植技术、畜禽养殖、农机驾驶等实用技能比赛，并在村规民约中写入奖励机制。如在比赛中夺魁者可在"农村课堂"举办一次经验分享会，把田间变讲堂现场教学，同时给予示范户一定的奖励或酬劳，鼓励"土专家"们站出来分享传授自己的经验和技术。最后是乡土人才带领致富机制，那就是促使家庭产业规模较大、有特色、效益好的懂经营、善管理的"田秀才"们发挥起"致富带头人"的作用。在村规民约的增改中不仅要通过村级经济补贴他们与困难户签订帮扶协议、多雇佣困难群众，还要写明为他们优先办理创业贷款，且村两委要为他们成立合作社、打通产业链提供便利，以此鼓励他们敢为人先，让想干事、能干事的人能够干成事。乡土人才扎根于农村，他们的事业也不会离开故土，并紧紧与乡亲们联系在一起，所以还可以通过村规民约设立专项资金奖励学成归来的优秀青年、外出务工经商者回乡创业，并约定为回乡创业者办理创业贷款提供优先级和额度升级，让更多的乡土人才带动全村共同致富。

（三）增加发掘保护民俗特色机制

"百里不同风，千里不同俗。"而且，在巩固拓展脱贫攻坚成果与乡村振兴的衔接中，民俗文化需要有新的表达，其意义不仅在于记住"乡愁"，更在于让广大群众有"赚头"。首先是将民俗文化与乡村产业发展连接起来，可以在村规民约中对有手艺的"能人"开办培训班的予以补贴，并为非遗传承人办理创业贷款、享受政策扶持提供便利。例如，贵州经济附加值较高的非遗产品"苗银绣"，就可由村中绣花能人带领村内妇女批量生产并走向市场，而能人荒废其手艺与带领他人在家门口致富之间也许相差的就是村规民约中是否有给予她们的补贴奖励机制。其次是通过民俗文化旅游打开致富通道，在村规民约中可增加鼓励村民从事乡村旅游业工作的条款，同时在旅游开发中促进民俗保护。例如，贵州少数民族聚集地区彝族的火把节祭祀、苗族的长桌宴、侗族的赛龙舟以及布依族的篝火晚会，都可在村规民约中规定固定的时间举办，甚至通过村规民约确定为"村假"并探索发展"假日经济"，不仅可保留了独具特色的民族风俗，也可吸引游客的到来。另外，像"侗族大歌"这样的著名非物质文化遗产，侗族村落可通过村规民约鼓励村民积极学习传承，如组建表演队并在村中设立舞台，参加表演队的村民平时可减免一定的集体投工投劳义务，并在旅游旺季每场演出后予以补贴，使得非物质文化遗产得以传承的同时，村庄也有了一张独具特色的名片。最后，还要鼓励村民在民俗文化的基础上积极创新，可以通过村规民约奖励民俗文化品牌创立者、发明专利申请者、地方标准申报者等，鼓励村民在传承中创新。如贵州民间传统乐器"竹笙"在多个少数民族地区都可见到其身影，也得到了不少国内外乐器爱好者的点赞，但是长久以来工艺不规范，也没有统一的技术标准，对这种乐器的制造与传播均造成了很大影响。如果这些地区在村规民约中推崇并奖励民族乐器和其他民俗文化的爱好者开创品牌、申报地方标准甚至申请相关发明专利，那么一定要有人将这些"神秘"的工艺转化为乡村致富独特而久远的生机活力。

（四）增加疾病灾害村级补充保障机制

在脱贫攻坚取得全面胜利后，经过长久努力，农村居民医保基本已经全部覆盖，农村住房保险覆盖率也大大增加，但是因病因灾仍然是致贫返贫的第一大原因，而且商业医疗保险对老人、病人不保，村民因疾病、灾害造成的负担仍然很大。既然政府已经给广大群众上了第一道保险，解决了疾病灾害造成损失的大部分资金报销，那么剩下一部分则应通过民主自治的方式为当地百姓上"第二道保险"。如建立村民疾病灾害互助机制，并将其写入村规民约。具体来说，可在村规民约中明确村民疾病灾害互助会的性质是由村委会同意组建、村民自愿加入的公益慈善社会团体，并约定疾病灾害互助会在合作医疗保险、农村住房保险支付比例外提供补充保障。在村规民约中还可鼓励村民参与疾病灾害互助会，并且村集体为村民缴纳会费提供一定比例的配资补助。疾病灾害互助会具体报销范围、报销规定由其章程规定，但需在村规民约中明确村委会有权将疾病灾害互助会业务外包给第三方专业平台统一管理，以做到标准统一和公开透明。我国农村素来有邻里互助的传统美德，在村规民约中写入并鼓励村民参加疾病灾害互助机制不仅是为了高度推广这种通过互助防止因病因灾致贫、返贫的行为，同时也可进一步培养村民的公共精神和集体意识，为乡村振兴凝集强大精神力量。

（五）增加村民积分机制

在巩固拓展脱贫攻坚成果与乡村振兴衔接时期，为了充分提振村民致富的积极性、消除懒惰风气，应当制定系统的村民积分机制，并将其写入村规民约。首先，村民积分机制应当在充分搜集、听取村民意见的前提下起草，确保积分机制为所有村民知晓和认可，同时还需在村民会议上表决通过，并送达家家户户。其次，村民积分机制的内容应当同时包含惩治"懒人群体"和鼓励"先进群体"。比如，对不参加农村公共事业建设者、不参与农村基础设施管护者以及游手好闲、"等靠要"思想严重者进行扣分，对一定分数以下者暂停享受集体经济分红、暂停享受国家相关优惠政策，并通报全村以带来"羞耻感"。而主动干事创业、为村民提供就业岗位、带动致富成效明显等行为则需纳入加分项目，对积分高的家庭不仅可以提供适当的物质奖励，还可在创业贷款申请、合作社选聘等事项上享受优先待遇。最后，为了增强积分机制的公信力，还需要在推行后根据实践情况及时查缺补漏、增改完善，充分凝聚村民民主意愿，用系统性量化管理的机制全面激发村民共同致富的积极性。

（六）修改影响农村稳定和谐的违法规定

"要想富，先修路"的道理早已深入人心，道路交通等公益设施的完善可以加快村庄经济的发展，加快乡村振兴进程。但是，有些地方的村规民约在鼓励村民为公共利益让步时不仅忽略了历史遗留问题和推行中可能引发的矛盾因素，部分甚至违反现行法律规定。例如，《土地管理法》第 48 条第 1 款规定："征收土地应当给予公平、合理的补偿，保障被征地农民原有生活水平不降低、长远生计有保障。"笔者发现，关于公益事业无偿占地的规定不是个例，在不少村规民约中都存在。《安顺市平坝区乐平镇塘约村村规民约》第 3 条规定："对公益事业需占地的，农户应无偿出让土地，大力支持。"《铜仁市石阡县本庄镇雷洞村村规民约》第 6 条规定："地方性公益设施建设占用村民耕地、林地等没有任何补偿，村民要无条件支持。"《黔西南布依族苗族自治州册亨县秧坝镇者术村村规民约》第 8 条规定："村组修建公益道路原则上无补偿，所经线路应积极支持配合。"这些规定在公益建设任务较重的阶段大大降低了公益建设的成本，缓解了村级财政的压力，却严重侵犯了村民的合法权益。改革开放以来，各地解决农村公益事业占地问题多采用现金补偿或耕地互换调剂等方式，但长久以来多是口头协商，没有书面协议。[1]如继续施行无偿占用之违法规定，且对之前无偿占用的土地无公平、合理补偿，将逐步累积被无偿占地的农民与村两委、乡镇政府的矛盾。但是，很多地方存在的现实问题是村庄集体经济无力补偿公益占地，乡镇财政也仅能给予适当的青苗补偿，所以采取现金补偿的方式可能不现实。笔者认为，对公益占地可以在村规民约中予以明文约定，能调剂土地补偿的尽量调剂，无法调剂的在各项惠农政策等级评定中根据占地大小升一至二级评定，并且在项目扶持、宅基地审批、医疗报销、入学安排等各方面优先办理。这样的补偿不是

---

〔1〕 参见刘智勇、吴桂芝："农村公益事业占地问题探析"，载《农村经营管理》2010 年第 7 期。

短期暂时的，而是长期持续的，这样既可以缓解乡村经济的短期压力，又可以解决之前无偿占地违法规定带来的历史遗留问题，维护农村社会的和谐稳定。

结　语

脱贫攻坚的全面胜利让昔日的贫困地区经济发展和群众生活都得到了巨大改善，通过对贵州省部分地区村规民约的梳理，我们可以看到这一基层民主自治的结晶在脱贫攻坚中发挥重要作用的同时也存在不少完善的空间。习近平总书记指出，对已脱贫的群体要"扶上马，送一程"，虽然我们已进入"后脱贫时代"，但不可否认的是，脱贫地区的发展基础仍然十分薄弱，巩固拓展脱贫攻坚成果不仅是让广大脱贫群众有依靠自己最终告别贫困的能力，也是乡村全面振兴发展的基础和重要前提。很多时候制约农村发展的不是资源和资金，而是治理机制的不科学、不健全，导致村民参与度不高，资源无法得到有效配置，阻碍了乡村振兴的脚步。

农业、农村和农民问题始终是我国现代化建设的根本性问题，没有乡村治理的现代化，就很难实现国家治理体系和治理能力的现代化。要想实现乡村治理的现代化，就必须建设以村民自治为支撑的治理体系，在政府管不了、不好管的方面建立完善的自治机制。而一部自治机制健全的村规民约作为集体意志的结晶，可以充分发挥民主自治的强大力量，是贫困地区不断增强自我发展能力，实现乡村全面振兴发展行稳致远的保证。乡村振兴战略是包括产业振兴、人才振兴、文化振兴、生态振兴、组织振兴的全面振兴，所以巩固拓展脱贫攻坚成果与乡村振兴衔接这一历史阶段下的村规民约，不仅要发挥其在促进经济可持续发展、乡村人才培养、保护特色民俗和疾病灾害补充保障等方面的促进作用，解决乡村治理匮乏、自治机制供给不足带来的自我发展能力不足问题，还要充分发挥其对精神文明发展的推动作用，形成自治、德治、法治融合的治理格局，提升群众认同感、获得感和幸福感，全面激发乡村振兴的内生动力。

学理探讨

因时而变的村规民约

——以浙东海村为对象

高其才

引　言

　　我国《宪法》第24条第1款规定："国家通过普及理想教育、道德教育、文化教育、纪律和法制教育，通过在城乡不同范围的群众中制定和执行各种守则、公约，加强社会主义精神文明的建设。"中共中央、国务院《关于加大改革创新力度加快农业现代化建设的若干意见》（中发〔2015〕1号）指出："农村是法治建设相对薄弱的领域，必须加快完善农业农村法律体系，同步推进城乡法治建设，善于运用法治思维和法治方式做好'三农'工作。同时要从农村实际出发，善于发挥乡规民约的积极作用，把法治建设和道德建设紧密结合起来。"《中共中央关于全面推进依法治国若干重大问题的决定》提出："深入开展多层次多形式法治创建活动，深化基层组织和部门、行业依法治理，支持各类社会主体自我约束、自我管理。发挥市民公约、乡规民约、行业规章、团体章程等社会规范在社会治理中的积极作用。"中共中央办公厅、国务院办公厅印发《关于深入推进农村社区建设试点工作的指导意见》也提出："坚持和发展农村社会治理有效方式，发挥农村居民首创精神，积极推进农村基层社会治理的理论创新、实践创新和制度创新。深化农村基层组织依法

155

治理，发挥村规民约积极作用，推进农村社区治理法治化、规范化。"中共中央办公厅、国务院办公厅印发的《关于加强社会治安防控体系建设的意见》还指出："推进体现社会主义核心价值观要求的行业规范、社会组织章程、村规民约、社区公约建设，充分发挥社会规范在调整成员关系、约束成员行为、保障成员利益等方面的作用，通过自律、他律、互律使公民、法人和其他组织的行为符合社会共同行为准则。"2016年3月16日第十二届全国人民代表大会第四次会议批准的《中华人民共和国国民经济和社会发展第十三个五年规划纲要》提出："加强行业规范、社会组织章程、村规民约、社区公约等社会规范建设，充分发挥社会规范在协调社会关系、约束社会行为等方面的积极作用。"在2017年10月18日中国共产党第十九次全国代表大会开幕会上，中共中央总书记习近平代表第十八届中央委员会作报告时提出实施乡村振兴战略，强调"加强农村基层基础工作，健全自治、法治、德治相结合的乡村治理体系"，打造共建共治共享的社会治理格局，实现政府治理和社会调节、居民自治良性互动。中共中央、国务院于2018年1月2日发布的《关于实施乡村振兴战略的意见》要求深化村民自治实践，发挥自治章程、村规民约的积极作用。2020年10月29日中国共产党第十九届中央委员会第五次全体会议通过的《中共中央关于制定国民经济和社会发展第十四个五年规划和二〇三五年远景目标的建议》提出："完善社会治理体系，健全党组织领导的自治、法治、德治相结合的城乡基层治理体系，完善基层民主协商制度，实现政府治理同社会调节、居民自治良性互动，建设人人有责、人人尽责、人人享有的社会治理共同体。"2020年12月7日中共中央印发的《法治社会建设实施纲要（2020-2025年）》指出："加强居民公约、村规民约、行业规章、社会组织章程等社会规范建设，推动社会成员自我约束、自我管理、自我规范。"因此，村规民约在我国的乡村社会治理中具有重要的地位，发挥着积极的功能。

　　作为非国家法意义上的习惯法的一种，[1]村规民约是村民进行民主决策、民主管理、民主监督的重要体现，是农村基层民主的重要方式。《村民委员会组织法》第27条第1款规定："村民会议可以制定和修改村民自治章程、村规民约，并报乡、民族乡、镇的人民政府备案。"[2]村规民约、乡规民约是社会治权的体现。[3]

　　海村为浙东的一个村，2001年由原海村和蒋村合并而成。海村全村的耕地面积有2400多亩，有32个村民小组，总户数1200余户，总人口3000多人。海村形成了以家用电器为支柱产业，金属制品、电子仪表等并进的工业体系；以花卉、丝瓜络、蔬菜、海涂养殖产业并驾齐驱的农业生产格局。2020年3月，海村被浙江省乡村振兴领导小组办公室认定为2019年度浙江省善治示范村。

　　海村积极议定村规民约，认真实施村规民约，通过村规民约保障村民实行自治，由村民依法办理自己的事情，发展农村基层民主，维护村民的合法权益。村规民约在办理本村的公共事务和公益事业、调解民间纠纷、维护社会治安等方面发挥了一定的作用。

　　近四十年来，海村在村民委员会的主持下由村民代表会议议定了多部村规民约。[4]随着我国社会经济、文化、法制的日新月异，相应的海村村规民约也随之发生了一定的变化。本文谨以我们调查搜集到的海村2007年5月10日版村规民约、2015年7月30日版村规民约、2017年5月18日版村规民约为对象，立足于实施乡村振兴

---

　　[1]　习惯法可从国家法意义上和非国家法意义上进行认识。本文从非国家法意义上理解习惯法，习惯法为独立于国家制定法之外，依据某种社会权威和社会组织，具有一定的强制性的行为规范的总和。参见高其才：《中国习惯法论》（第3版），社会科学文献出版社2018年版，第3页。

　　[2]　卞利认为，乡规民约是指在某一特定乡村地域范围内，按照当地的风土民情和社会经济与文化习惯，由一定组织、一定人群共同商议制定的某一共同地域组织或人群在一定时间内共同遵守的自我管理、自我服务、自我约束的共同规则或约定。参见卞利："明清徽州村规民约和国家法之间的冲突与整合"，载《华中师范大学学报（人文社会科学版）》2006年第1期。

　　[3]　张静："乡规民约体现的村庄治权"，载《北大法律评论》1999年第1期。

　　[4]　海村自2001年以来总共议订了多少部村规民约，由于档案保管缺失等种种原因，我们现在无法得出具体的数字，有待进一步的调查。2011年4月14日、2013年12月23日版的村规民约还没有获得全文。

战略，在分析村规民约文本的基础上，对村规民约在议定、内容、实施等方面的变化进行探讨，思考村规民约与时俱进的发展和完善，讨论村规民约基本精神的延续和弘扬，以求教于大方之家。

一、村规民约议定的变化

村规民约议定涉及议定的主体、程序与村规民约的结构、目的、宗旨等方面。随着我国乡村社会的发展变化，海村村规民约的议定也有一定的变化。

在海村，村规民约的起草、修订通常是在村民委员会换届完成、新的一届村民委员会上任以后进行。不过，这也并非绝对，如海村 2015 年 7 月 30 日版村规民约与 2013 年 12 月 23 日版村规民约仅仅相隔 2 年，2017 年 5 月 18 日版村规民约与 2015 年 7 月 30 日版村规民约也仅相隔 2 年，均没有达到一个村民委员会任期的时间，这是根据乡镇政府统一要求而进行的修订。

海村的村规民约一般由村党支部、村民委员会的有关人员进行起草或者提出修订意见，在听取镇有关领导和相关部门意见、征求全体村民或者部分有代表性村民意见的基础上，经村民代表会议表决通过。如 2015 年 6 月 3 日，海村党总支、村委会和经济合作社三套班子召开会议商议村规民约修订草案；[1] 6 月 29 日，村三套班子开会继续商议村规民约修订草案；[2] 7 月 28 日，村三套班子召开座谈会，就村规民约修订稿等征求意见；[3] 7 月 28 日，海村召开村民代表、党员代表座谈会，实到 20 人，就村规民约修订稿等征求意见；[4] 7 月 30 日，海村召开村民代表会议，应到村民代表 66 名，实到村民代表 46 名，由村委会干部宣读村规民约修订稿，与会代表充分酝酿、讨论后举手表决，通过 46 人、反对 0 人、弃权 0 人，通过了修订后的村规民约。[5]

---

〔1〕 海村村务工作会议记录 2015 年。
〔2〕 海村村务工作会议记录 2015 年。
〔3〕 海村村务工作会议记录 2015 年。
〔4〕 海村村务工作会议记录 2015 年。
〔5〕 海村村务工作会议记录 2015 年。

在制定、修订依据方面，2017 年 5 月 18 日版《村规民约》第 1 条明确表明"根据《中华人民共和国宪法》《中华人民共和国村民委员会组织法》和慈溪市《关于开展制订修订村规民约社会公约工作的通知》等有关法律、法规"，对 2013 年 12 月 23 日制订实施的《海村村规民约》进行修订。

海村的村规民约主要为综合性的村规民约，单项性、专门性的村规民约比较少见。村规民约的类型较为单一。

就结构而言，海村综合性的村规民约都包括序言和正文，但正文的结构不一，存在一定的变化。如 2007 年 5 月 10 日版村规民约的结构直接以条、款形式进行表达。而 2015 年 7 月 30 日版村规民约由"第一章　总则""第二章　婚姻家庭""第三章　邻里关系""第四章　美丽家园""第五章　平安建设""第六章　民主参与""第七章　奖惩措施"等构成，2017 年 5 月 18 日版村规民约的结构则承继了 2015 年 7 月 30 日版村规民约。这反映出村规民约的内容在不断增加，议定技术也在不断完善。如 2007 年 5 月 10 日版村规民约仅为 24 条，而 2015 年 7 月 30 日版村规民约、2017 年 5 月 18 日版村规民约则分别增加至 36 条、39 条，涉及的内容更为广泛。

在议定目的、宗旨方面，考察海村的村规民约，可以发现在序言和正文总则部分所体现的议定、修订村规民约的目的、任务有所不同，反映了不同时代的特点。如 2007 年 5 月 10 日版村规民约的议定目的为"形成良好的村风、民风，促进我村的安定团结和三个文明建设"，而 2015 年 7 月 30 日版村规民约、2017 年 5 月 18 日版村规民约的第 1 条均规定修订目的为"为全面深化基层民主法治建设，解决农村基层治理中的实际问题，保障村民群众安居乐业"。这表明 2007 年与 2015 年对议定、修订村规民约目的方面有所侧重，一个主要在于"形成良好的村风、民风"，而另一个更强调村规民约解决农村基层治理中的实际问题，保障村民群众安居乐业。

二、村规民约内容的变化

《村民委员会组织法》第 2 条第 2 款规定："村民委员会办理本村的公共事务和公益事业，调解民间纠纷，协助维护社会治安，向人民政府反映村民的意见、要求和提出建议。"《浙江省实施〈中华人民共和国村民委员会组织法〉办法》第38条第1款还规定村民委员会应当根据完善基本公共服务、加强基层社会管理、发展农村社区居民自治的需要，推动农村社区建设。根据这些法律法规的规定，海村的村规民约的具体内容从民主决策、民主管理、民主监督出发，围绕自我管理、自我教育、自我服务，突出农村社区建设。

海村2007年5月10日版村规民约共24条，各条的内容涉及爱国爱集体守法、土地使用、建房审批、计划生育、收取公益事业资金、受教育权、务工、服兵役、优抚、尊老爱幼保护弱者、父母子女抚养赡养义务、赡养纠纷处理、爱护公共财物、保护公共设施、环境管理、犬类管理、出租房屋管理、不扰乱社会治安秩序、邻里纠纷处理、奖励见义勇为者、违约处理、居住在本村的暂住人员参照执行、与国家法律政策一致、解释与实施时间等。

而海村2015年7月30日版村规民约的具体内容有所变化、更为细化。第一章"总则"共有3条，第1条为立约依据、宗旨、矛盾，第2条为价值观，第3条为守法。第二章"婚姻家庭"共有5条，第4条为基本原则，第5条为夫妻关系，第6条为计划生育，第7条为父母子女关系，第8条为家风。第三章"邻里关系"共有4条，第9条为一般准则，第10条为邻里守望，第11条为友善关心，第12条为孩子冲突的解决。第四章"美丽家园"共有7条，第13条为配合参与"五水共治""三改一拆""合用场所整治"等，第14条为村庄规划，第15条为村庄整洁，第16条为农药化肥使用，第17条为保护农田、水源等资源，第18条为卫生，第19条为流动人口缴纳环境卫生及公共服务费、村民集资公共设施建设。第五章"平安建设"共有7条，第20条为一般要求，第21条为参与"网格化管理、组团式服务"，第22条为流动人口管理，第23条为矛盾纠纷解决，第24条为平安提醒、监督，第25条为特殊人员帮扶，第26条为用火安全。第六章"民主参与"共有3条，第27条为参与村级民主管理，第28条为村级组织换届，第29条为村干部。第七章"奖惩措施"共有5条，第30条为先进评比，第31条为学生实行优秀学生奖励，第32条为见义勇为行为奖励，第33条为新城菜场管理，第 34 条为违约处理。此外，第 35 条为村规民约解释，第 36 条为通过之日起施行。这一村规民约的内容涉及总体规定、婚姻家庭、邻里关系、美丽家园、平安建设、民主参与、奖惩措施等，相比十二年前的 2007 年 5 月 10 日版村规民约更为系统、详细，体现出了更新的立约理念和更高的立约技术。

同时，相比 2015 年 7 月 30 日版村规民约，2017 年 5 月 18 日的村规民约增加了 3 条，内容涉及环境卫生、老年补贴等。如按照政府垃圾分类处理的总体要求，2017 年 5 月 18 日版村规民约第 20 条规定："垃圾要分类处理，主动将可回收利用的塑料瓶、啤酒瓶、鸡鸭毛等废旧物品积攒送到符合要求的收购点处理，及时将不可回收生活垃圾分类，倒入定点的倾倒地点或垃圾箱内；建筑垃圾要运到镇集中的回收站。"第 21 条规定："对公厕要求督查人员每月的公厕检查（每星期二、星期四）以上，保持厕所内无蜘网、无尘迹、无粪迹、无尿斑、无乱张贴，保持倒粪口清洁，公厕不满溢，及时清运粪便，保持厕所内外及四周的环境卫生清洁。维护好公共卫生设施，发现公厕、垃圾原有破坏及时做到维修和一年一次的刷白。"又如，随着集体经济收益的增加，2017 年 5 月 18 日村规民约规定了长者补贴。其第 35 条明确规定："对具有本村户籍的村民女年满 60 虚岁、男年满 65 虚岁，每月分别发放 35 元和 40 元。"

由于经济的发展，海村吸引了许多外来人员务工和居住，因而村规民约中这方面的内容也在不断完善。2007 年 5 月 10 日版村规民约就有了"居住在本村的暂住人员参照本村规民约执行"的内容（第 22 条），也有了有关村民出租房屋的条款（第 17 条）。而 2015 年 7 月 30 日版村规民约、2017 年 5 月 18 日版村规民约则在第一章"总则"中规定"居住在本村的流动人员参照遵守本村规民约"，进一步予以突出。在第三章"邻里关系"中，新增要求"与流动人员和谐相处，不欺生、不排外"，强调外来人员对海村的贡献，应当尊重外来人员的正当权益。同时，在第五章"平安建设"部分，在要求私房出租户要配合有关部门做好流动人口的管理工作的基础上（第 21 条），提出切实抓好流动人口的管理，严禁将出租房租给无身份证、无流动人口婚育证明等有效证件的流动人员；每个外来流动人员均需及时办理暂住证。该村规民约从尊重外来人员、暂住人口管理、出租房屋管理等方面较全面地规范了在海村的外来人员，为他们在海村的安居乐业提供规范依据。

从 2007 年、2015 年、2017 年这三版村规民约可以发现，《海村村规民约》既有随着时代的变化而逐渐退出历史舞台的内容，也有按照新的发展而增加的内容，如坚持法治、德治、自治相结合，培育和践行"慈孝、包容、勤奋、诚信"的慈溪人共同价值观；"五水共治""三改一拆""合用场所整治"等美丽家园建设，有鲜明的时代特点。

三、村规民约保障的变化

为保障村规民约的实施，使村规民约具有约束力，海村的村规民约规定了奖惩措施，即肯定式后果和否定式后果。村规民约作为一种规范，其后果包括肯定式后果和否定式后果，[1]海村的村规民约既规定了肯定式后果，也规定了否定式后果，不过否定式后果更为突出。随着乡村情况的变化，村规民约规定的这些奖惩措施、违约后果也发生了一定的变化。

为激发村民遵守村规民约的积极性，使村规民约的规范得以实现，海村也规定了有关奖励的规范。如 2007 年 5 月 10 日版村规民约第 20 条就规定："村民要自觉维护社会治安，积极参加群防群治，落实治安防范措施，大力提倡见义勇为精神，对见义勇为者给予 200 元的奖励。"之后，2015 年 7 月 30 日版村规民约则用一章专门规定"奖惩措施"，奖励的范围有了明显的扩大。其中既有概括性的奖励，"村民委员会每年进行先进评比，经村三套班子会议商议后，由村民委员会表彰奖励模范遵守村规民约的家庭和个人"（第 30 条）；也有专门性的奖励，如奖励学习优秀的本村户籍学生，"对本村户籍学生

---

〔1〕 肯定式后果，又称合约后果，是村规民约中规定人们按照行为模式的要求行为而在法上予以肯定的后果，它表现为村规民约对人们行为的保护、许可或奖励。否定式后果，又称违约后果，是村规民约中规定人们不按照行为模式的要求行为而在法上予以否定的后果，它表现为村规民约对人们行为的制裁、不予保护、撤销、停止，或要求恢复、补偿等。参见高其才：《法理学》（第 3 版），清华大学出版社 2015 年版，第 53~54 页。

实行'优秀人才'奖励，其中：考入并就读慈溪中学、镇海中学的一次性奖励 1800 元；考入并就读清华大学、北京大学全日制本科的奖励 28 000 元；考入并就读除清华、北大以外'985''211'高校全日制本科的奖励 8000 元；考入并就读'985''211'高校的全日制研究生奖励 8000 元"（第 31 条）；还保留了 2007 年村规民约原有的对见义勇为行为的奖励，"倡导助人为乐、奖励见义勇为行为，被市级以上部门表彰的'见义勇为'行为，一次性奖励 6000 元"（第 32 条）。2017 年 5 月 18 日版村规民约在保留了 2015 年 7 月 30 日版村规民约上述奖励措施的同时，还增加了有关发放年长村民补贴的规定："对具有本村户籍的村民女年满 60 虚岁、男年满 65 虚岁，每月分别发放 35 元和 40 元"（第 35 条），这可谓一种特殊的奖励，表达了对年长村民的关爱。相比于 2007 年 5 月 10 日版村规民约、2015 年 7 月 30 日版村规民约、2017 年 5 月 18 日版村规民约关于奖励的规范种类更全、措施更实。

为保障村规民约的效力和权威，海村的村规民约重视对否定性后果的规定，具体列明了对违约行为的处罚方式。如 2007 年 5 月 10 日版村规民约第 21 条规定："违反本村规民约，除触犯法律由有关部门依法处理外，村民委员会可做如下处理：（1）予以批评教育；（2）责令写检讨悔改书；（3）责令其恢复原状和进行经济赔偿；（4）取消其本人和父母享受老年社员补助费的福利待遇；（5）建议取消文明户、五好家庭户等荣誉称号。"而 2015 年 7 月 30 日版村规民约第 34 条与此略有不同："凡违反本村规民约的，经村三套班子会议商议后，由村民委员会对行为人酌情作出批评教育、公示通报、责成赔礼道歉、赔偿损失、停止享受村民福利待遇等相应处理决定。"相比于 2007 年 5 月 10 日版村规民约，2015 年 7 月 30 日版村规民约增加了公示通报、责成赔礼道歉等处罚方式，但减少了责令写检讨悔改书、责令其恢复原状、建议取消"文明户""五好家庭户"等荣誉称号等处罚方式。

同时，为保障市场管理秩序，海村 2015 年 7 月 30 日版村规民约专门授权规定由村举办、管理的新城菜场管理委员会对违反菜场管理各类规章制度的行为作出相应的处罚。该村规民约第 33 条规定："遵守新城菜场管理的各类规章制度，不得扰乱市场管理秩序，如违反，市管委有权作出相应的处罚。"这就增加了一种专门的处罚方式，为菜场管理委员会的处罚行为提供了村规民约的依据。

由于仅事隔 2 年，2017 年 5 月 18 日版村规民约在处罚方式方面完全承继了 2015 年 7 月 30 日版村规民约的规定，没有什么明显的变化，保持了连续性和稳定性。

海村的村规民约在保障方面条款的变化，使村规民约关于后果的规范更加全面，鼓励与禁止并重能更好地体现村规民约的价值，有利于海村村规民约的具体实施。

结　语

随着社会的逐步变化，海村村规民约也因时而变，随之发生了一定的变化，内容更为丰富、结构更为严谨、表达更为科学。

村规民约的这种变化主要是适应海村社会经济、政治、社会、文化、法制的变化，不断全面深化基层民主法治建设，推动海村村民的自我约束、自我管理、自我规范，进一步解决海村基层治理中的实际问题。如为体现时代要求，新近的海村的村规民约加入了"法治、德治、自治相结合"的内容，增加了"培育和践行'慈孝、包容、勤奋、诚信'的慈溪人共同价值观"的内容，强调了美丽家园、绿色家庭建设，将"五水共治""三改一拆"、垃圾分类、定点倾倒等列入村规民约。

需要注意的是，在与时俱进、适应新的乡村社会需要而变化、发展的同时，海村的村规民约也表现出了遵循自治精神、前后保持一致的特点，从议定程序、主要内容到基本精神呈现出村规民约的共同特性，反映了村规民约的连续性、同一性。

就未来发展来看，海村的村规民约需要真正体现村民自治精神，更加尊重村民的意愿，使村规民约"活"起来，更加务实管用，真正成为村民的行为规范和村组公共事务的处理规范，切实发挥村民在村规民约议定和实施中的主体作用，引导村民依法依约参与本村事务处理、参与村民自治，推进乡村治理体系和治理能力的现代化。

瑶族生态环保村规民约的传承与发展

——以广西金秀瑶族自治县为例

陆小倩

　　瑶族地区村规民约作为村民自治的重要手段，其"主要任务是维护瑶族地区社会生产生活秩序和社会治安秩序，以期达到规范人们行为的目的"。[1]以往关于瑶族村规民约的研究也多关注其在社会治理、纠纷解决中的运用，村规民约中关于生态环保的规定不是其最主要的内容，自然也未受到太多的关注。然而，近年来农村地区生态环境问题突出，为实现乡村振兴，党和政府十分关注农村生态环境的治理。2018年中央一号文件对统筹推进农村生态文明建设作了全面部署，指出生态宜居是乡村振兴的关键。随后，中共中央办公厅、国务院办公厅印发了《农村人居环境整治三年行动方案》，明确提出要通过建立完善村规民约，将农村环境卫生要求纳入村规民约，发挥村民在农村人居环境整治中的主体作用。自此，生态环保村规民约被赋予新的历史使命，其在农村生态环境治理中的作用日益受到关注。

　　广西金秀瑶族自治县地处桂中东部的大瑶山，全县土地面积

---

　　[1]　郭剑平等：《治理视野下民俗习惯与新农村建设研究》，中国政法大学出版社2017年版，第82页。

370.39 万亩，林地面积 330 万亩，2017 年度森林覆盖率 87.67%，[1] 境内干流长 5 公里以上的河流 29 条，流域面积 2229.4 平方公里，河网密度为每平方公里 0.76 公里。[2] 基于金秀所处的地理环境，生态环境的优劣关乎金秀人民的生产生活，其丰富的习惯法中不乏关于生态环境保护的条款。我们以广西金秀瑶族自治县为考察对象，查阅金秀瑶族生态环保村规民约的相关历史资料，并通过实地走访调查，搜集金秀瑶族近年新修订的生态环保村规民约文本，通过新旧文本的对比分析，[3] 探寻被赋予新历史使命的金秀瑶族生态环保村规民约自 1980 年产生至今有了哪些新发展，[4] 又有多少对以往的传承；在社会的发展变迁中是否还能坚守村民自治规约的定位，在农村生态环境保护中其作用路径如何，在法治的框架下我们又应如何保障瑶族生态环保村规民约的发展空间，以充分实现农村生态环境治理中自治与法治的融合。

一、瑶族生态环保村规民约的传承

面对社会的发展变迁，金秀瑶族生态环保村规民约仍保留了自身的特点，近年来金秀瑶族生态环保村规民约在制定方式、载体及名称、内容、责任承担方式、执行组织、与国家法的协调上与其产生之初是一脉相承的。

（一）村民集体商讨的制定方式未变

作为村民的自治规约，金秀瑶族生态环保村规民约一直都是经村民集体讨论或经村委与各屯村民小组长共同商讨制定，这一制定方式未发生变化。

如金秀镇金田村社村屯 1993 年 4 月 25 日的《社村屯村规民约》

---

[1] 数据来源：金秀瑶族自治县林业局。

[2] 数据来源：广西来宾金秀瑶族自治县政府门户网站：http://www.jinxiu.gov.cn/ zjjx/rwdl/t5492750.shtml，2020 年 6 月 1 日最后访问。

[3] 下文引用的村规民约文本内容，若无引注，则为笔者于 2020 年 9 月 25 日至 2020 年 9 月 28 日在金秀瑶族自治县实地走访搜集获取。

[4] 根据学者莫金山的研究，金秀瑶族村规民约产生于 1980 年。参见莫金山编著：《金秀瑶族村规民约》，民族出版社 2012 年版，第 28 页。

规定："以上条约，经全村群众讨论通过，望大家互相监督，共同遵守，本条约从 1993 年 5 月 1 日起实行。"〔1〕至 1997 年，该村更新后的《社村屯村规民约》也有类似规定："以上村规民约于 1997 年 8 月 25 日经村民会议通过。望共同遵守执行。"长垌乡平道村 1991 年 5 月 1 日的《平道村村规民约》规定："为维护社会治安稳定，保证生产、生活能正常进行，经全村村民讨论，在原有村规民约的基础上，特制定本公约如下……"〔2〕2016 年 2 月 25 日重新修订的《平道村村规民约》规定："经我村委与各屯村民小组长的共同商讨和一致意见，特重新修订本村委村规民约如下……"

（二）载体及名称中体现对传统石牌律的传承

相比于传统以石板为载体的石牌律，随着时代的发展，当代金秀瑶族生态环保村规民约大多以纸张或海报为载体，分发到村民手中或张贴于村务公示栏。但仍有部分村落的村规民约沿袭石牌律的传统，从门头村立于光绪七年（1881 年）并沿用至今的《门头村祖宗古训石牌》，到当代金秀镇六段村立于 1991 年农历正月初一的《六段村石碑条约》、六段村三片屯立于 1991 年 1 月 1 日的《三片村村规民约石牌》，再到忠良乡永泉屯立于 2013 年 9 月的《永泉屯村规民约》、六巷乡六巷村六巷屯立于 2018 年的《六巷村六巷屯村规民约》，都以石牌为载体，将新制定的习惯法镌刻于石牌上，立于村口或村中显眼的位置以强调其重要性，警示村民共同遵守。

同时，在名称的使用上，村规民约中"石牌条规民约"名称的使用也体现着对传统石牌律的认可与传承。如《六巷村六巷屯村规民约》第 9 条规定："以上所定的石牌条规民约共同遵守。"

（三）仍以森林资源及河流渔业资源为主要保护对象

对森林资源、河流渔业资源的保护一直是金秀瑶族生态环保村规民约的重要内容。1982 年 3 月 28 日的《六巷村村规民约》第 6 条规定"凡划为柴山、水源山、牛场、风景山等不准生产队集体或个人乱砍滥伐"；第 8 条规定"本村四个队现有的幼林、成林，有成

---

〔1〕 莫金山编著：《金秀瑶族村规民约》，民族出版社 2012 年版，第 140 页。
〔2〕 莫金山编著：《金秀瑶族村规民约》，民族出版社 2012 年版，第 173 页。

片、零星的林木，都不准任何人乱砍滥伐"；第 10 条规定"防火护林人人有责"；第 17 条规定"不准炸鱼、电鱼和大熬鱼"。[1]在近年修订的村规民约中，禁止乱砍滥伐和注重山林防火以保护森林资源、禁止炸鱼、毒鱼、电鱼以保护河流渔业资源仍是金秀瑶族生态环保村规民约的重要组成部分。2016 年的《六巷乡大岭村村规民约》在"消防交通安全"部分规定"加强野外用火管理，严防山火发生"。2017 年的《永泉屯村规民约》第 6 条规定"在本村管理辖区内的河流、山冲内，不准炸、电、毒鱼，不准电、毒蚂拐等活动"。2018 年的《六巷村六巷屯村规民约》第 3 条规定"各村屯的山林地属集体全权所有，任何人不得以任何理由占用，不得乱砍滥伐"；第 4 条规定"各村屯所管辖的河段任何人不准炸鱼、毒鱼、电鱼"；第 6 条规定"安全用火，人人有责"。

（四）责任承担方式的保留

法律责任的设定是法律实现的基本保证一般，[2]对责任承担方式的规定是瑶族生态环保村规民约得以有效实施的保障。金秀瑶族生态环保村规民约对破坏林业资源、渔业资源所设定的责任承担方式主要有没收所得及工具、赔偿损失、罚款、要求责任者种树还山、办教育餐、按法律规定处理等，这些责任承担方式在四十年的传承发展中没有明显的变化。

如 1982 年农历四月十八通过的《帮家、翁江两村村规民约》第 8 条规定，若不慎用火引起火灾的"轻者按损失面积的木材不论大小每条罚款 5 角，并责成毁什么林造回什么林，护理 3 年后归还集体或个人，重者按森林法征（惩）办"。第 16 条规定，违规炸、电、熬鱼的，"违者炸鱼每炮 20 元，电鱼每次罚款 30 元，用石灰熬的罚 60 元，用茶肤熬的罚 80 元，用农药熬的罚 100 元，并将工具和所得的鱼全部没收归村"。[3]1985 年 1 月 5 日的《罗孟村村规民约》第 5

---

〔1〕 高其才：《习惯法的当代传承与弘扬——来自广西金秀的田野考察报告》，中国人民大学出版社 2015 年版，第 208~209 页。

〔2〕 参见高其才：《法理学》，清华大学出版社 2007 年版，第 132 页。

〔3〕 高其才：《习惯法的当代传承与弘扬——来自广西金秀的田野考察报告》，中国人民大学出版社 2015 年版，第 285 页。

条规定了对水源林和幼林、竹林的保护，违反规定毁林为地的要按森林法处理，同时在第 9 条规定若有人违反本村村规，要"以村为单位，每户各来一人参加吃一顿教育会餐"。[1]近年修订的村规民约对上述破坏生态环境的行为所规定的责任承担方式未发生实质性的改变。2016 年 2 月 25 日的《平道村村规民约》第 10 条规定："村边的风景树木，不论是什么树种都不准砍，乱砍一条 500 元，另罚 1500 元给村民做教育餐费用。"2017 年的《永泉屯村规民约》第 6 条规定在本村管理辖区内的河流、山冲内炸、电、毒雨（鱼）、电、毒蚂拐的，"没（每）发现一次没收作案工具并处罚 200 元~500元"。2018 年的《六巷村六巷屯村规民约》第 6 条规定："失火烧山者自负，追究法律责任。"

（五）仍以村民委员会或执约小组为执行组织

以往金秀瑶族的石牌律由村民推选的石牌头人执行，但由于石牌头人掌握着生杀大权，这一制度与国家的规定不符，中华人民共和国成立后未再推举新的石牌头人。[2]改革开放后因村民自治的需要而产生了村民委员会作为管理村民的新组织，当代金秀瑶族村规民约由村民委员会或者村民民主选举产生的执约小组执行，四十年间一直如此。1991 年 1 月 19 日起执行的《三角屯村规民约》第 14 条规定："执行村规民约有本村队干部外，群众集体会议共同处理。"[3]2013 年的《那么屯村规民约》在文末明确规定："以上村规民约由村民委员会监督实施。"或由村民通过民主选举成立村规民约执行小组，将执行小组成员名单写入村规民约，如 1982 年 11 月 25 日的《堡上村村规民约》、[4]1982 年 10 月 28 日的《花陈村村规民约》、[5]2013 年 2 月 25 日的《屯西屯村规民约》、2016 年 2 月 25 日的《平道村村规民约》等。

〔1〕 莫金山编著：《金秀瑶族村规民约》，民族出版社 2012 年版，第 130~131 页。

〔2〕 六巷乡门头村村委访谈录，2020 年 9 月 28 日。

〔3〕 周世中等：《西南少数民族民间法的变迁与现实作用——以黔桂瑶族、侗族、苗族民间法为例》，法律出版社 2010 年版，第 392 页。

〔4〕 莫金山编著：《金秀瑶族村规民约》，民族出版社 2012 年版，第 198~199 页。

〔5〕 莫金山编著：《金秀瑶族村规民约》，民族出版社 2012 年版，第 199~201 页。

（六）坚持"尊重国家法律及政策"的原则

根据《村民委员会组织法》第 27 条第 2 款的规定，村规民约不得与国家法律及政策相抵触。金秀瑶族生态环保村规民约以国家法律为依据，在四十年的传承发展中坚持"尊重国家法律及政策"这一原则未曾动摇。

对处罚方式的规定是金秀瑶族生态环保村规民约尊重与维护国家法律及政策的完整体现。1984 年 6 月 17 日的《林香生产队村规民约》第 3 条规定："任何人进入林区必须注意防火，如不小心搞失火者，造成的损失要照价赔偿，要限期种树还山。对故意放火烧山者，除赔偿损失外，还要送交政法部门给予刑事处分。"[1]该款对于违反林区防火规定的行为，除了要求责任者按照村规的规定进行赔偿、种树还山外，还要接受政法部门依据法律规定进行的处罚，既发挥了生态环保村规民约的自治功能，又充分尊重了法律的规定，维护法律的实施。类似的规定还有 1985 年 1 月 5 日的《罗孟村村规民约》第 5 条："严禁砍水源林和幼林、竹林，毁林为地，违者按森林法处理。"[2]近年来新修订的生态环保村规民约仍延续这一传统，充分尊重国家环保法律的规定，在法治的前提下进行村民自治。如 2016 年 2 月 29 日的《大岭村村规民约》在文末写明："本村规民约如与国家的法律法规有冲突的，以国家的法律法规为准，参照国家的法律法规执行；与上级政府和上级部门的文件、指示精神有冲突的，以上级政府上级部门的文件、指示精神为准，参照上级政府上级部门的文件、指示精神执行。"2018 年的《六巷村六巷屯村规民约》第 6 条规定："安全用火，人人有责，失火烧山者自负，追究法律责任。"

二、瑶族生态环保村规民约的发展

随着四十年的社会变迁，加之国家环保法律和政策的影响，金秀瑶族生态环保村规民约在形式、制定目的、内容及处罚数额上有

---

〔1〕 莫金山编著：《金秀瑶族村规民约》，民族出版社 2012 年版，第 147 页。

〔2〕 莫金山编著：《金秀瑶族村规民约》，民族出版社 2012 年版，第 130 页。

了新的发展。

（一）瑶族生态环保村规民约在形式上的变化

（1）条文数量在减少。随着国家法律的普及完善，金秀瑶族生态环保村规民约的部分内容因已有相关法律作出规定而进行了删减，相比于 20 世纪 80、90 年代，近年来修订的村规民约中关于环境保护的条文在数量上呈现明显减少的趋势。以六巷村为例，1982 年 3 月 28 日的《六巷村村规民约》共 23 条，其中第 1~5 条对老山、水源山、柴山、风景山、牛场进行划分，明确界限，第 6~7 条则对如何保护上述区域的林木、禁止乱砍滥伐作出规定，第 8~10 条、第 13 条、第 15 条、第 17 条还对其他林木、河流渔业资源的保护另外作出规定，村规中关于环境保护的条款合计 13 条，约占村规条款总数的 56.5%。[1] 2018 年修订的《六巷村六巷屯村规民约》共 9 条，其中第 4、6、7 条分别对河流渔业资源、山林防火、公共卫生进行规定，约占村规条款总数的 33.3%。再如忠良乡永泉屯，2013 年 9 月修订的《永泉屯村规民约》共 11 条，其中第 2、3、5、11 条对村庄的环境卫生、河流的渔业资源保护作出规定，约占村规条款总数的 36.4%；2017 年修订的《永泉屯村规民约》共 14 条，其中第一部分对公益事业的规定中第 2、3、5 条涉及对村庄环境卫生的维护，第二部分关于治安的规定中第 6 条涉及对河流渔业资源的保护，对环境保护进行规定的条款共有 4 条，约占村规条款总数的 28.6%。

（2）体例结构的变化。1980 年至 2000 年的村规民约多以条、款的形式表述，内容分散不成体系，对生态环境保护的规定零散地出现在其中。如 1991 年 1 月 1 日的《三片村村规民约石牌》规定："四、砍伐本村公共护林区或林木者，砍一罚交 20 元，石牌和村委各一半。"近年来新修订的村规民约部分以章、条、款的形式表述，体例结构接近法律条文，内容大体按"村民行为规范""社会治安""消防交通安全""村风民俗""邻里关系""婚姻家庭""环境卫生""附则"进行分别规定。关于生态环境保护的内容或体现在对

---

〔1〕 高其才：《习惯法的当代传承与弘扬——来自广西金秀的田野考察报告》，中国人民大学出版社 2015 年版，第 208~210 页。

社会治安、村风民俗的规定，2016 年 2 月 29 日修订的《六巷乡大岭村村规民约》在"社会治安"部分规定："（八）严禁私自砍伐国家、集体或他人的林木，严禁损害他人庄稼、瓜果及其他农作物，加强牲畜看管，严禁乱放猪、牛、羊。"在"村风民俗"部分规定："（四）积极开展文明卫生建设，搞好公共卫生，加强村容村貌整治，严禁随地乱倒乱堆垃圾、秽物，修房盖屋余下的垃圾碎片应及时清理，柴草、粪土应定点堆放。"或设专章对环境卫生进行规定，如忠良乡的巴勒村、车田村、三合村、永和村、中山村的村规第六章为对环境卫生的规定。

（3）表述方式的创新。以往的生态环保村规民约大多以句子的形式对村民的权利义务作出规定，近年来较多村屯以朗朗上口的顺口溜编写村规民约，环境保护的内容也体现在顺口溜中。如《忠良乡林秀村村规民约》规定："讲卫生，美环境，护生态，保长利；倒垃圾，不随意，砖瓦柴，摆整齐。"《瓦厂村村规民约》规定："提倡清洁卫生，反对污浊肮脏。"

（4）表现形式的创新。为创造美丽宜居的乡村环境，大樟乡互助村民委大泽屯、六龙屯、桥檠屯突破以往村规民约的形式，通过《文明卫生公约》对村庄环境、家居环境提出了具体的要求，规定村民"做到粪土不乱堆、污水不乱排、垃圾不乱扔，养成人人讲究卫生的良好习惯"，"按照本村组织的要求，参加维护环境卫生义务劳动"。为加强对村庄环境卫生的长效管理，加大对卫生保洁、垃圾清运和绿化养护等工作的管理力度，上述村屯还成立了文明卫生监督队，并对监督队的职责作出了明文规定。

（二）瑶族生态环保村规民约制定目的改变

20 世纪 80 年代初，金秀瑶族农村中大量乱偷、乱盗集体木材问题的出现是瑶族村规民约产生的直接原因，[1]因此金秀瑶族村规民约产生之初，其中对于生态环境保护的规定是出于制止乱砍、滥伐恣意破坏林木现象的目的。这一时期，为做好封山造林、封河养鱼而制定有专门的村规民约。如 1980 年 3 月 15 日金秀瑶族自治县制

---

〔1〕 参见莫金山编著：《金秀瑶族村规民约》，民族出版社 2012 年版，第 24 页。

定的第一个村规民约《六巷四个生产队关于封山造林、封河养鱼问题的决定》、[1]1980 年 11 月 8 日，原长垌公社制定的《关于保护森林资源、发展林业生产的公约》、[2]1985 年 11 月 22 日大樟乡人民政府制定的《大樟乡关于三江河封山育林的公约》等。[3]其他综合性的村规民约也把保护森林资源作为订约目的之一。如 1984 年 1 月 9 日的《公朗生产队村规民约》在序言中写明："为了保护森林，发展林业生产，造福于民，经全队群众讨论决定，制定本村村规民约如下……"[4]

近年来金秀人民的生态环保意识和法律意识逐渐增强，破坏生态环境的案件已少有发生，生态环保村规民约的修订主要出于改善村容村貌、建设文明卫生新农村的目的。如 2013 年 9 月的《永泉屯村规民约》在序言中明确："为促进我村经济发展，改善村容、村貌，创造清洁、优美的生活环境。村民会议商议，特制定本村民约。"2016 年 2 月 29 日的《六巷乡大岭村村规民约》的序言写明："为了推进我村民主法制建设，维护社会稳定，树立良好的民风、村风，创造安居乐业的社会环境，促进经济发展，建设文明卫生新农村，经村民代表会议讨论通过，制定本村规民约。"

（三）瑶族生态环保村规民约内容上的调整

（1）按功能将山林进行分类保护规定的消逝。20 世纪 80 年代金秀的很多村规民约将所辖林区按功能大致划分为老山、水源山、柴山、风景山和牛场进行保护，上述林地管控严格，一律不准任何单位和个人乱砍滥伐，不准开荒、烧炭，甚至不准村民找笋做菜，外地外村人更是不准乱砍一草一木。下古陈村、大岭尾村还规定本村社员群众因作扁担、锄头柄、鸟枪壳、篱笆柱等生产生活需要少量干柴、小杂木的需要经村委同意，违反上述规定的除了要缴纳罚款外，有的村规民约还责成违反者"毁什么林造回什么林，还要其

---

[1] 莫金山编著：《金秀瑶族村规民约》，民族出版社 2012 年版，第 243~244 页。
[2] 莫金山编著：《金秀瑶族村规民约》，民族出版社 2012 年版，第 167~169 页。
[3] 莫金山编著：《金秀瑶族村规民约》，民族出版社 2012 年版，第 196~197 页。
[4] 莫金山编著：《金秀瑶族村规民约》，民族出版社 2012 年版，第 148 页。

护理 3 年包种包活，恢复原状，3 年后检查验收"。[1]（1982 年 11 月 14 日的《帮家村村规民约》第 1 条第 2 款第 1 项）随着森林保护相关法律法规的颁布实施和金秀自然保护区的划定，金秀的山林主要按《自然保护区条例》《森林法》《森林法实施条例》的规定进行管理、保护，村规民约对老山、水源山、柴山、风景山和牛场的划分及相关保护规定不再适用，不过部分村规民约仍保留了保护水源林、风景林的内容。如 2016 年 2 月 25 日的《平道村村规民约》第 7 条规定："凡属我村所管的水源林木，老残林及封山育林区的林木，一律不准毁林为地、砍柴、烧炭等。"第 10 条规定："美化环境，爱护树木，村边的风景树木，不论是什么树种都不准砍。"对水源林、风景林、经济林之外的林木则通过规定不准乱砍滥伐、注意森林防火进行保护。

（2）维护整洁的村容村貌作为新增内容出现。2013 年广西壮族自治区人民政府开展"清洁乡村·美丽广西"活动，2016 年《广西壮族自治区乡村清洁条例》颁布实施。其中第 13 条明确规定，应当将乡村保洁员的相关规定、村民清扫打理自家庭院、房前屋后卫生的行为规范等乡村清洁的内容写入村规民约。据此，近年来修订的村规民约按照政策法规的要求增加了对村庄环境卫生的规定。如 2018 年的《六巷村六巷屯村规民约》第 7 条规定："搞好公共卫生和村容整洁，人人有责，不准挤用巷道，乱搭乱建，实行门前院外三包。"《忠良乡巴勒村村规民约》第六章第 24~31 条分别从保持道路美化、池子净化、房前屋后清洁整洁、公共设施完好、环境整洁、农田水利沟渠清洁畅通、规范禽畜养殖和用水管理八个方面对村庄环境卫生作出细致的规定。

（四）瑶族生态环保村规民约罚款数额的增加

随着村民经济收入的增加，20 世纪 80、90 年代制定的生态环保村规民约规定的罚款数额已达不到威慑效果，近年来新修订的生态环保村规民约将罚款数额上调。如 1991 年的《平道村村规民约》第 6 条规定因用火不慎造成山林火灾的需如数赔偿损失，并限期补造，

---

[1] 莫金山编著：《金秀瑶族村规民约》，民族出版社 2012 年版，第 264 页。

由失火者负担救火人员每人每天误工费5元;[1]2016年修订的《平道村村规民约》第9条规定失火烧了集体或个人林木的,要以同等树木赔偿1倍至2倍给损失的主人,其他罚款的事由上级处理。1982年的《六巷村村规民约》第6条规定乱砍滥伐的每条竹木罚款2元,第17条规定村民炸鱼、电鱼和大熬鱼的,每炮罚款20元,电鱼罚30元,用石灰大熬罚60元,用茶麸熬罚80元,用农药熬罚100元。[2]2018年修订后的《六巷村六巷屯村规民约》第3条将乱砍滥伐的罚款调整为5000元至10 000元,第4条将炸鱼、毒鱼、电鱼的罚款调整为3000元至5000元。

三、对瑶族生态环保村规民约传承与发展的思考

因社会发展变迁及国家环保法律政策的影响,瑶族生态环保村规民约在传承传统的同时进行了一定的创新发展,但其始终坚持村民自治规约的定位,通过促使村民养成良好的环境保护意识、作为国家环保法律法规的补充这两种方式,在瑶族地区生态环境治理中发挥着不可替代的作用。在农村环境治理中,为充分发挥瑶族生态环保村规民约的优势,我们可考虑建立村规民约汇编制度、避免生态环保村规民约制定的形式化,并利用村民自治的优势,将农村环境治理的先进经验吸收到瑶族生态环保村规民约之中,为瑶族生态环保村规民约注入新活力,保障其在国家法治框架内的发展空间,促进农村环境治理中自治与法治的融合。

(一) 瑶族生态环保村规民约在传承与发展中坚持村民自治规约的定位

通过上文对金秀瑶族生态环保村规民约传承和发展的梳理,我们发现,促使金秀瑶族生态环保村规民约发展的原因有二:首先,为适应社会的发展变迁,金秀瑶族生态环保村规民约在形式、处罚数额等方面主动作出调整,使其在体例结构、语言表述等方面更贴

---

[1] 参见莫金山编著:《金秀瑶族村规民约》,民族出版社2012年版,第173页。

[2] 参见高其才:《习惯法的当代传承与弘扬——来自广西金秀的田野考察报告》,中国人民大学出版社2015年版,第209页。

近现代社会生活，这是金秀瑶族生态环保村规民约为保持自身生命力而进行的自我革新；其次，国家法律政策的影响促使金秀瑶族生态环保村规民约进行制定目的及内容上的发展。瑶族生态环保村规民约虽属于村民自治的范畴，但国家权力已深入到基层社会。"新社会的村规民约很大程度上受国家政权的影响，特别是受乡镇一级党委和政府的制约和影响。"[1]一方面，由于国家森林保护法律法规的完善，生态环保村规民约中与法律规定不相符的内容（诸如将山林按功能进行划分保护的规定）逐渐消逝；另一方面，国家在进行社会治理的过程中重视发挥村民自治的优势，在生态环保村规民约的制定目的及具体内容中体现国家农村环境治理政策。这既为生态环保村规民约注入了时代发展所需要的新活力，又使得国家政策通过生态环保村规民约得以实现。

但无论是瑶族生态环保村规民约的自我革新，还是在国家法律政策影响下的发展，瑶族生态环保村规民约作为村民自治规约的这一定位从未发生改变。金秀瑶族生态环保村规民约采用村民集体商讨的制定方式，以总结当地生态环保经验为规范内容，由村民委员会或执约小组为执行组织，这些都体现着其作为村民自治规约基础属性的特质并没有随着社会的发展变迁及国家法律政策的影响而发生改变，金秀瑶族生态环保村规民约依然作为村民自治的重要手段在农村环境治理中扮演着不可替代的角色。

（二）瑶族生态环保村规民约在农村生态环境保护中发挥着重要作用

金秀瑶族生态环保村规民约中体现的生态环保传统促使金秀人民养成良好的生态环境保护意识，其在文本及作用范围上是国家环保法律法规的有益补充，这为金秀瑶族地区的生态环境保护提供了有力的保障。

在以山高林密为地理环境特征的金秀瑶族地区，出于生态安全考虑，金秀人民十分注重对山林的保护，有着优良的生态环保传统。

---

［1］ 周世中等：《广西瑶族习惯法和瑶族聚居地和谐社会的建设》，广西师范大学出版社 2013 年版，第 48 页。

如六巷乡立于光绪七年（1881 年）的《门头村祖宗古训石牌》写道："村旁四方，画（划）做众山，种木护村，做善积福。"古训石牌的这一规定介绍的是门头村自古以来通过植树来维护村庄生态安全的传统：每年正月初三、初四，或者是到元宵节期间，门头村全村男女老少就上山采新长出来的树苗，移到村周围的空地种植以做好村庄的绿化工作，这一传统自祖先们来门头村定居就传承至今。[1]诸如此类种木护村的传统使金秀人民养成了良好的生态环境保护意识，这是金秀瑶族地区生态环境保护工作得以顺利推进的重要保障。

在文本上，出于国家法律的谦抑性及执法成本的考虑，在法律法规无法触及的层面，瑶族生态环保村规民约细致的规定可作为国家环保法律的有益补充。金秀瑶族生态环保村规民约从村庄公共卫生到各家各户房前屋后清洁提出了全面而具体的要求。《六巷村六巷屯村规民约》第 7 条要求村民"搞好公共卫生和村容整洁"，《三合村村规民约》第 26 条提出村民要"自觉搞好'门前三包'（包环境卫生、包无乱堆放、包绿化），自觉搞好庭院卫生及公共卫生，不倒垃圾、污水、渣土和废弃物，做到视野范围内无白色垃圾"。《合兴村村民公约》第 4 条规定村民要"讲究卫生，认真做好清洁乡村工作，美化环境，不随地吐痰，不乱扔杂物，不乱倒垃圾"。

在作用范围上，金秀瑶族生态环保村规民约明确将自身定位为国家法律的补充。通过对金秀瑶族自治县相关环境执法人员及部分村委会进行访谈，我们了解到，金秀瑶族自治县的环境保护工作在环境立法、执法、司法方面都依据国家法律进行。金秀瑶族生态环保村规民约作为国家法律的补充，适用于未上升到违法层面的小事，在环境保护上其作用方式更多地体现为通过内在的约束促使村民养成良好的环境保护意识。如金秀瑶族自治县森林公安局工作人员向我们介绍的："（环境执法）一般是按照法律规定处理，村规民约运用相对较少。村规的作用主要体现在（环境保护的）宣传方面，如村规中有规定不给电鱼、炸鱼、非法捕捞等内容，作用主要体现在培

---

〔1〕 六巷乡门头村村委访谈录，2020 年 9 月 28 日。

养群众的自觉意识上。"[1]

(三) 未来仍需在法治的框架内保障瑶族生态环保村规民约的发展空间

村规民约是村民自治外观的生成与践行,[2]生态环保村规民约是乡村环境治理中村民自治的实现路径,但是,在国家法律日益普及完善、村民法治意识日益增强的大背景下,在法治的框架内保障瑶族生态环保村规民约发挥作用的空间,以充分实现村民自治并没有得到足够的重视。

在和金秀瑶族自治县相关环保部门工作人员及部分村落村委、村民的访谈中笔者发现,国家法治日益健全完善,而村民自治在生态环保村规民约传承发展中的作用未能充分发挥,生态环保村规民约被漠视、发展空间受到挤压。在环境执法方面,金秀瑶族自治县的环境保护工作依据国家法律进行,环境执法中并不考虑村规的相关规定,金秀瑶族生态环保村规民约并无可发挥作用的空间;在生态环保村规民约的制定方面,出现了制定内容形式化、缺乏针对性及可行性的情况;在生态环保村规民约的宣传普及方面,村民知道村规民约中有关于生态环境保护的规定,但却不能完整地说出具体的内容。可见,村民对当地生态环保村规民约的了解程度还有待提高。

对此,为充分实现乡村环境治理中自治与法治的融合,可考虑从以下三个方面加强对生态环保村规民约的保护与传承:

1. 建立村规民约汇编制度

"民族地区生态环保村规民约大多是作为少数民族村规民约的析出部分而存在",[3]金秀瑶族生态环保村规民约也大多体现于村规民约中。因此,瑶族生态环保村规民约的传承发展必须注重对村规民约的搜集整理。在走访调查过程中笔者发现,金秀瑶族自治县并无统一搜集整理各村村规民约的单位或部门,对村规民约的存档工

---

[1] 金秀瑶族自治县森林公安局工作人员访谈录,2020年9月25日。

[2] 参见张波、顾秀文:"三治融合村规民约与国家法律协同的三维审思",载《东北农业大学学报(社会科学版)》2020年第4期。

[3] 舒松:"民族地区生态环保村规民约的作用机理及其实证分析",载《贵州民族研究》2019年第11期。

作不够重视，一些记载着村规民约的石牌已不知所踪，门头村因村委会办公地址的多次搬迁而将村规民约的档案材料遗失，20 世纪 90 年代分发到各户村民手中的纸质版村规更是难觅踪迹。生态环保村规民约的保存是其得以发挥作用并发展完善的基础，可考虑建立村规民约汇编制度，已生效的村规民约由所在的乡镇政府进行定期汇编。这样不但便于保存，还能为今后的相关研究提供便利。同时，各村村民委员会也应做好村规民约的保存工作，注重对生态环保村规民约的宣传，以发挥其在农村环境治理中的积极作用。

2. 避免生态环保村规民约制定的形式化

近年来许多村庄为应对上级政府部门完善制定村规民约的要求，以顺口溜的形式制定本村的村规民约，各村村规民约内容上也多有雷同之处（如罗香乡《山茶村村规民约》与忠良乡中山村的简约版村规民约），甚至多个村子采用的是同一份村规民约文本（如忠良乡六卜村、六干村、林秀村、双合村），生态环保村规民约也随之形式化，没有体现地方特色，缺乏针对性和可操作性。在生态环保村规民约的制定过程中，政府应根据《村民委员会组织法》第 5 条的规定加强对村民委员会工作的指导、支持和帮助，鼓励村民结合本村实际，针对本村环境保护中存在的问题制定具体可行的生态环保村规民约，真正发挥生态环保村规民约在农村环境保护中的作用。

3. 充分发挥村民自治的优势

近年来为推进乡村文明建设而在乡村地区推行的"卫生清扫保洁制度""'门前三包'保洁制度"对乡村环境卫生提出的具体要求，以及向村民发出的"移风易俗倡议书"中倡导村民破除陋习、弘扬绿色环保的社会风气，都对生态文明建设起着重要的作用。对于这些自上而下推行的政策措施，可以充分利用村民自治的优势，以群众开会讨论的方式，听取群众意见和建议，将卫生保洁制度、移风易俗倡议书中的内容纳入瑶族生态环保村规民约之中，以民主的方式进行乡村环境治理，调动村民的积极性、自主性，同时也能为瑶族生态环保村规民约注入新内容、新活力，以更好地适应时代的发展变迁。

村规民约的司法适用

陈寒非[*]

一、问题的提出

在全面推进依法治国的背景下，基层社会治理法治化对于促进法治建设具有基础性的地位与作用。十八届四中全会通过的《中共中央关于全面推进依法治国若干重大问题的决定》指出"全面推进依法治国，基础在基层，工作重点在基层"，明确要求"推进多层次多领域依法治理……提高社会治理法治化水平"。十八届五中全会公报明确指出，加强和创新社会治理，推进社会治理精细化，构建全民共建共享的社会治理格局。十九届四中全会提出建设社会治理共同体。在基层社会治理中，治理规则体系是由不同类别、不同层级、不同效力的社会规范构成的集合体，除国家法律法规之外，还有乡规民约、市民公约、行业规章等社会规范，这些非正式规则在特定条件下往往具有重要的规范、指引及约束作用。党的十九大提出了实施乡村振兴战略的宏伟目标，"治理有效"就是要加强和创新农村社会治理，加强基层民主和法治建设，健全自治、法治、德治相结合的乡村治理体系。村规民约是当前乡村治理中非常重要的规范资源，是健全自治、法治、德治相融合乡村治理体系的重要载体，是

---

　* 陈寒非，首都经济贸易大学法学院副教授，法学博士。

实现"治理有效"目标的重要着力点。村规民约对加强和创新基层社会治理、提高基层社会治理法治化水平具有极为重要的意义。

2018年2月24日,最高人民法院发布《关于认真学习贯彻〈中共中央、国务院关于实施乡村振兴战略的意见〉的通知》,要求各级人民法院更加充分地发挥职能作用,依法妥善处理乡村振兴战略实施过程中的各类矛盾纠纷,为实施乡村振兴战略提供有力的司法服务和司法保障。司法如何积极应对处理涉村规民约的纠纷是司法保障乡村振兴战略实施的关键。当前,村规民约治理实践中存在诸如村规民约内容违法、侵害村民合法权益等现象,大量涉及村规民约的纠纷(典型如"外嫁女"土地权益纠纷)进入到司法场域,由于制度设计缺失等原因,各地法院处理结果不一(同案不同判),司法救济机制的不健全制约了村规民约的治理功能。在法制统一原则之下,司法实践中"同案不同判"一直是一个重要问题,也引发了学者们诸多讨论。"类案检索机制"作为一种解决方案被提出,但也饱受争议和质疑。村规民约司法适用中的"同案不同判"不同于一般意义上的"同案不同判",后者主要是由于法律规则理解适用不同造成的,而前者则主要由客观适用需要与法源地位缺失共同造成。因此,从法源层面探讨村规民约适用问题也就成了重要的突破点,进而寻找村规民约与现有法源之间的整合路径。

曾经流行社科领域至今仍然发挥重要影响的"国家-社会"二元理论认为,国家法与非国家法之间存在冲突对立,两者之间应该不断缓解和调适。这种理论分析框架是"粗糙"的,因为非国家法的范围十分广泛,包括习惯法、宗族规约、行业规章、村规民约等一切国家法之外的非正式规则,这些非正式规则有些是完全自发形成的,有些则会受到国家法的指导与影响,从而统合国家法与习惯法之间的冲突,在官方与民间共同协商的基础上形成介于自治与他治之间的"第三种治理模式"。本文所讨论的村规民约治理模式就属于这种类型。根据宪法及相关法律的规定,村民通过共同协商并根据治村实际需要拟订村规民约,基层政府则通过指导、审查、备案等方式介入村规民约的拟订过程,官方与民间在此场域相互较量,最终形成介于法治与自治之间的村规民约治理路径,通过法治引导村民自治也就成了可能，这正是当下村级治理法治化的重要方式。

鉴于此，本文以"村规民约司法适用"为研究对象，试图通过司法裁判案例、实证调查资料等分析村规民约司法适用的现状、问题及原因，从制度设计及司法实践层面解决村规民约司法适用难题，这对于当前司法保障乡村振兴战略实施，充分发挥村规民约在乡村治理中的积极作用具有重要的实践价值。与此同时，村规民约司法适用问题的实质是乡村治理中自治权、行政权及司法权之间关系建构及权力配置，这也是"三治融合"中的基础性问题。因此，本文对于当前健全"三治融合"的乡村治理体系具有重要的理论价值。

笔者所在团队于 2013 年 7 月至 2016 年 7 月间先后多次展开调研，调研地区包括北京、浙江、广西、贵州、甘肃、湖南、湖北、山东等省市区，入驻调研的行政村共计 45 个。2017 年 7 至 8 月、2018 年 8 月、2019 年 5 月，笔者又先后到贵州、河南、湖南、青海等地实地调研。所收集的相关研究资料基本上涵括了东南西北中五个区域，既包括发达地区（如北京、浙江等省市），也涵盖了西部欠发达地区（如贵州、云南、甘肃等省份），还有中部地区（如湖南等省份）。因此，本文所选取的研究样本比较具有代表性，能够在不同区域之间进行样本比较研究，获得更为全面的认识。此外，笔者还以"中国裁判文书网"为检索数据库，检索村规民约司法适用相关案例。在"中国裁判文书网"登录检索出现困难时，则选择在"把手案例网"中进行检索，该数据库的案例更新较快，而且与"中国裁判文书网"中录入的案例是一致的。

二、村规民约司法适用的理论基础

（一）村规民约及相关概念

传统乡规民约是县域以下乡民自治的产物，尽管此种自治后来逐渐转变为"官督民治"，但是总体而言仍然属于"民治"范畴。传统乡规民约的发展大体经过了五个阶段：①北宋以前的乡约萌芽时期；②两宋时期为乡约发展时期；③明代为乡约成熟时期；④清代为乡约衰落时期；⑤民国至今为乡约复兴时期。其中《吕氏乡约》对中国乡约自治传统的形成具有十分重要的意义。《吕氏乡约》是由乡民主持，乡民起草，是中国乡约社会实施民治的开端。在《吕氏乡约》产生以前，关于乡治还没有这种自治性组织出现。萧公权先生也指出《吕氏乡约》的积极意义，认为《吕氏乡约》"于君政官治之外别立乡人自治之团体，尤为空前之创制。《乡约》以德业相劝、过失相规、礼俗相交、患难相恤四事为目的。约众公推'约正'以行赏善罚恶之事。此种组织不仅秦汉以来所未有，即明初'粮长''老人'制度之精神亦与之大异。盖宋、明乡官、地保之职务不过辅官以治民，其选任由于政府，其组织出于命令，与乡约之自动自选自治者显不同科也"。[1]吕氏乡约的确是具有创设性的，在中国历史上开启乡民自治传统，尽管这一传统在明清时期逐渐被改造，但是自治对于乡村治理的影响一直存在。此后的《南赣乡约》并不同于《吕氏乡约》《吕氏乡约》创设的自治传统也被放弃，形成了一种"官治""官督民治"传统。

村规民约不同于习惯法，尽管两者之间有一定的重合。习惯可分为事实性习惯和规范性习惯，前者仅指对生活环境、交往模式以及生活技能等方面的事实性描述，后者则是对前者的抽象性表达，具备规则性、普遍性等基本特质。对于后者而言，已经具备"习惯法"的规范性特点，可以认定为"习惯法"。梁治平先生从社会学与人类学的角度对习惯法进行界定，认为"习惯法乃是这样一套地方性规范，它是在乡民长期的生活与劳作过程中逐渐形成；它被用来分配乡民之间的权利、义务，调整和解决了他们之间的利益冲突，并且主要在一套关系网络中被予以实施"。[2]高其才教授在其著作中首先主张对法应该作广义的理解，即"凡是为了维护社会秩序，进行社会管理，而依据某种社会权威和社会组织，具有一定的强制性的行为规范，均属于法范畴体系之列，包括国家制定法与习惯法两类"。因此，"习惯法是独立于国家制定法之外，依据某种社会权威和社会组织，具有一定的强制性的行为规范的总和"。[3]博汉南

---

〔1〕 萧公权：《中国政治思想史》，中国人民大学出版社 2014 年版，第 333 页。

〔2〕 梁治平：《清代习惯法：社会与国家》，中国政法大学出版社 1996 年版，第 1 页。

〔3〕 高其才：《中国习惯法论》（第 3 版），社会科学文献出版社 2018 年版，第 3 页。

认为，习惯与法律的区别就在于是否能够被"双重制度化"[1]，前者是以互惠为基础的，而后者却是"一组约束力的义务，被一方认为是权利，另一方视作是责任"，因而习惯法具备"双重制度化"特征，具有法的属性。可见，上述定义都是从"国家-社会"二元视角下界定"习惯法"。村规民约在制定过程中会对传统习惯法进行吸纳，将不成文的习惯法表述为村规民约，这一过程实际上是将习惯法"制度化"的过程。但是，村规民约并不完全与习惯法一致，或者自然地吸纳习惯法的内容，村规民约更多地体现出"约"的创造性，在一定程度上甚至会通过"约"创造出新的习惯规则。

因此，本文所讨论的"村规民约司法适用"中的"村规民约"主要是指《宪法》和《村民委员会组织法》所规定的村民自治意义上的村规民约，即由村民会议、村民代表会议制定通过的实行村民自治的综合性规范（村民自治章程）、总则性行为规范（村规民约）及特定事项决议等。这些村规民约具有一定的规范性，属于村民自治的产物，在很大程度上被视为乡村治理的"小宪法"。如果司法实践中，村规民约与习惯法重合，那么我们也主要从村规民约意义上讨论适用问题，而不是单纯地从习惯法角度讨论适用问题。因此，本文所论司法适用主要指法院在具体个案中适用村规民约进行裁判的情况，同时也涉及村民、村集体以及行政机关援引的情形。

（二）"三治融合"治理理论

党的十九大报告提出实施乡村振兴战略，提出"产业兴旺、生态宜居、乡风文明、治理有效、生活富裕的总要求"。"治理有效"就是要加强和创新农村社会治理，加强基层民主和法治建设，"加强农村基层基础工作，健全自治、法治、德治相结合的乡村治理体系"，打造共建共治共享的社会治理格局，实现政府治理和社会调节、居民自治良性互动。乡村振兴战略是当前乡村治理的重大理论创新，健全自治、法治、德治相结合的乡村治理体系包括主体、规范及运行三个子系统。

---

〔1〕［美］保罗·博汉南："法律和法律制度"，载［英］马林诺夫斯基：《原始社会的犯罪与习俗》，原江译，云南人民出版社2002年版，第125～138页。

区别于以往乡村治理思路的片面化和碎片化，健全乡村治理体系强调"自治、法治、德治相结合"，这也就意味着乡村治理不再单独依靠某一方面的治理资源，而是在"三治结合"思路指导下整合优化多种治理资源。根据现有治理理念和制度安排，自治、法治、德治三者关系应定位为：法治为保障、自治为基础、德治为支撑。具体言之，"法治为保障"意味着乡村治理要以法治为根本遵循，自治、德治都要在法治框架之下，以法治规范和保障自治、德治；"自治为基础"意味着乡村治理最终要实现村民自我管理、自我教育这一目标，法治和德治都要以自治为基础践行落实；"德治为支撑"意味着乡村治理要以道德规范、习惯规约、人情法则等社会规范来维风导俗，以德治教化和道德约束来支撑自治、法治。那么，如何健全自治、法治、德治相结合的乡村治理体系？笔者认为，"乡村治理"主要包括"谁来治理""依何治理"以及"如何治理"三个方面，其中"谁来治理"指向主体维度、"依何治理"指向规范维度、"如何治理"指向运行维度。本文所讨论的村规民约属于健全自治、法治、德治相结合的乡村治理体系的规范子系统部分。村规民约司法适用问题离不开乡村治理的整体环境，涉及适用主体、适用依据以及适用方式等问题，因而应将其纳入相关理论进行观察。

（三）法律渊源及司法识别

村规民约司法适用问题的本质是村规民约的法源识别问题，如何通过法律渊源理论并结合当前制度框架对村规民约进行法源定位是解决这一难题的关键。根据法律渊源的基本理论，法律渊源可以区分为正式渊源和非正式渊源，当前我国法律的正式渊源包括宪法、法律、行政法规、地方性法规、规章等，非正式渊源包括政策、指导性案例等。从法源划分上，一般认为村规民约属于非正式渊源。但是，如果进一步深入探究，村规民约的制定是属于宪法中基层群众自治组织条款以及村民委员会组织法中赋予村民会议或村民代表会议的制定权限，其类别可视为授权性立法。只不过，当前将其作为村民自治范畴，在应对纷繁复杂的乡村治理情况时，可能无法形成统一的标准，而忽略其法源属性。如果从法源上解决了村规民约的属性问题，那么其司法适用也就不存在问题了。因此，从村规民约来源、性质等角度探讨其法源地位，结合法律渊源理论是一个无法绕开的环节。

从法源视角来看，《民法典》第 10 条规定："处理民事纠纷，应当依照法律；法律没有规定的，可以适用习惯，但是不得违背公序良俗。"《民法典》概括地将习惯法作为民事法的正式法源，即在满足该条所列条件的情况下可以直接援引民事习惯作为民事纠纷的裁判依据。司法识别民事习惯极其重要，是民事规则援引的前提条件。然而，从村规民约的实践来看，不少村规民约将民事习惯进行成文化，从某种意义上来说，村规民约与民事习惯就是同义语，村规民约是民事习惯的具体呈现和文字载体。村规民约与民事习惯之间的内在关系及高度关联性使得村规民约在必要时可通过民事法源途径成为司法裁判援引的规则，民事习惯的司法识别也可以直观地从村规民约入手。

三、村规民约司法适用的基本现状

笔者在"中国裁判文书网""北大法宝""把手案例网"等案例库检索涉及村规民约的裁判文书，并在一些地区法院进行调查。在这些检索数据库中，鉴于"中国裁判文书网"经常出现故障以及北大法宝案例不够全面的情况，笔者又选择以"把手案例网"为主，其他数据库为辅。根据检索及实地调查情况，并对相关的案例进行分析和归类，当前的村规民约司法适用现状可被初步概括如下：

第一，从案件数量来看，裁判文书反映出经济发达地区法院涉及村规民约的案件数量较多，总体案件数量逐年上升。以"把手案例网"为例，以"村规民约"为关键词进行全文检索，共计检索到41 502 篇文书。由于全文检索涉及范围比较广泛，有些仅仅只是在当事人诉称、辩称、诉讼请求等环节提出，不能更为精确地体现出裁判的情况。因此，在检索中进一步将检索范围限定在"裁判要旨"上，这样共检索出 1445 篇文书。这些文书按照裁判年份排列，呈现出上升趋势。[1]

---

〔1〕 笔者对案例数据库的检索时间为 2021 年 2 月 18 日。

图表标题

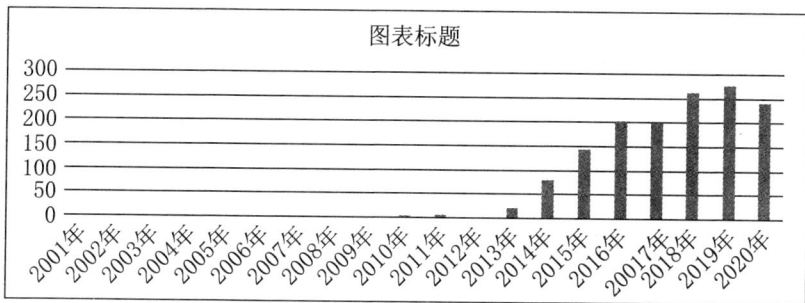

图1 涉村规民约裁判文书数量变化图（2001年至2020年）

第二，从案由来看，主要集中在民事领域（1284件），而行政领域（156件）和刑事领域（5件）相对较少。从审理法院层级来看，主要集中在基层人民法院（共计906件），其次在中级人民法院（439件），高级人民法院最少（10件）。从案件发生地域来看，数量最多的地区是广西壮族自治区（269件），广东省（为268件）、福建省（151件）、湖南省（135件）、海南省（100件）依次排列。由此可见，地域分布上主要集中在南方诸省，北方相对较少。这可能与南方宗族力量较强、村规民约体系相对较发达有关。南方很多农村历史上都有较为成熟的村规民约治理系统，也有着悠久的村规民约治理传统，村规民约在村庄治理过程中发挥着巨大的作用。如笔者曾经调查过的贵州省锦屏县文斗村就是典型的例子。文斗苗寨地处黔东南地区锦屏县西部，在明清时期木业兴盛，以"契"管"业"渐成规俗[1]，勒石刊刻的公约颇多，自古即有"立规治村"的传统。文斗村保存了比较完好的碑刻，立于古寨门旁，记载的都是关于生态、环保以及日常生活方面的村规民约。文斗村这种"立规治村"传统在1998年以来的村规民约中得以延续（1998年《文斗寨村规民约》、2012年《文斗村村民自治合约》与2015年《文斗村村规民约》），通过制定村规民约进行村级治理已经成了文斗村的重要方式。

---

〔1〕 明永乐初年采集"皇木"活动频繁，以黔东南地区锦屏县为中心的清水江流域地区木材贸易兴起，形成了以"契约"为特点的"木商文化"，产生了大量的山林权属买卖转让和佃山造林及山林管理的契约文书。参见锦屏县地方志编纂委员会编：《锦屏县志（1991~2009）》（上册），方志出版社2011年版。

从案件类型来看，主要涉及村民相关权益分配与保障（包括外嫁女土地权益）、自然资源权属确认、村集体履行户口迁移职责、拆迁安置补偿、违法建筑确认以及其他侵犯人身权利或财产权利的案件（如依村规罚款等）。民事案件共计1284件，其中涉及物权纠纷计1155件，涉及合同、无因管理、不当得利纠纷计45件，涉及婚姻家庭、继承纠纷计11件，涉及人格权纠纷计9件，涉及与公司、证券、保险、票据等有关的民事纠纷计3件，侵权责任纠纷计9件。在1155件物权纠纷中，所有权纠纷为842件，用益物权纠纷为280件，物权保护纠纷为32件，其他类型的案件为1件。而在所有权纠纷中，基本上都是侵害集体经济组织成员权益纠纷方面的案件，数量为833件；在用益物权纠纷中，以承包地征收补偿费用分配纠纷案件为主，共计279件（见表1）。检索"中国裁判文书网"同样得出了这样的结果，涉及村规民约的案件中有很大一部分是村规民约侵犯集体经济组织成员权益纠纷案件（见表2），基本上占到基层法院一审涉村规民约案件的一半，基本内容主要集中在合法财产、人身权利及土地征收等方面，而且以民事案由为主。

表1　涉村规民约民事案件具体类型及其数量（件）

案件类型	数量	案件类型	数量	案件类型	数量
物权纠纷	1155	所有权纠纷	842	侵害集体经济组织成员权益纠纷	833
				相邻关系纠纷	4
				共有纠纷	1
				其他	4
		用益物权纠纷	280	承包地征收补偿费用分配纠纷案件	279
				其他	1
		物权保护纠纷	32	具体类型略	32
		其他类型的案件	1	具体类型略	1

案件类型	数量	案件类型	数量	案件类型	数量
合同、无因管理、不当得利纠纷	45	合同纠纷	33	具体类型略	33
		不当得利纠纷	5	具体类型略	5
婚姻家庭、继承纠纷	11	具体类型略			11
人格权纠纷	9	具体类型略			9
与公司、证券、保险、票据等有关的民事纠纷	3	具体类型略			3
侵权责任纠纷	9	具体类型略			9
合　计	1284				

表2　村规民约侵犯集体经济组织成员权益纠纷案件[1]

检索类目 \ 案件类型		涉及村规民约纠纷案件数量（件）	侵害集体经济组织成员权益纠纷案件数量（件）	百分比
基本内容（关键词）	合法财产	8671	5856	67.5%
	人身权利	8102	5532	68.3%
	土地征收	4053	2868	70.8%
民事案由		32 728	21 803	66.6%
基层法院		28 411	15 574	54.8%

　　第三，从适用结果来看，既有裁判观点主要包括五种：

　　（1）直接认定村规民约内容违法侵权，不予支持。例如，在"陈家组、胡某芝农村土地承包合同纠纷"中，一审、二审法院认

———————————

　　〔1〕　表中数据来自于中国裁判文书网，笔者通过检索该数据库获得相关数据。首先进行第一次检索，条件设定如下：全文检索"村规民约"；法院层级"基层法院"；审判程序"一审"。检索类目"关键词"前三项为合法财产（8671件）、人身权利（8102件）、土地征收（4053件）；"法院层级"为基层法院（24 162件）。在第一次检索基础之上进行第二次检索，条件设定为全文检索"侵害集体经济组织成员权益纠纷"，最终检索类目"关键词"总计为15 556件，其中前三项为合法财产（5856件）、人身权利（5532件）、土地征收（2868件）。参见"中国裁判文书网"数据库，访问地址 http://wenshu.court.gov.cn/Index，检索时间：2021年2月18日12时30分~12时50分。

为，胡某芝作为湍河办陈家组成员，其在结婚地未取得承包地的情况下，在湍河办陈家组仍享有承包土地的权利。湍河办陈家组以出嫁女承包土地收回是组里依据"村规民约"等决定的，但农村土地承包，妇女与男子享有同等的权利，任何组织和个人均不得剥夺、侵害妇女应当享有的土地承包经营权，胡某芝虽出嫁，但一直未迁出户口，仍是湍河办陈家组成员，在婆家并未分得承包地，在无法定正当理由情况下，湍河办陈家组以胡某芝出嫁为由收回胡某芝承包地违反法律有关规定，对湍河办陈家组收回土地，依法不予支持。[1] 换言之，法院认为，湍河办陈家组依据村规民约将出嫁女承包地收回的决定是违反法律规定的，村规民约本身的内容违法，侵犯了"外嫁女"胡某芝的合法权益，不予支持。

（2）只要村规民约制定程序合法，且不违反国家法律法规的强制性规定，其效力在本村范围内应获认可。在"章某玮与瑞安市飞云街道章桥村村民委员会、瑞安市飞云街道章桥村经济合作社侵害集体经济组织成员权益纠纷"中，章桥村委会、章桥经合社为贯彻落实国家计划生育基本国策，经村民代表会议表决于 2010 年 10 月 26 日通过了《飞云镇章桥村计划生育利益导向村规民约》，明确规定了在该村规民约通过后，凡违法超生或非法收养子女的村民，在依法缴纳社会抚养费后 16 周年前，该些子女不得作为其家庭参与村集体经济收益分红等利益分配的计算依据，不能参与村集体经济收益分红等利益分配。而章某玮属章桥村计划生育利益导向村规民约颁布后章某肖违法超生，虽缴纳了社会抚养费，取得了户籍，但并不意味着同时取得了村集体经济收益分红等利益分配资格。一审法院、二审法院、再审法院认为，章桥村委会、章桥经合社通过制定村规民约方式对违法超生人员的村集体经济收益分红等利益分配资格进行限制，系村民自治组织对村民集体所有财产的自主管理，内容并不违反法律规定，故对所有集体经济组织成员有均等约束力，支持原审驳回章某玮要求享有章桥村土地征收补偿款的

---

〔1〕《邓州市湍河街道办事处许庄社区居民委员会陈家组、胡某芝农村土地承包合同纠纷二审民事判决书》，河南省南阳市中级人民法院，〔2018〕豫 13 民终 6999 号。

请求。[1]在本案中，人民法院认为，章桥村委会、章桥经合社通过制定村规民约限制违法超生人员的村集体经济收益分红等利益分配资格，这项规定符合国家计划生育政策及相关法律规定，并不存在违反国家强制性法律规定的情况，故应该认可其效力，对章某玮的诉讼请求不予以支持。

（3）侵犯集体经济组织成员权益属于人民法院受理民事案件的范围，人民法院可审查村规民约的效力问题。例如，在"南塘村南西片十五组与唐某霞侵害集体经济组织成员权益纠纷案"中，一审法院认为，南塘村南西片十五组通过村民会议作出的关于唐某霞不具有集体经济组织成员资格的决定是不成立的，应该确认其成员资格。南塘村南西片十五组不服一审法院的判决，认为本村组制定的一系列村规民约是经过村民会议决定的，如被上诉人认为上述村规民约侵害了其合法权益，应向有关行政机关反映并要求处理，该事项不属于人民法院受理民事案件的范围。二审法院认为，被告南塘村南西片十五组未分配原告集体收益款的行为，损害了妇女在农村集体经济组织中的合法权益，而确认集体经济组织成员资格和分得土地补偿款，该案件属于民事案件，属于人民法院受理民事案件的范围。二审法院经审理后认同一审法院对唐某霞的集体经济组织成员的资格认定，认为唐某霞已经具有上诉人南塘村南西片十五组集体经济组织成员资格，理应参与组上集体收益的分配。[2]在这个案件中，一审法院、二审法院都认为确认集体经济组织成员资格案件都属于人民法院受理民事案件的范围，并且都予以受理并都否定了南塘村南西片十五组关于唐某霞集体经济组织成员资格村民会议决议的效力。

（4）村规民约违法的，乡镇政府负有责令改正的法定职责，建议村民向乡镇政府申请处理。例如，小洲经济联合社《小洲经济联

---

〔1〕《章某玮与瑞安市飞云街道章桥村村民委员会、瑞安市飞云街道章桥村经济合作社侵害集体经济组织成员权益纠纷再审民事判决书》，浙江省高级人民法院，〔2015〕浙民提字第 39 号。

〔2〕《上诉人长沙市望城区大泽湖街道南塘村南西片十五村民小组与被上诉人唐某霞侵害集体经济组织成员权益纠纷一案二审民事判决书》，湖南省长沙市中级人民法院，〔2017〕湘 01 民终 3984 号。

合社股份章程》规定 2002 年 7 月 31 日拥有小洲经济联社合理在册农业户口人员才有权拥有责任地劳动股、人口股股份。简某华在 2001 年 9 月 3 日因读书将户口迁出，2002 年 7 月 31 日股份确定日其户口不在小洲村，按照章程规定不能享受配股。简某华的股权分配资格问题涉及村自治章程以及村规民约的理解和适用，简某华参照《村民委员会组织法》第 27 条之规定，就股权分配及村民待遇问题已经向小洲经济联社所在的华洲街道办事处申请行政处理以及进行了相应的行政诉讼。华洲街道办事处于 2017 年 11 月 29 日作出华洲街街处字〔2017〕1 号《行政处理决定书》认为简某华因上学迁户后仍然具有小洲经济联社成员资格，有权与小洲经济联社其他成员平等地享有分配待遇。二审法院广东省广州市中级人民法院对华洲街道办事处的行政处理结果予以认可，认可简某华的小洲经济联社成员资格。[1]街道办事处（有些案件中是乡镇政府）对违反村规民约行使责令改正权，人民法院对于未经行政仅责令改正的案件，一般也会建议当事人先向所在乡镇政府或街道办事处申请责令改正。如果当事人已经经过行政机关责令改正，那么人民法院就会直接认定行政决定的效力。在本案中，简某华已事先向街道办事处申请行政处理并进行了行政诉讼，街道办事处已经作出了确认其成员资格的行政决议，人民法院对此予以认可，支持了简某华的上诉请求。这实际上是将确认成员资格的权限转给了行政机关，人民法院并不直接进行确认，以否定村规民约的效力。

（5）村规民约涉及村民自治问题，不属于人民法院受理范围，持此观点的案件较多。在"汪某、王某一与被告遵义市红花岗区长征镇沙坝村向阳村民组侵害集体组织经济成员权益纠纷案"中，一审法院认为，沙坝村向阳村民组就本村民享受村民组资产收益分配条件召开村民会议并经村民进行表决通过，是村民组自我管理，村民自治的体现，根据《村民委员会组织法》第 27 条"村民会议可以制定和修改村民自治章程、村规民约，并报乡、民族乡、镇的人民

---

[1]《广州市海珠区华洲街小洲经济联合社、简某华侵害集体经济组织成员权益纠纷二审民事判决书》，广东省广州市中级人民法院，〔2019〕粤 01 民终 948 号。

政府备案。村民自治章程、村规民约以及村民会议或者村民代表会议的决定不得与宪法、法律、法规和国家的政策相抵触，不得有侵犯村民的人身权利、民主权利和合法财产权利的内容。村民自治章程、村规民约以及村民会议或者村民代表会议的决定违反前款规定的，由乡、民族乡、镇的人民政府责令改正"之规定，对被告沙坝村向阳村民组制定的村民享受资产收益分配条件中存在的问题，如果违反了宪法、法律、法规和国家政策的规定，存在侵犯村民的人身权利、民主权利和合法财产权利，应当由乡、民族乡、镇人民政府责令改正，而不应当属于人民法院的受案范围。[1]在此案件中，沙坝村向阳村民组就本村民享受村民组资产收益分配已召开村民会议并经村民代表会议表决通过，已经形成有效的村民会议决议，这是村民进行自我管理，行使村民自治权的体现。由于村民会议决议属于村民自治范畴，故一审法院认为确认村民自治决议之效力不属于人民法院的受案范围，而建议由乡、民族乡、镇人民政府责令改正。

总体而言，如果村规民约制定程序不合理，或者内容违法，抑或在实施过程中侵犯了村民的合法权益，权益受到侵害的村民该如何寻求救济一直是村规民约实践中比较常见也比较棘手的问题。大多数村规民约对此均没有明确规定救济途径，以至于现实中村民的合法权益无法得到有效保障，甚至引发村民上访等群体性事件。[2]

---

〔1〕《汪某、王某一与被告遵义市红花岗区长征镇沙坝村向阳村民组侵害集体组织经济成员权益纠纷一审民事裁定书》，遵义市红花岗区人民法院，〔2016〕黔0302民初5679号。

〔2〕长期以来，因村规民约限制出嫁女、招郎女在宅基地划分、股份分配和集体福利等方面的合法权益，使其不能享受与村民同等待遇而不断引发上访事件，这已经成为基层信访维稳工作的重点案件。2012年，全国妇联系统受理农村妇女土地权益问题投诉9970件次，比上年增长16.8%，其中绝大多数发生在土地征用补偿分配阶段，出嫁、离婚或丧偶妇女权益难以得到保障。（参见"全国妇联：土地确权应保障妇女享有的权利"，载《中国妇女报》2013年3月9日。）目前对于涉及妇女土地权益受侵的案件，绝大多数地区的法院拒绝受理，上访成了"农嫁女"维护土地权益的主要途径。相关研究可参见王晓莉、李慧英："城镇化进程中妇女土地权利的实践逻辑——南宁'出嫁女'案例研究"，载《妇女研究论丛》2013年第6期；张笑寒："村民自治背景下农村妇女土地权益流失问题研究"，载《中国土地科学》2012年第6期。

在村规民约内部救济缺乏的情况下，村民针对涉村规民约的纠纷就会涌入人民法院。正如我们前面所看到的，目前人民法院在司法实践中关于村规民约的适用存在多种裁判结果。

四、村规民约司法适用存在的问题

（一）司法适用中"同案不同判"

尽管目前大多数村规民约对救济途径均没有作出规定，但相关法律制度提供了救济方案。《村民委员会组织法》第 27 条第 2、3 款规定："村民自治章程、村规民约以及村民会议或者村民代表会议的决定不得与宪法、法律、法规和国家的政策相抵触，不得有侵犯村民的人身权利、民主权利和合法财产权利的内容。村民自治章程、村规民约以及村民会议或者村民代表会议的决定违反前款规定的，由乡、民族乡、镇的人民政府责令改正。"该条规定表明，如果村民会议制定的村规民约内容违法且侵犯村民合法权益，村民可以向乡镇政府寻求救济，乡镇政府具有责令改正的权力和义务。也就是说，如果村规民约违法且侵犯村民合法权益，村民仅有一条行政救济途径——乡镇政府责令改正，而无法通过诉讼方式直接向人民法院寻求救济。虽然《村民委员会组织法》第 36 条赋予了人民法院"撤销权"，但是这项权利的行使仅仅适用于"村民委员会或者村民委员会成员作出的决定侵害村民合法权益"的情形。此时，"受侵害的村民可以申请人民法院予以撤销，责任人依法承担法律责任"。由于村规民约的制定主体是"村民会议"，而不是"村民委员会或者村民委员会成员"。因此，如果村规民约内容违法侵权则无法适用该法第36 条请求人民法院行使撤销权，被侵害村民面临无法通过司法途径获取救济的尴尬境地。（见表 3）

表 3　村规民约与村委决定侵权的救济方式比较

侵权原因	制定主体	救济主体	救济方式
村规民约	村民会议/村民代表会议	乡镇政府	责令改正
村委会或其成员决定	村委会或者村委会成员	人民法院	予以撤销

　　然而，由于法律没有就村规民约侵权纠纷设计出明确的司法救济途径，因此导致各地各案裁判结果不统一。从前文总结的中国裁判文书网、把手案例网收录的案件中我们可以看出，当前各地法院处理"村规民约侵害集体经济组织成员权益纠纷"的裁判结果主要有两类：一是人民法院基于《村民委员会组织法》第 27 条第 2 款，《妇女权益保护法》第 30 条、第 32 条、第 33 条等法律的规定，对村规民约中违法内容直接认定无效，这种处理方式在当前司法实践中较为常见；[1]二是人民法院认为村规民约是村民会议或村民代表会议决议（不是村委会或其成员决议，无法根据《村民委员会组织法》第 36 条行使撤销权），属于村民自治范畴，其是否违反民主议定程序、是否侵犯村民的合法利益，不属于人民法院民事受案范围，当事人可以向有关行政机关反映并要求处理，人民法院依法判决驳回诉讼请求。[2]对于第一类处理结果，人民法院即使判决被侵害村民胜诉，在执行过程中也会遇到强大阻力，面临"执行难"的问题。对于第二类处理结果，人民法院一般会建议被侵害村民向乡镇政府等有关行政机关反映并要求处理，如果乡镇政府对村规民约审查备案存在过错或没有对违法村规民约行使责令改正权，被侵害村民则可以针对乡镇政府作出的具体行政行为提起行政复议或行政诉讼。如果乡镇政府责令改正内容违法的村规民约，被侵害村民则可据改正后的村规主张相应的权益。尽管法律设计了乡镇政府等行政机关的行政救济途径，但是这种行政救济途径至今缺乏完备的程序，实施效果较差。文斗村自 1998 年到 2015 年并没有出现因村规违法并侵犯村民合法权益而向乡镇政府寻求行政救济的情况，即使是黔东南苗族侗族自治州下属的各乡镇也很少有此类案件。

　　在行政救济难以实现的情况下，司法救济渠道又是否通畅呢？

〔1〕 代表性案件可参见《李某芝、何某某与长沙市望城区金山桥街道金山桥社区姚塘组侵害集体经济组织成员权益纠纷一审民事判决书》，湖南省长沙市望城区人民法院，[2014] 望民初字第 01003 号。

〔2〕 代表性案件可参见《梁某贤、陈某精等与柳州市柳北区马厂村民委员会、柳州市柳北区马厂村民委员会第三村民小组侵害集体经济组织成员权益纠纷一审民事裁定书》，广西壮族自治区柳州市柳北区人民法院，[2015] 北民一初字第 526 号。

中国裁判文书网、把手案例网收录的案件表明，当前司法救济渠道同样也存在问题。一个最大的障碍就是，人民法院所行使的"撤销权"并不适用于由村民会议制定的村规民约，仅能适用于村民委员会及其成员作出的违法决定。为什么司法救济渠道会如此"狭窄"呢？这可能涉及司法权与自治权之间的关系问题，抑或司法审查问题。无论涉及何种关系或问题，司法都应该成为村规民约侵权时的救济渠道，这也是由司法的功能及特点决定的。[1]最高人民法院曾经试图为农村土地承包纠纷案件法律适用问题提供指导意见。根据最高人民法院《关于审理涉及农村土地承包纠纷案件适用法律问题的解释》第22条之规定："农村集体经济组织或者村民委员会、村民小组，可以依照法律规定的民主议定程序，决定在本集体经济组织内部分配已经收到的土地补偿费。征地补偿安置方案确定时已经具有本集体经济组织成员资格的人，请求支付相应份额的，应予支持。但已报全国人大常委会、国务院备案的地方性法规、自治条例和单行条例、地方政府规章对土地补偿费在农村集体经济组织内部的分配办法另有规定的除外。"从该条可以看出，集体经济组织可以根据法律规定的民主议定程序决定分配土地补偿费。但该条仅规定为可以，而非规定集体经济组织应当对土地补偿费进行分配，也就是说该集体经济组织有权决定该土地补偿费是否进行分配，该决定事项属于集体经济组织内部公共事务管理问题，属于村民自治之范畴，不属于人民法院受理范围。另据该解释第1条第3款之规定："农村集体经济组织成员就用于分配的土地补偿费数额提起民事诉讼的，人民法院不予受理。"也就是说，对集体经济组织成员以其认为应分得的补偿费数额提起诉讼的，其实质上是对土地补偿费数额不服，同样不属于人民法院的受理范围。这两个条文实际上为因村规

---

[1] 事实上，司法实践中因村规民约少分或不分出嫁女、招郎女或离婚、丧偶妇女土地征收补偿费等村民自治纠纷案件，全国各地已有不少法院开始尝试受理并且还作出了有利判决来保护村民合法权益（如前引［2014］望民初字第01003号案件）。另可参见近年一些媒体报道的类似案件，如"'出嫁女'未迁户口可获土地补偿款——湖南长沙开福法院判决唐燕诉伍家岭村委会等侵害集体经济组织成员权益纠纷案"，载《人民法院报》2015年4月2日。

民约侵害集体经济组织成员权益纠纷"关上了司法救济的大门",理由就是司法机关不能干涉村民自治权。无论是通过村规民约将具有该集体经济组织成员资格的村民排除在分配范围之外而产生的纠纷,还是因分配方案实行差别待遇产生的纠纷,都属于村民自治事项,不属于人民法院受案范围。职是之故,最高人民法院认为"农村集体经济组织成员资格问题事关广大农民的基本民事权利,属于立法法第42条第(一)项规定的情形,不宜通过司法解释对此重大事项进行规定"[1],从而建议全国人大常委会作出立法解释或者相关规定。如此一来,村规民约侵害集体经济组织成员权益纠纷无法通过通畅的司法渠道顺利地获得救济成了横亘在村规民约司法适用道路上的一个巨大障碍。

除此之外,村规民约在司法适用过程中还存在诸如回避村规民约效力之审查,即法院适用村规民约大多存在于个案场合,多数法院不对村规民约的效力进行明确认定,只在个案中进行法律适用的取舍;限缩适用范围的妥协退让,如法院对《村民委员会组织法》第27条第2款中"国家法"范围进行限缩,对村规民约内容进行合法性审查,存在选择性裁判问题;建议责令改正将矛盾转移,法院在处理涉村规民约纠纷时,较少依职权进行审查,而是基于《村民委员会组织法》第27条第3款建议当事人向乡镇政府申请责令改正,再针对乡镇政府履行责令改正的情况提起行政诉讼。这些问题实际上都指向"裁判结果多元化问题",裁判结果多元化与这些问题生成的逻辑是一致的。

(二)裁判结果执行难

从现有的案件情况来看,凡是涉及村规民约适用的司法案件大都发生于村庄内部熟人之间。如果法院直接适用村规民约,作出支持主张村规民约效力一方的决定,法院针对侵权村规民约的裁判结果还存在"执行难"问题,这是阻碍村规民约司法适用的现实障碍。一般而言,在执行方面,基层人民法院法官们多数认为强制力

---

[1] 辛正郁:"关于审理涉及农村土地承包纠纷案件司法解释的理解与适用",载《人民司法》2005年第9期。

（32.75%）和当事人自觉（38.18%）是执行的关键因素，尽管最近的几年，由于审判/执行的职权分立，人民法庭的法官已经不需要考虑太多执行问题，但其对于执行的认识立场在很大程度上也在其审判和调解过程中体现出来。纠纷调解的最大化要求法官在执行中强调启发当事人的自觉性，而一旦进入诉讼程序，依靠的又是强制力，只有在极少的情况下法官才会选择通过基层的权威（乡绅阶层或者政府干部等）或者其他力量来帮助完成执行工作。要做到"息事宁人"，靠当事人自觉执行是最理想的方式，但也离不开法院背后的国家强制力。[1]

在"南塘村南西片十五组与唐某霞侵害集体经济组织成员权益纠纷案"中，该案于2017年8月8日二审终结，"驳回上诉，维持原判"。一审的裁判结果是支持唐某霞的诉讼请求，认定其具有集体经济组织成员资格，因而作出"冻结担保人胡某在中国建设银行名下账户存款17 000元（账号为62×××66）"和"冻结被申请人长沙市望城区大泽湖街道南塘村南西片十五村民小组银行存款或现金17 000元"两项民事裁定决议。[2]然而，在二审判决作出之后，被执行人长沙市望城区大泽湖街道南塘村南西片十五村民小组迟迟不履行生效法律文书确定的义务。因此，二审法院先后于2018年1月30日和2018年7月26日作出执行裁定书。2018年1月30日作出的执行裁定书内容为"冻结、划拨被执行人长沙市望城区大泽湖街道南塘村南西片十五村民小组银行存款20 000元；或扣留、提取其数额相当的其他收入；或查封、扣押其价值相当的财产"[3]。在第一次执行裁定书送达后，被执行人与申请执行人和解，被执行人迫于压力支付了相应的土地分配利益，于是申请执行人向二审法院申请请求撤销执行申请。2018年7月26日二审法院作出执行裁定书，终结本院

[1] 张永和、洪磊等：《小江县人民法庭观察报告》（未刊稿）。

[2] 《唐某霞与长沙市望城区大泽湖街道南塘村南西片十五村民小组侵害集体经济组织成员权益纠纷一审民事裁定书》，湖南省长沙市望城区人民法院，[2017]湘0112民初305号。

[3] 《唐某霞与长沙市望城区大泽湖街道南塘村南西片十五村民小组侵害集体经济组织成员权益纠纷执行裁定书》，湖南省长沙市望城区人民法院，[2018]湘0112执81号。

[2018] 湘 0112 执 81 号案件的执行。[1]

在一些"外嫁女"[2]的案件中，即使法院否认村规民约中内容违法的相关条款的效力，但是执行时也颇费力气。原因在于，"外嫁女"并不在本村居住，而土地等收益分配决议作出时"外嫁女"一般都不会参与，同时受到传统农村继承顶业传统文化之影响，"外嫁女"在利益分配时会被排斥。如果分配"外嫁女"相应的利益份额，那么其他村民的利益分配额度就会受到一定的影响，因而会受到几乎是全体村民的一致抵制。在此种情况下，尽管人民法院作出了有利于"外嫁女"的判决，但是在执行过程中却会遭受阻拦，"执行难"问题十分突出。不少地方法院都集中力量解决"外嫁女"纠纷的"执行难"问题，并作为主要成绩进行宣传。[3]

五、解决村规民约司法适用问题的对策建议

村规民约在推进村级治理法治化方面具有极其重要的作用，村规民约司法适用是通过村规民约实现村级治理法治化的重要途径。一方面，村规民约为村级治理提供了制度依据，这种制度依据不仅最大限度地传承了乡村传统习惯，而且还充分吸收国家法及现代法治价值与理念；另一方面，村规民约为村级治理提供了行动依据，村民委员会及其成员、村民以及乡镇政府在村规民约之下开展活动，村民自治在村规民约下有序推进、有章可循。当前，通过村规民约推进村级治理法治化是切实可行的，而且也是符合乡村法治建设实际情况的，因为这种方式能够有效调和自治与法治、习惯法与国家法之间的紧张对立。

---

[1] 《唐某霞与长沙市望城区大泽湖街道南塘村南西片十五村民小组侵害集体经济组织成员权益纠纷执行裁定书》，湖南省长沙市望城区人民法院，[2018] 湘 0112 执 81 号之一。

[2] 本文中"外嫁女"主要指，因婚姻关系变更而离村离家的妇女、因未参与承包地分配和无法参与宅基地指标分配而丧失成员资格的外嫁女、嫁给城镇居民但未改变户籍的妇女，以及长期外出打工的妇女等。

[3] 如"海南澄迈法院高效执行　保障外嫁女合法权益"，载《海南日报》2018 年11 月 23 日；"'外嫁女'胜诉村委会却未履行判决　海南澄迈法院院长专门召开案情分析会促和解"，载 http://fzsb. hinews. cn/html/2019-05/28/content_ 3_ 1. htm，2019 年 5 月28 日最后访问。

当前，村规民约司法适用问题产生的根本原因在于法律制度不健全，导致涉村规民约纠纷的司法救济渠道不通畅，其具体表现在如下四个方面：①村规民约法源定位不明确。村规民约是宪法框架下基层群众自治制度运行之结果（宪法授予之自治权），尽管与习惯法存在交叉（习惯法"双重制度化"），但不同于习惯法。《民法典》第10条将"习惯"纳为正式法源，但是村规民约成为正式法源尚存疑问。②法院撤销权设计存在缺陷。《村民委员会组织法》第36条规定了人民法院"撤销权"，但此仅限于村委会及村委会成员作出的侵权决议，而村规民约由村民会议及村民代表会议制定通过（并非村委会及村委会成员制定），故人民法院无权撤销村规民约。③自治权、行政权及司法权之冲突。村规民约司法适用涉及自治权、行政权及司法权，三项权力之间的关系不清晰，实践中时常存在冲突。如法院对村规民约合法性进行司法审查仅限于个案，无法普遍性运用直接纠正村规民约。④村规民约司法适用程序不健全。涉及村委会性质认定与管辖（行庭、民庭）、抽象性规范之审查、审查范围（自治事项）、纠正方式等程序性事项并不明确。本文结合村治实际与问题进行对策分析，试图提出切实可行的解决方案。

（一）明确村规民约制定主体

涉村规约的纠纷大多都是制定过程存在问题，制定过程中村民参与的广泛程度决定了村民自治决议的效力认可度。一些涉村规民约的纠纷（如"外嫁女"权益）被诉至法院后，当事人提出的一个重要理由就是村规民约在制定的过程中自己并未参与表决和讨论，制定过程中村民委员会按照其身份直接将其排斥在外。根据《村民委员会组织法》第27条第1款的规定："村民会议可以制定和修改村民自治章程、村规民约，并报乡、民族乡、镇的人民政府备案。"法律明确授权村民会议制定或修改村规民约，也就是说，村民会议是制定修改村规民约的唯一主体。虽然该法第25条规定"人数较多或者居住分散的村，可以设立村民代表会议，讨论决定村民会议授权的事项"，但是这并不意味着村民代表会议就可以替代村民会议成为村规民约的合法制定主体。再者，由于针对村民代表会议的产生、性质、地位及职责等问题法律并没有明确规定，因而导致其在实践中难以操作。[1]

从笔者调查的文斗村等村庄的实践来看，当前村民代表会议所讨论的问题大体包括两大类：一是政务类，指各级政府下达的法律法规规定的村民应当履行的各项义务。二是村务类，指村民代表会议在村民会议闭会期间，经村民会议授权后行使一些职能，如听取、审议村委会年度工作报告；审议通过本村社会发展、村庄建设规划和年度工作计划；批准较大公共事务和公益事业项目建设方案；改变撤销村委会不适当决定；村建规划的实施和宅基地安排使用；本年度发展规划和财务计划执行情况；落实人口和计划生育工作中的重大问题；等等。上述两类内容属于村治过程中面临的具体事项，而诸如罢免、补选村民委员会成员和制定村民自治章程、村规民约事项则属重大事项，则不宜由村民代表会议决定，而应提交村民会议进行表决。这种解释也符合《村民委员会组织法》第23、24、25条的立法精神。第23条列举的村民会议可以授权村民代表会议审议、评议及撤销变更的事项，以及第24条列举的村民会议可以授权村民代表会议讨论决定的事项，显然属于一般性的具体事项，而不包括制定村规民约等重大事项。

由村民代表会议表决通过村规民约还存在村民代表的"代表性"问题。村规民约不同于普通的合同或民事契约，而是较为特殊的"社会契约"。它基于村民集体让渡部分权利而形成，其内容涉及每个村民在村庄共同体内的基本权利和义务，是村庄共同体的"小宪法"。如果通过村民代表会议来表决通过，而未经过全体村民共同讨论，村规民约势必很难获得其他村民的认可，其执行性也存在问题，极有可能出现"少数人决定多数人权益"的现象。更何况，村民代表的流动性较大，难以充分体现基层民主。因此，在村级治理法治化过程中，应该严格遵守《村民委员会组织法》的规定，限制扩大村规民约制定主体范围，严格由村民会议制定。当然，在农村"空

---

[1] 村民代表会议在实践中面临的最大问题就是操作困难，如村民代表会议召开不规范（召开会议较为随意），村民代表人员不固定（多以户为单位，户数及户主的变化会导致人员的变化），村民会议授权村民代表会议事项不易掌握（授权事项及其标准不统一）等问题。

心化"背景下，村民会议可以选择在春节返乡期间或者通过信息化方式进行讨论表决。尤其需要注意的是，对于一些具有特殊身份的群体（如"外嫁女"等），村规民约在制定时不能排斥其参与，而应该让其参与讨论，允许其提出不同的意见。这样才能避免涉村规民约纠纷的产生，使得村规民约成为大家都能接受的自治规范。

（二）完善村规民约备案审查

从表面上看，尽管当前村规民约表现出从"弱法治"到"强法治"的转变，但是其中仍然存在违法内容，这也是涉村规民约纠纷产生的根源。笔者在东中西部一些农村进行田野调查时也发现，当前各地村规民约内容违法现象相对较为普遍。笔者认为，当前要妥善解决这一问题，应该进一步完善村规民约备案审查机制。《村民委员会组织法》第 27 条第 1 款仅规定村规民约应报乡镇人民政府备案，而未规定审查权限。因此，这也就导致乡镇政府在实践中大多只是在"事后"（村规民约制定后）的消极备案存档，而不进行"事前"（村规民约制定前）的积极审查。除此之外，"乡政村治"模式下乡镇政府与村民委员会之间的"暧昧关系"也使得乡镇政府对村民委员会主导制定的村规民约并不进行真正的审查，甚至以政府法制部门事先制定的村规民约范本指导辖区内行政村村规民约的制定[1]，以至于审查流于形式，无法真正实现村民自治。正因为如此，进一步完善备案审查机制首先应该明确乡镇政府的备案审查权限及程序。乡镇政府不应该只是事后备案，而更重要的是事前审查，因此需要在《村民委员会组织法》中明确事前审查权限，防止"只备案不审查"的现象出现。

此外，应规范备案审查的程序。从文斗村村规民约备案审查实践来看，1998 年村规民约没有审查，"制定出来后交给乡镇政府一份就行了"（易遵发语）；2012 年、2015 年村规民约制定出来后则进行了备案审查。2015 年村规民约修订程序大体经过了四个阶段：组

---

〔1〕 笔者在调查浙江省丽水市黄田镇 27 个村时发现，这些村的村规民约内容基本上是一致的，大同小异，很明显是根据政府提供的村规民约范本稍加修改而制定。这种情况在许多乡村较为普遍，一般是县乡政府为了应付上一级行政机关检查而制定范本，提供给辖区内行政村。参见《浙江丽水黄田镇村规民约汇编》，资料编号 010040。

织准备→宣传发动→讨论修订→报备归档。其中，在组织准备阶段，组织成立由村两委、村民代表、寨老等共同组成了村规民约修订领导小组。在宣传发动阶段，利用村务公开栏、网络媒体及入户发动等方式向村民宣传村规民约拟修订的主要内容、基本程序及重大意义等，发动村民积极参与讨论。在讨论修订阶段，第一步由村两委商议组成村规民约起草小组；第二步由起草小组组织座谈会，深入农户征求意见，并对各类意见进行整理归类，提交村两委会议讨论审查，形成村规民约初稿；第三步则对村两委会议通过的初稿进行张榜公示，对公示过程中村民提出的意见进行整理归纳，提交村两委会议讨论后形成村规民约草案；第四步，村两委组织召开村民会议，对村规民约草案表决通过，表决后及时全村公告。在报备归档阶段，由村委会将表决通过的村规民约报送至"河口乡村规民约备案小组"，该小组由乡镇政府、乡人大领导，司法所、民政办、妇联、人口计生办等部门共同组成。村规民约审查备案小组对报送备案的村规民约进行审查，经审查发现问题则向村委会提出整改意见，村委会收到整改意见后重新组织修订村规民约；如经审查没有问题的村规民约及相关修订资料，则由领导小组整理归档保存。

文斗村 2015 年村规民约制定程序显示，备案审查工作主要被安排在第四阶段（报备归档阶段），即由村委会将经村民会议讨论修订且表决通过之后的村规民约报送"河口乡村规民约备案小组"。小组审查后有"通过"与"不通过"两个结果。如果"通过"则由小组备案归档，如果"不通过"则发回村委会整改后重新报备。这种程序设计在当前其他农村地区较为常见，其缺陷也是十分明显的，此处审查是对已由村民会议表决通过的村规民约的审查，属于典型的"事后审查"，难以发挥审查备案程序应有的监督功能。因此，笔者认为应在第三阶段（讨论修订阶段）设计审查程序，即由乡镇政府牵头组成的村规民约备案审查小组对村规民约草案进行审查，审查通过后再由村民会议表决通过。与此同时，保留第四阶段对村规民约的审查，作为备案再审程序。当前，备案审查的主体应进一步扩充，吸收司法行政人员、基层法官、律师、法学专家等法律工作者为备案审查小组成员，严格审查违法内容。村规民约由村民会议讨论后表决通过，其制定过程本身就是贯彻落实基层民主的过程，因此其实施过程也应充分体现出基层民主。执约小组组成人员主要包括村民委员会成员、村民代表及寨老，其中村委会成员经过民主选举产生，村民代表以户为单位挑选公道正派的"户主"担任，寨老则是村寨每个房族中德高望重的男性。执约小组综合了法理型权威、传统型权威等多种权威类型，调动了村寨中一切治理力量，各种主体之间能够相互监督，可以取得较好的执约效果。如果只由村民委员会执约，则容易造成个别村委干部的意见独断，执约效果也可能会不太理想。因此，在村规民约执行过程中应充分发挥执约小组的主导性作用，以执约小组为执约主体。与此同时，村民委员会与执约小组之间的关系应被界定为监督与被监督关系，即村民委员会对执约小组的执约决定可以进行监督，如果发现错误执行决定或者执约行为可以责令执约小组及时纠正，或发现执约小组成员有违法行为，可以提起相关程序请求更换执约小组成员。除此之外，村民委员会应该充分尊重执约小组的执约决定和执约行为，不得强行干预或恣意违反。

(三) 合理构建村规民约司法适用机制

村规民约由村民共同商议制定，在很大程度上反映出了地方习惯与村情民意，由于这种"自治性"的存在，村规民约内容违法并侵犯村民合法权益的现象较为常见。针对这一问题，按照当前制度设计，并没有较为切实可行的救济渠道，无论是乡镇政府行政救济渠道还是人民法院司法救济渠道均需进一步设计完善。由于村规民约是当前农村地区最为主要的自治性规范，规定了农村日常生活的方方面面，涉及面十分广泛，因此当前很多农村基层纠纷多属涉村规民约纠纷。如果村规民约侵权救济渠道不畅通就容易导致纠纷的扩大化，直接影响到村级治理法治化进程，因此我们需要进一步畅通救济渠道，尤其是要合理构建村规民约司法适用机制。

(1) 规范村规民约侵权的乡镇政府责令改正权。《村民委员会组织法》第 27 条明确规定了乡镇人民政府的"责令改正权"，但是这项权力的行使缺乏具体细则，在实践中行使方式极不规范，从而导致行政救济大多流于形式。因此，需要进一步规范乡镇人民政府责令改正权的行使方式。所谓责令改正，是指行政主体责令违法行为人停止和纠正违法行为，以恢复原状，维持法定的秩序或者状态，具有事后救济性。《村民委员会组织法》援引此项权力作为村规民约侵权救济方式，其背后的逻辑是：一方面，将乡镇人民政府视为行政村的上一级行政管理机关；另一方面，试图通过行政权防范、监督、纠正自治权的滥用行为。然而，行政村并非乡镇政府的下一级行政机关，也不是行政相对人，而是基层群众自治性单位，其在法理上与乡镇政府之间并不存在上下级隶属性关系。在后农业税时代，其与乡镇政府之间的关系实际上更为松散。责令改正权所隐含的上下级关系及其逻辑遭遇到极大的挑战，如果责令改正权行使过当，则会导致行政权过度干预自治权，会在一定程度上限制自治权的行使；如果责令改正权怠于行使，又会导致自治权滥用的现象发生。正因为如此，对责令改正权进行准确定位并规范其行使范围与方式至关重要。当前乡镇政府的责令改正权不同于一般行政权中的责令改正权，而应该界定为"自治监督权"。其行使主体为乡镇人民政府，程序启动可由村民申请也可由乡镇政府依职权，责令对象应为村民会议，行使范围主要是对村规民约违法内容的监督与纠正，行使方式以建议劝导为主且不宜具有强制性，明确应责令改正的村规具体内容，同时可以提出改正措施及建议。

（2）规范村规民约侵权的司法适用机制。当前，村规侵权面临司法救济缺位问题，通过司法渠道获取救济缺乏相关法律依据，涉及司法权与自治权之间的关系。如果行政权能对自治权进行监督及纠正，那么同属于国家权力的司法权也应该可以对自治权行使过程进行监督，更何况司法权是保障社会正义实现的最后一道防线，对于村民自治权利的保障及实现具有极其重要的意义。依据上文的讨论可知，当前在村规侵权的场合，司法救济渠道主要有两个处理结果：人民法院直接认定村规违法内容无效和以不属于人民法院民事受案范围为由判决驳回诉讼请求。尽管第一种处理方式在当前法律制度框架下可能涉及司法违宪审查问题（村民自治权是宪法赋予的政治权利，村规民约是基于村民自治权制定的规范），但这种处理方式在司法实践中较为常见，解决了村民因村规侵权寻求司法救济的现实需要问题。因此，在某种意义上来说，村规侵权的司法救济具有强烈的现实需求，构建村规民约司法适用机制迫在眉睫。笔者认为，村规民约司法适用首先需要解决村民自治权的性质问题。村民自治权既是一项宪法性权力，同时也是一项宪法性权利，具有权力与权利双重属性。就村庄共同体内部而言，村民自治权可以视为一种权力，即"村民自治体"[1]在行政村内部通过制定村规民约行使管理职能，村民自治"多数决"规则可能会侵犯其他村民的合法权益，这也就要求司法权、行政权适度介入自治领域，防止自治权的滥用。就村庄共同体外部而言，村民自治权可以被视为一项"村民自治体"的基本权利，村民自治权在行政村外部独立行使，不受行政权、司法权等国家权力的恣意干预，这也就要求行政权、司法权等国家权力在自治领域中保持一定的谦抑性。因此，在村规民约侵犯村民合法权益时，村民自治权是一种权力，为了防止权力被滥用，司法权可以介入监督。

此外，村规民约司法适用需要解决诉讼主体问题。在当前涉及村规民约侵犯村民合法权益的诉讼中，原告一般是被侵权村民，被告则是村民委员会或村民小组等，究竟以谁为被告较为混乱。村规民约是由村民会议制定的，村民会议为非常设机构，实践中无法将其作为被告；村民委员会虽然主导推进村规民约的制定和实施，但并非村规民约的制定主体，同样无法作为被告；村民小组是在村民委员会下设立的行政编组，本身不具有独立的法人资格，也不是村规民约的制定主体。司法实践中，村民委员会与村民小组作为被告出现往往是在代行农村集体经济组织职能的情形下，此时两者才具有农村集体经济组织的法人资格。鉴于此，笔者认为，在当前涉及村规民约侵权纠纷中，需要理清村民委员会、村民会议、村集体三者之间的关系，可考虑当村规民约侵犯集体经济组织成员权益时将

---

〔1〕 有学者认为，村民自治既不是村民个人自治，也不是村民委员会自治，而是作为自治主体的全体村民的自治，村民自治就是指一村全体村民的整体。参见崔智友："中国村民自治的法学思考"，载《中国社会科学》2001年第3期。

村集体作为被告。村民自治体对内行使自治权（权力），村规民约的缔约双方为"全体村民"与"村民个人"[1]，此处的"全体村民"并不是民事主体，也不是行政主体。然而，"全体村民"的构成基础和前提是村民身份，这种村民身份的获取与村集体成员资格的取得一致（以户籍所在地为判断标准），村集体经济组织成员也就是村民，村民基于出生自动成为村集体经济组织成员。实践中，村规民约侵权纠纷多数属于村集体经济组织与村民个体之间的纠纷，村集体作为一方诉讼主体也符合客观现实。村集体的产生并非基于契约，而是基于《宪法》《农业法》等法律的规定，即村集体经济组织是我国农村集体经济制度的主要组织形式，可以将其视为具有公法人性质的经济法主体，而非基于民事合同产生的民事主体。因为，民事主体产生的前提是有民事契约存在，而村规民约的制定只需要村民会议过半数通过即可，并不是每一个村民合意的结果，显然并不具备民事契约的意思自治本质，未表决同意的村民对已通过村规民约的服从是基于国家法的强制性规定。村民会议、村民委员会、村集体之间的关系在于，村民会议是村集体内部的权力机关，村委会是村集体决策的执行机关，村集体对外则是独立法人，其有独立的财产、有完整的组织机构、能独立承担相应的法律责任。

最后，村规民约司法适用应该明确村规民约的渊源效力问题。从法的渊源角度进行考察，村规民约直接来源于《宪法》《村民委员会组织法》等法律法规的明文授权，村民会议根据宪法法律的授权制定村规民约，只要制定过程遵循了法定程序且内容合法，就具有法律效力。村规民约的法律渊源地位的确定与习惯法一致。习惯是指人们在长期的生产、生活中俗成或约定所形成的一种行

---

[1] 文斗村 2005 年村规民约讨论稿草案开头部分规定："甲方：河口乡文斗村全体村民；乙方：文斗村 组 广。为维护本村生产、生活秩序，实现村民安居乐业，根据《中华人民共和国村委员组织法》《中华人民共和国民法通则》《中华人民共和国婚姻法》等有关法律规定和上级建设社会主义新农村有关方针政策，结合本村实际，经全体村民会议讨论，甲乙双方平等自愿协商，签订如下约定。"参见《文斗村村规民约（讨论稿）》（2005 年 12 月），资料编号 0100571。

为规范。[1]习惯法来自于习惯，但与其有本质的不同，习惯法属于国家法的范畴，由国家特定机关对社会上已经存在的规范上升为法律规范，赋予其法律效力，从而使其得到国家强制力的保障；习惯则为一般的社会规范。我国宪法和法律法规规定习惯在特定情况下经国家认可成为习惯法而具有正式的法律渊源地位，《民法典》第10条概括式地承认了习惯的正式法源地位。村规民约基于村民自治而产生，因而在很大程度上对村庄固有习惯予以吸收，其内容的很大一部分是对传统习惯进行"双重制度化"[2]。村规民约中所吸纳的固有习惯，很有可能经过国家法认可而成为作为正式法律渊源的习惯法。此外，更为重要的是，村规民约本身不仅由宪法法律明确授权制定，而且还通过国家法的认可成为正式的法律渊源。高其才教授在对地方性法规、民族自治地方自治条例和单行条例、经济特区法规、地方政府规章等规范性法律文件中村规民约、乡规民约的规范情况进行系统考察后认为，地方法规规章关于村规民约、乡规民约的规范涉及乡村治理的政治、经济、社会、文化诸领域，包括村民自治、农村治安、农村自然资源保护与利用、农村环境保护、农村公共事务、农民权益保护、农村纠纷解决等方面，较为全面地调整乡村社会关系，维护乡村社会秩序，促进乡村经济社会发展和农民生活水平提高。[3]这些国家法规范对村规民约部分内容予以认可，进而使后者可以作为乡村治理的重要依据，被国家法认可的村规民约应该可以成为正式法律渊源。如此一来便能够妥善地解决村规民约司法适用难题。对于作为正式法律渊源的村规民约，司法机

---

〔1〕 高其才教授认为，习惯法区分为"国家法意义"与"非国家法意义"两种情形。国家法意义上的习惯法不同于习惯，仅指经国家法认可的习惯，具有正式法的渊源地位；非国家法意义上的习惯法与习惯并无二致，是指独立于国家制定法之外，依据某种社会权威和社会组织，具有一定的强制性的行为规范的总和，具有非正式法的渊源地位。参见高其才：《中国习惯法论》（第3版），社会科学文献出版社2018年版，第3页。

〔2〕 习惯转化为习惯法是第一次制度化，从习惯法上升为村规民约是第二次制度化，故为"双重制度化"。参见陈寒非："从一元到多元：乡土精英的身份变迁与习惯法的成长"，载《甘肃政法学院学报》2014年第3期。

〔3〕 高其才："通过村规民约的乡村治理——从地方法规规章角度的观察"，载《政法论丛》2016年第2期。

关可以直接适用；如果内容违法，司法机关则可根据解决法的效力冲突的一般原则进行处理，村规民约不得与上位法相冲突，对于违法冲突部分司法机关可以不适用，并且可以提出司法建议，由乡镇政府责令村民会议修正。

总之，从国家法律法规层面解决村规民约司法适用的制度性障碍，借鉴规范性文件附带审查制度，建立对村民会议或村民代表会议制定的村规民约进行附带审查。进一步完善《村民委员会组织法》第36条人民法院的"撤销权"内容，即对村民委员会依据村规民约作出侵权决定时，村民在提请撤销的同时可以一并提出审查村规民约合法性。围绕村规民约的宪法基础以及村规民约与习惯法之间重叠交叉的情况，在现有制度框架下解决村规民约法源地位问题，这是解决村规民约司法适用难题的关键。从具体操作实践层面进一步完善村规民约司法适用相关程序细则，具体包括村规民约的管辖、被告确定、审查主体、审查内容、审查范围以及举证责任分配等方面。司法是最后一道防线，应以多个层面畅通村规民约司法适用的渠道。

结　论

在全面推进依法治国背景下，基层社会治理法治化对于促进法治建设具有基础性的地位与作用。村规民约对加强和创新基层社会治理、提高基层社会治理法治化水平具有极为重要的意义。实证研究发现，当前村规民约司法适用总体上呈现出如下特点：从案件数量来看，裁判文书反映出经济发达地区法院涉及村规民约的案件数量较多，总体案件数量逐年上升。从案由来看，主要集中在民事领域，而行政领域、执行领域和刑事领域相对较少。从审理法院层级来看，主要集中在基层人民法院，其次在中级人民法院，高级人民法院最少。从案件发生地域来看，主要集中在南方（如广东、广西、海南、湖南等省、区），北方相对较少。从案件类型来看，基本上是侵害集体经济组织成员权益纠纷方面的案件，其次则是承包地征收补偿费用分配纠纷案件。从适用结果来看，既有的裁判观点主要包括五种：①直接认定村规民约内容违法侵权，不予支持；②只要村规民约制定程序合法，且不违反国家法律法规的强制性规定，其效力在本村范围内应予认可；③侵犯集体经济组织成员权益属于人民法院受理民事案件的范围，人民法院可审查村规民约的效力问题；④村规民约违法的，乡镇政府负有责令改正的法定职责，建议村民向乡镇政府申请处理；⑤村规民约涉及村民自治问题，不属于人民法院受理范围，持此观点的案件较多。

"同案不同判"是村规民约司法适用中存在的最大问题。当前，各地法院处理"村规民约侵害集体经济组织成员权益纠纷"的裁判结果主要有两类：一是人民法院基于《村民委员会组织法》第27条第2款，《妇女权益保护法》第30、32、33条等法律的规定，对村规民约中违法内容直接认定无效，这种处理方式在当前司法实践中较为常见；二是人民法院认为村规民约是村民会议或村民代表会议决议（不是村委会或其成员决议，无法根据《村民委员会组织法》第36条行使撤销权），属于村民自治范畴，其是否违反民主议定程序、是否侵犯村民的合法利益，不属于人民法院民事受案范围，当事人可以向有关行政机关反映并要求处理，人民法院依法判决驳回诉讼请求。对于第一类处理结果，即使人民法院判决被侵害村民胜诉，在执行过程中也会遇到强大阻力，面临"执行难"的问题。对于第二类处理结果，人民法院一般会建议被侵害村民向乡镇政府等有关行政机关反映并要求处理，如果乡镇政府对村规民约审查备案存在过错或没有对违法村规民约行使责令改正权，被侵害村民则可以针对乡镇政府作出的具体行政行为提起行政复议或行政诉讼；如果乡镇政府责令改正内容违法村规民约，被侵害村民则可据改正后的村规主张相应的权益。

造成上述问题形成的原因在于：①村规民约法源定位不明确。村规民约是宪法框架下基层群众自治制度运行之结果（宪法授予之自治权），尽管与习惯法存在交叉（习惯法"双重制度化"），但不同于习惯法。《民法典》第10条将"习惯"纳为正式法源，但是村规民约成为正式法源尚存疑问。②法院撤销权设计存在缺陷。《村民委员会组织法》第36条规定了人民法院撤销权，但此仅限于村委会及村委会成员作出的侵权决议，而村规民约由村民会议及村民代表大会制定通过（并非村委会及村委会成员制定），故人民法院无权撤销村规民约。③自治权、行政权及司法权之冲突。村规民约司法适用涉及自治权、行政权及司法权，三项权力之间的关系不清晰，实践中时常存在冲突。如法院对村规民约合法性进行司法审查仅限于个案，无法普遍性运用直接纠正村规民约。④村规民约司法适用程序不健全。涉及村委会性质认定与管辖（行庭、民庭）、抽象性规范之审查、审查范围（自治事项）、纠正方式等程序性事项并不明确。本文结合村治实际与问题进行对策分析，试图提出切实可行的解决方案。

解决村规民约司法适用问题的对策建议。

（1）明确村规民约制定主体。应该严格遵守《村民委员会组织法》的规定，限制扩大村规民约制定主体范围，严格规定由村民会议制定。当然，在农村"空心化"背景下，村民会议可以选择在春节返乡期间召开或者通过信息化方式进行讨论表决。尤其需要注意的是，对于一些特殊身份的群体（如"外嫁女"等），村规民约在制定时不能排斥其参与，而应该让其参与讨论，允许其提出不同的意见。这样才能避免涉村规民约纠纷的产生，使得村规民约成为大家都能接受的自治规范。

（2）完善村规民约备案审查程序。进一步完善备案审查机制首先应该明确乡镇政府的备案审查权限及程序。乡镇政府不应该只是事后备案，而更重要的是事前审查，因此需要在《村民委员会组织法》中明确事前审查权限，防止"只备案不审查"的现象出现。应在讨论修订阶段设计审查程序，即由乡镇政府牵头组成的村规民约备案审查小组对村规民约草案进行审查，审查通过后再由村民会议表决通过。与此同时，保留第四阶段对村规民约的审查，作为备案再审程序。当前，备案审查的主体应进一步扩充，吸收司法行政人员、基层法官、律师、法学专家等法律工作者为备案审查小组成员，严格审查违法内容。

（3）合理构建村规民约司法适用机制。

首先，村规民约司法适用需要解决村民自治权的性质问题。村民自治权既是一项宪法性权力，同时也是一项宪法性权利，具有权力与权利双重属性。就村庄共同体内部而言，村民自治权可以被视为一种权力，即"村民自治体"在行政村内部通过制定村规民约行使管理职能，村民自治"多数决"规则可能会侵犯其他村民合法权益，这也就要求司法权、行政权适度介入自治领域，防止自治权的滥用。就村庄共同体外部而言，村民自治权可以被视为一项"村民自治体"的基本权利，村民自治权在行政村外部独立行使，不受行政权、司法权等国家权力的恣意干预，这也就要求行政权、司法权等国家权力在自治领域中保持一定的谦抑性。

其次，村规民约司法适用需要解决诉讼主体问题。当前，涉及村规民约侵权纠纷需要理清村民委员会、村民会议、村集体三者之间的关系，可考虑当村规民约侵犯集体经济组织成员权益时将村集体作为被告。村民自治体对内行使自治权（权力），村规民约的缔约双方为"全体村民"与"村民个人"，此处"全体村民"并不是民事主体，也不是行政主体。然而，"全体村民"的构成基础和前提是村民身份，这种村民身份的获取与村集体成员资格的取得一致（以户籍所在地为判断标准），村集体经济组织成员也就是村民，村民基于出生自动成为村集体经济组织成员。实践中，涉及村规民约侵权纠纷多数属于村集体经济组织与村民个体之间的纠纷，村集体作为一方诉讼主体也符合客观现实。村集体的产生并非基于契约，而是基于宪法、涉农法律的规定，即村集体经济组织则是我国农村集体经济制度的主要组织形式，可以将其视为具有公法人性质的经济法主体，而非基于民事合同产生的民事主体。因为，民事主体产生的前提是要有民事契约存在，而村规民约的制定只需要村民会议过半数通过即可，并不是每一个村民合意的结果，显然并不具备民事契约的意思自治本质，未表决同意的村民对已通过村规民约的服从是基于国家法的强制性规定。

最后，村规民约司法适用应该明确村规民约的渊源效力问题。从法的渊源角度进行考察，村规民约直接来源于《宪法》《村民委员会组织法》等法律法规的明文授权，村民会议根据宪法法律的授权制定村规民约，只要制定过程遵循了法定程序且内容合法，就具有法律效力。村规民约的法律渊源地位的确定与习惯法一致。《民法典》第 10 条概括式地承认了习惯的正式法源地位。村规民约基于村民自治而产生，因而在很大程度上对村庄固有习惯予以吸收，其内容中有很大一部分是对传统习惯进行"双重制度化"。村规民约所吸纳的固有习惯，很有可能经过国家法认可而成为正式法律渊源的习惯法。地方法规规章关于村规民约、乡规民约的规范涉及乡村治理的政治、经济、社会、文化诸领域，包括村民自治、农村治安、农村自然资源保护与利用、农村环境保护、农村公共事务、农民权益保护、农村纠纷解决等方面，较为全面地调整乡村社会关系，维护乡村社会秩序，促进乡村经济社会发展和农民生活水平提高。这些国家法规范对村规民约部分内容进行认可，作为乡村治理的重要依据，被国家法认可的村规民约应该可以成为正式法律渊源。对于作为正式法律渊源的村规民约，司法机关可以直接适用；如果内容违法，司法机关则根据解决法的效力冲突的一般原则进行处理即可，村规民约不得与上位法相冲突，对于违法冲突部分司法机关可以不适用，并且可以提出司法建议，由乡镇政府责令村民会议修正。

司法裁判中的村规民约
——以"中国裁判文书网"相关文书为对象

池建华*

引　言

充分发挥村规民约在乡村治理中的积极作用，是完善村民自治制度、加强法治乡村建设的重要路径。作为具有明确法律根据的行为规范，村规民约由村民共同约定、共同遵守、共同执行，其内容涵盖社会治安、婚姻家庭、公共事业、邻里关系、家庭环境卫生管理、纠纷解决、违约处理等乡村社会生活的诸多方面。村规民约的核心是村民的权利义务关系，权利义务关系意味着利益的分配和平衡。由于乡村社会具有复杂性、多样性，基于村规民约同样也会引发村民之间、村民与村民委员会之间的利益冲突、矛盾纠纷，除了依靠乡村社会内部协商、调解等机制解决处理之外，政府、公安机关、人民法院等外部组织或者个人也是解决乡村矛盾纠纷的重要渠道。其中，作为国家审判机关，人民法院通过行使审判权，依赖国家权威和司法的终局性，在乡村社会矛盾纠纷解决过程中发挥着越来越重要的作用。由此，村规民约也以不同的形式出现在了司法裁

＊　池建华，南京农业大学人文与社会发展学院法律系副教授，法学博士。基金项目：本文系国家社科基金青年项目"乡规民约在健全乡村治理新体系中的功能研究"（编号：19CFX015）的阶段性成果。

判过程中，这也引起了学界的关注。

当前，学界的研究主要围绕"村规民约的司法适用"或者"村规民约的司法审查"这两个论题展开，并取得了一些成果。[1]但是"司法适用"或者"法律适用""司法审查"能否适用于"村规民约"，这是一个需要研究和分析的前置性问题。司法适用通常指的是"国家司法机关根据法定职权和法定程序，具体应用法律处理案件的专门活动"。[2]本文认为，村规民约在司法裁判中的体现不能以"村规民约的司法适用"来概括，村规民约不是当代中国的正式法律渊源，人民法院在裁判活动中不能直接选择适用村规民约，而是体现为在司法裁判中对村规民约某些内容进行援引的基础上审查该内容的合法性。而关于"司法审查"，广义上是指法院等具有司法审判性质的机构通过司法程序来审查和裁决立法、行政机关的立法行为、行政行为合法与否的活动，其核心是公权力的相互制约、相互衡平。而我国乡村治理中的村规民约是由村民共同议定和遵守，属于村民自治的范畴，并且村规民约的类型多样、内容广泛，法院对村规民约的审查在形式和实质上都不符合"司法审查"。因此，本文试图首先对当前我国司法裁判中村规民约的存在或者体现形式进行梳理和分析，考察司法裁判实践中法院对涉村规民约不同类型案件的处理方式，分析当前司法裁判与村规民约的关系。

一、司法裁判文书中村规民约的基础统计分析

认识和分析司法裁判中的村规民约，司法过程或者司法裁判文书是直接、客观的材料来源。对司法过程的观察，需要全程参与，并且也是会局限于个案，对研究者而言，该研究方法存在一定的困

---

[1] 相关研究，可参见：胡若溟："国家法与村民自治规范的冲突与调适——基于83份援引村民自治规范的裁判文书的实证分析"，载《社会主义研究》2018年第3期；谭万霞："村规民约：国家法与民族习惯法调适的路径选择——以融水苗族村规民约对财产权的规定为视角"，载《法学杂志》2013年第2期；管洪彦："村规民约认定农民集体成员资格的成因、局限与司法审查"，载《政法论丛》2012年第5期；刘志刚："民事审判中的村规民约与基本权利"，载《中国人民大学学报》2010年第5期；侯猛："村规民约的司法适用"，载《法律适用》2010年第6期。

[2] 高其才：《法理学》（第3版），清华大学出版社2015年版，第304页。

难。司法裁判文书是对人民法院审理过程和结果的记录，是基于诉讼活动过程而产生的法律结果的载体，其能确定和分配当事人之间实体权利义务关系，能够直观反映案件纠纷案件的大致事实，为学术研究提供了诸多便利。《最高人民法院裁判文书上网公布暂行办法》于 2013 年 7 月正式实施。据此，除法律规定的特殊情形外，最高人民法院生效裁判文书将全部在最高人民法院政务网站的"中国裁判文书网"（www. court. gov. cn/zgcpwsw）上公布。2016 年 8 月 29 日，最高人民法院发布《最高人民法院关于人民法院在互联网公布裁判文书的规定》，自 2016 年 10 月 1 日起施行。自此，"中国裁判文书网"是全国法院公布裁判文书的统一平台，全国范围内的各级人民法院开始在互联网公布裁判文书，开启了我国司法公开、透明的新篇章。截至 2021 年 3 月 7 日 15：39，"中国裁判文书网"共公开文书 116 088 783 篇。其中，民事文书 71 620 537 篇，刑事文书 10 058 220 篇，行政文书 3 132 836 篇，赔偿文书 140 592 篇，执行文书 30 473 066 篇，其他文书 663 532 篇。这些数量巨大的司法裁判文书既是司法公开透明的体现，也为学术研究开展提供了丰富的材料来源。本文以"中国裁判文书网"所公开的与村规民约相关的裁判文书为主要文书来源，同时也注重通过实地调研搜集相关材料，对村规民约在司法裁判中的体现及其功能进行初步分析。

根据"中国裁判文书网"所设置的检索使用方式，我们主要运用"高级检索"，包括输入"案由、关键词、法院、当事人、律师"等。需要说明的是，"村规民约"是《村民委员会组织法》明确规定的名称，但在实践中也有"乡规民约""村规"等不同的表达。村规民约是一个晚近出现的概念，历史上的通常用法是"乡规民约"或者"乡约"。如今的"村规民约"实际上已经早已成了一个法律概念。同时，在很多情况下，"乡规民约"与"村规民约"的含义一致。基于研究需要，本文主要考察"村规民约"与"乡规民约"两类。我们于 2021 年 2 月 1 日以"村规民约"和"乡规民约"为"高级检索"的条件，在"中国裁判文书网"进行了检索。其中，以"村规民约"为条件，我们共检索到 43 402 篇文书；以"乡规民约"为条件，我们共检索到 2454 篇文书；以"村规民约"和"乡规民约"为共同条件，我们共检索到758篇文书。

（一）与"村规民约"相关司法裁判文书的数量分析

对于检索结果，"中国裁判文书网"给出了不同的区分类型，主要有"关键字""案由""法院层级""地域及法院""裁判年份""审判程序""文书类型"等。其中，在搜索结果中，"关键字"是按照不同的纠纷类型内容进行区分，是权利义务关系的直接反映，关于"村规民约"的关键词区分为以下35类。

表1　涉村规民约司法裁判文书中的关键字

序号	关键字	关键字数量
1	合法财产	15 783
2	人身权利	14 594
3	驳回	8174
4	土地征收	7057
5	离婚	5627
6	第三人	3987
7	给付	3465
8	股权	3419
9	股份	3403
10	宅基	3155
11	本案争议	2943
12	原始取得	2901
13	程序合法	2819
14	土地承包经营权	2594
15	财产权	2260
16	宅基地	1995
17	男女平等	1885
18	承包经营	1874
19	授权	1461

序号	关键字	关键字数量
20	合同	1232
21	返还	1222
22	婚姻	1199
23	处分	1168
24	利息	1134
25	不动产	1123
26	强制性规定	1102
27	变更	1048
28	侵权行为	1047
29	股	1039
30	管辖	985
31	缺席判决	909
32	不予受理	848
33	承包合同	839
34	传唤	806
35	传票	802

"中国裁判文书网"给出的"关键字"区分实际上在一些文书中存在着交叉。例如，"股权""股份"和"股"。但总体上也大致反映了所有裁判文书涉及的纠纷内容，为对裁判文书后续研究提供了切入点。

在"案由"方面，裁判文书主要分为"刑事案由""民事案由""执行案由""国家赔偿案由""行政案由"五类，根据"村规民约"，共检索出 40 401 篇。其中，涉及村规民约的"民事案由"最多，为 32 291 篇，约占 79.9%；其次为行政案由，为 7615 篇，约占 18.8%；接下来依次是刑事案由（359 篇）、执行案由（90 篇）和国家赔偿案由（10 篇）。而在关于"审判程序"的具体分类中，除"管辖案件"有 7 篇文书之外，"民事案件"有 35 267 篇文书，

"行政案件"有7603篇文书,"刑事案件"有373篇文书,"国家赔偿与司法救助案件"有30篇文书,"执行案件"则有122篇文书。据此,我们可以看出村规民约主要体现在民事诉讼中,反映出基于村规民约而产生的纠纷主要涉及人身财产等民事关系。这也说明村规民约主要规范乡村社会民事生活,而发生在乡村社会的刑事纠纷或者刑事案件则主要是由公安、检察院等机关负责。

在村规民约涉及的法院层级层面,"基层法院""中级法院""高级法院""最高法院"皆有,"中国裁判文书网"共统计出43 350篇。其中,基层法院数量最多,为28 039篇,约占64.7%;中级法院数量次之,为13 729篇,约占31.7%;涉及高级法院的有1549篇,约占3.6%;最高人民法院作出的裁判文书数量最少,仅有33篇。上述数量对比是对我国两审终审审级制度的反映,基层人民法院和中级人民法院处理的案件数量最多,但也不排除在某些情形下,高级人民法院和最高人民法院会以审判监督、批复等形式介入。

在地域法院方面,除香港、澳门、台湾之外,其他31个省级行政区都公开了与村规民约相关的裁判文书,涉及西藏自治区的裁判文书虽然数量最少,但也有2篇。此外,新疆维吾尔自治区高级人民法院生产建设兵团分院也公开了5篇文书。在裁判年份方面,各级法院公开的文书范围涉及2000年至2021年,其中2000年最早,有1篇文书。并且,从2014年开始,各级法院公布的文书普遍在4000份以上。目前,涉及2019年的文书数量最多,共有9302篇。

而在具体的文书类型方面,"中国裁判文书网"所公布的43 402篇文书中,判决书有34 267篇,约占78.9%;裁定书有9116篇,约占21.0%;通知书有16篇;调解书、决定书、其他则各有1篇。

(二)与"乡规民约"相关司法裁判文书的数量分析

"乡规民约"主要是我国历史上有关"村规民约"的通用名称,同时在当下也被使用,其含义与"村规民约"一致,这也反映在相关司法裁判文书中。根据"乡规民约",在"中国裁判文书网",我们共检索出2454篇文书,下面将对其数量做一简单分析。而在理论分析部分,本文不区分"村规民约"与"乡规民约",而是做综合性考察,强调二者在实质内容方面的一致性。

在 2454 篇包含"乡规民约"这一词语的裁判文书中,"中国裁判文书网"在关键字筛选方面,也提供了 35 个关键字的结果,这些关键词在裁判文书中出现的数量较多,如下表。

表 2 涉乡规民约司法裁判文书中的关键字

序号	关键字	关键字数量
1	驳回	472
2	土地征收	246
3	传唤	244
4	合法财产	234
5	人身权利	218
6	利息	218
7	传票	213
8	合同	213
9	原始取得	198
10	宅基地	173
11	第三人	168
12	离婚	165
13	利率	164
14	本案争议	164
15	土地承包经营权	162
16	强制性规定	141
17	给付	141
18	程序合法	132
19	返还	128
20	股份	121
21	承包经营	118
22	所有权	90
23	变更	87

序号	关键字	关键字数量
24	婚姻	84
25	承包合同	78
26	缺席判决	72
27	不动产	69
28	清偿	67
29	宅基	64
30	合同约定	63
31	处分	61
32	男女平等	61
33	股权	60
34	宅基地使用权	59
35	民间借贷	58

35个关键字大部分属于民事领域，也符合案由统计，涉及民事案由的裁判文书有1736篇，涉及行政案由的裁判文书有282篇，涉及刑事案由裁判文书有22篇，涉及执行案由的裁判文书有2篇，涉及国家赔偿案由的裁判文书有1篇。而在适用的审判程序方面，2454篇文书分为六种类型，分别是管辖案件、刑事案件、民事案件、行政案件、国家赔偿与司法救助案件、执行案件。其中，适用民事程序的裁判文书有2133篇，约占86.9%；适用行政诉讼程序的裁判文书有279篇，约占11.4%，这两个审判程序覆盖绝大部分。其他四类所占比例不大，刑事案件文书有22篇，管辖案件文书有11篇，执行案件文书有5篇，国家赔偿与司法救助案件文书有4篇。

在公开涉及乡规民约裁判文书的地域法院方面，除最高人民法院有2篇文书公开外，其他文书覆盖其他30个省级行政区，仅有宁夏回族自治区法院公开的文书没有与乡规民约直接相关的内容。在裁判年份方面，目前公开的涉及乡规民约的裁判文书最早年份是2009年，有4篇文书，其后至2010年，每年都有相关文书公开。在具体的裁判文书类型方面，判决书依然数量最多，所占比例最大，有 2185 篇，约占 89.0%；裁定书有 267 篇，约占 10.8%；通知书仅有 2 篇。

以"村规民约"和"乡规民约"为共同搜索词，我们在"中国裁判文书网"共搜到 758 篇文书。由于这 758 篇文书涵盖在分别以"村规民约"和"乡规民约"搜索结果之中，此处不再进行数据分析，不过这些裁判文书也说明在当前的司法裁判实践中，"村规民约"与"乡规民约"这两个词语是通用的，二者的含义基本一致，都是指存在于乡村社会之中，由村民共同订立和遵守的行为规范。

不同于国家制定或认可的法律法规，村规民约的制定和实施本质上属于村民自治的范畴。人民法院在司法裁判中对村规民约的引述首先是被动性的，这符合司法的被动性特征，并且只有在当事人主动提请人民法院对村规民约的内容合法性进行审查时，人民法院才会根据法律法规审查村民委员会或者其他组织根据村规民约作出的具体行为是否侵犯了当事人的合法权益，并会综合平衡村民自治与国家权力的界限。在当前法律框架中，村规民约的备案和内容要求，目前主要体现在《村民委员会组织法》第 27 条："村民会议可以制定和修改村民自治章程、村规民约，并报乡、民族乡、镇的人民政府备案。村民自治章程、村规民约以及村民会议或者村民代表的决定不得与宪法、法律、法规和国家的政策相抵触，不得有侵犯村民的人身权利、民主权利和合法财产权利的内容。村民自治章程、村规民约以及村民会议或者村民代表会议的决定违反前款规定的，由乡、民族乡、镇的人民政府责令改正。"根据该条，村民会议可以制定和修改村规民约，并报乡、民族乡、镇的人民政府备案。村规民约不得与宪法、法律、法规和国家的政策相抵触，不得有侵犯村民的人身权利、民主权利和合法财产权利的内容。村规民约违反法律法规的，由乡、民族乡、镇的人民政府责令改正。该条也是涉村规民约类裁判文书中最重要的法律根据，此条虽然并没有直接提及人民法院如何处理关于村规民约的争议，但是在全面依法治国进程中，司法在保障人民群众合法人身财产权利方面的功能是不能被忽视的。如果村民认为自己的合法权利因村规民约而受到侵犯，村民则有权向人民法院提起诉讼，由人民法院根据法律规定和法定程序，裁判是否受理该案件以及应当如何裁判。下文即以裁判文书为材料基础，初步分析村规民约在裁判文书中的不同体现形式，以及人民法院是如何处理围绕村规民约而引发的相关争议、纠纷。由于涉及村规民约的司法裁判文书数量巨大，本文主要选择具有代表性的案例，并做简要论析。

二、管辖类裁判中法院对涉村规民约案件的处理

诉讼管辖权是法院司法裁判的前置条件，解决的是各级法院之间以及不同地区的同级法院之间对于民事案件、刑事案件、行政案件等各类案件的管辖范围问题。涉及村规民约的纠纷也存在是否属于法院管辖的问题，这是必须予以首先处理的诉讼事务，其核心焦点即是村民自治范围的界定。村民自治事务涵盖乡村社会生活的方方面面，法律法规本身也不能直接规范这些社会生活，这也是村民自治存在和发展的社会基础。村民委员会、农村集体经济组织是当前我国农村地区最重要的两种村级组织，《民法典》赋予这两种组织"特别法人"的法律地位。同时，对于未设立专门村集体经济组织的乡村地区，村民委员会可以依法代行村集体经济组织的职能。村民委员会在多数乡村地区成了村规民约的主要执行组织，村民委员会在涉村规民约纠纷案件中也是主要的被告，村民委员会主任是法定代表人。在有的案件中，村民小组也会成为被告或者一方当事人，这是当前我国农村集体经济组织存在的现实状况，有的村民小组本身就是一个农村集体经济组织。例如，根据"古某拴、李某志承包地征收补偿费用分配纠纷再审民事判决书"，村民委员会和村民小组都是一审被告。

被申诉人（一审被告、二审被上诉人、原再审被申请人）：淅川县上集镇陈庄村仝山组。

法定代表人：李×，系该组组长。

被申诉人（一审被告、二审被上诉人、原再审被申请人）：淅川县上集镇陈庄村村民委员会。

法定代表人：陈××。[1]

司法实践表明，村民委员会、村民小组在能够作为民事诉讼一方当事人参与，但是在一些情况下，双方当事人也会针对法院诉讼管辖权提出异议，法院首先必须针对诉讼管辖事务作出裁定。在"中国裁判文书网"所公开的涉及村规民约、乡规民约类文书中，目前与管辖直接相关的并不多，总共18篇。诉讼管辖属于人民法院的程序性事务，但是这也直接关涉当事人能否通过诉讼维护自己认为被侵犯的权益。涉及村规民约的村民、村民委员会或者村民小组都可以提出管辖权异议，其主要焦点即是村民自治范围问题。根据目前公开的裁判文书，不同的法院会根据具体案情和相关法律规定作出不同的裁定，反映了法院在处理涉及村规民约类民事案件时，关于法院是否具有管辖权存在不同的裁判。18篇管辖类裁判文书的大致内容如下表：

表 3 管辖类裁判文书中村规民约的体现

序号	法院	案由	村规民约相关内容	法院裁定是否属于民事案件管辖范围	
				是	否
1	河南省濮阳市中级人民法院	侵害集体经济组织成员权益纠纷	基于村民身份产生福利待遇纠纷	√	
2	河南省郑州市中级人民法院	侵害集体经济组织成员权益纠纷	上诉人称村民会议以制定的村规民约为由剥夺村民享有村民福利待遇及领取拆迁安置补偿费		√
3	广东省翁源县人民法院	侵权责任纠纷	村民小组决定不重新分配土地承包经营权		√

---

[1] 《古某拴、李某志承包地征收补偿费用分配纠纷再审民事判决书》，河南省高级人民法院，[2020] 豫民再 516 号。

序号	法院	案由	村规民约相关内容	法院裁定是否属于民事案件管辖范围	
				是	否
4	广东省惠州市中级人民法院	经济合作社侵害集体经济组织成员权益	涉及外嫁女是否享有村分红和村规民约如何适用的问题	√	
5	广东省广州市中级人民法院	侵害集体经济组织成员权益纠纷	①征地补偿费的使用、分配问题产生纠纷②涉及集体经济组织成员资格的认定		√
6	广东省广州市中级人民法院	侵害集体经济组织成员权益纠纷	①征地补偿费的使用、分配问题产生纠纷②涉及集体经济组织成员资格的认定		√
7	广东省广州市中级人民法院	侵害集体经济组织成员权益纠纷	涉及农村集体经济组织成员资格的认定问题及村集体经济所得收益的使用、分配问题		√
8	广东省广州市中级人民法院	租赁合同纠纷	山林租赁合同		√
9	广东省汕尾市中级人民法院	侵害集体经济组织成员权益纠纷	是否享有村民委员会村民小组村民资格		√
10	广东省广州市中级人民法院	侵害集体经济组织成员权益纠纷	农村集体经济组织内部的收益分配问题		√
11	广东省广州市中级人民法院	农村土地承包合同纠纷	农村村民自治和农村集体经济组织成员资格认定等问题		√
12	广东省广州市中级人民法院	侵害集体经济组织成员权益纠纷	农村集体经济组织内部的收益分配问题		√

序号	法院	案由	村规民约相关内容	法院裁定是否属于民事案件管辖范围	
				是	否
13	广东省广州市中级人民法院	侵害集体经济组织成员权益纠纷	农村村民自治和农村集体经济组织成员利益分配的问题		√
14	广东省广州市中级人民法院	侵害集体经济组织成员权益纠纷	农村集体经济组织内部的收益分配问题		√
15	广东省广州市中级人民法院	侵害集体经济组织成员权益纠纷	农村集体经济组织内部的收益分配问题		√
16	广东省广州市中级人民法院	侵害集体经济组织成员权益纠纷	农村村民自治和农村集体经济组织成员利益分配的问题		√
17	广东省广州市中级人民法院	侵害集体经济组织成员权益纠纷	农村集体经济组织内部的收益分配问题		√
18	广东省广州市中级人民法院	侵害集体经济组织成员权益纠纷	财务及年终分红		√

　　根据上表的统计，我们可以看出在上述18份裁判文书中，有16份是广东地区法院作出的，其中有13份是由广东省广州市中级人民法院作出的。在案由方面，18份裁判文书主要集中于侵害集体经济组织成员权益纠纷，都涉及乡村内部民事活动。但是，由于纠纷发生在乡村社会内部，这就牵涉了村民自治的范围问题，所以法院在处理管辖事务时都会涉及这一核心争点。在具体的裁定结果上，18份裁定书中有2份认定相关案件纠纷属于人民法院民事管辖的范围，其他16份则认定相关案件纠纷不属于人民法院民事管辖的范围。在广东省广州市中级人民法院作出的上表第8号案件中，其理由阐释具有代表性。内容为："本院经审查认为，依据《中华人民共和国村

民委员会组织法》的相关规定，村民委员会属于自治组织，其行政管理和经济运营，主要依靠村民会议或者村民代表会议制定的乡规民约进行管束。涉及村民利益，应当由该村民组织依照其组织章程以及有关法律法规自治处理。上诉人起诉要求确认两被起诉人签订的《山林租赁合同》不成立及无效的诉讼请求事项涉及村民利益，应由村民委员会召开村民会议经民主议事程序解决，上诉人的起诉不属于人民法院受理民事诉讼的范围。"〔1〕该理由也基本反映了在其他类似实质性民事纠纷案件中法院的基本观点。法院认为，乡村社会内部发生的纠纷存在于特定的场域，不能完全按照民事平等主体之间的人身财产纠纷类案件处理，而应当尊重村民自治。

河南省濮阳市中级人民法院和广东省惠州市中级人民法院则作出了相关案件纠纷属于法院民事管辖的裁定，其理由是村规民约以及村民会议或者村民代表讨论决定的事项不得与宪法、法律、法规和国家的政策相抵触，不得有侵犯村民的人身权利、民主权利和合法财产权利的内容，否则相关当事人有权向法院提起诉讼。例如，在"范县城关镇段庙村村民委员会段某平房屋拆迁补偿合同纠纷"中，作为原审被告的上诉人范县城关镇段庙村村民委员会即上诉称："根据我国村民委员会组织法的有关规定，涉及村民重大利益的事项属于村民自治范围。本案原被告之间的争议是基于村民身份而产生的福利待遇纠纷，不属于人民法院民事案件受理范围，故对原告的起诉应当予以驳回。"另一理由是村民委员会作出的决定是根据"范县人民政府的文件《范县人民政府关于对城关镇段庙村城中村改造实施方案的批复》"〔2〕，所以段庙村村民委员会辩称自己不是本案被告。而河南省濮阳市中级人民法院根据《物权法》（已失效）第63条第2款关于集体所有财产的规定和《村民委员会组织法》第27条第2款关于村规民约的规定作出裁定，原一审法院拥有民事管辖权。

〔1〕《高某威与高某伟、高某强等租赁合同纠纷2016民辖终4064二审民事裁定书》，广东省广州市中级人民法院，［2016］粤01民辖终4064号。

〔2〕《范县城关镇段庙村村民委员会、段某平房屋拆迁安置补偿合同纠纷二审民事裁定书》，河南省濮阳市中级人民法院，［2019］豫09民辖终32号。

综合上述管辖类裁判文书，我们可以发现，不同的人民法院在处理涉及村规民约类纠纷的态度是不一致的，其中大部分并没有直接涉及对村规民约相关内容本身进行合法性的判断，并且有的当事人提起的民事诉讼请求并不与村规民约直接相关。根据《民法典》，基层群众性自治组织法人和农村集体经济组织法人属于特别法人，基层群众性自治组织法人在农村地区主要体现为村民委员会法人。因此，村民委员会法人和农村集体经济组织法人参与的平等主体之间的民事活动属于《民法典》调整和适用的范围，这首先适用的是特别法人与农村外部自然人、法人或者其他组织形成的民事法律关系。而对于农村社会内部产生的民事纠纷，法院的裁判则较为审慎，要综合考虑农村社会两种特别法人并不是完全独立于村民之外的个体，而是农村社会村民集体利益的集合。按照《村民委员会组织法》等法律的规定，村规民约由村民共同约定和遵守，如果当事人认为其合法权益因村规民约而遭受损害，管辖类裁判文书反映出人民法院一般会认为这属于村民自治范围，首先应由村民会议讨论决定，或者向乡镇人民政府提出请求，由乡镇人民政府责令改正。

三、民事裁判中法院对涉村规民约案件的处理

民事裁判是指人民法院在审理各类民事案件的过程中，根据民事案件的事实和国家的法律法规，针对审理案件过程中发生的各种问题按法定程序所做的各种处理。从总体数量上看，本文涉及村规民约的民事裁判文书数量最多，在总计45 856篇相关文书中，有37 400篇文书属于民事案件范围，约占81.6%。具体到民事案由方面，这些民事裁判文书涵盖物权纠纷、合同、无因管理、不当得利纠纷、人格权纠纷、侵权责任纠纷、婚姻家庭、继承纠纷、与公司、证券、保险、票据等有关的民事纠纷等众多民事生活领域。由于数量巨大，本文不能一一分析，选取集体组织成员权益纠纷重点分析，并简要述及其他纠纷类型。

（一）集体组织成员权益纠纷民事裁判中的村规民约

按照民事诉讼理论，民事诉讼发生在平等主体之间，而村民委员会或者农村集体经济组织与村民之间的关系又是极为复杂的，在

法律地位上是平等的，但是村民委员会又是由村民选举产生的；农村集体经济组织是我国农村地区实际存在的经济性组织，管理本组织范围内拥有的资金资产资源，村民也是农村集体经济组织的成员。并且，在社会实践中，对于村民资格或者集体经济组织成员资格的界定又是兼具历史传统与现实发展的。在人口流动加速、农村社会转型、农村资源开发利用加速等背景下，乡村社会中村民基于成员资格获得的各种利益日益增多，基于成员资格而产生的纠纷也越来越多。

在这 37 400 篇民事裁判文书中，以 "集体经济组织成员" 为附加检索条件，我们共检索出 31 404 篇文书，约占总数的 84.0%。实际上，与集体经济组织成员权益纠纷相关的裁判文书并不局限于民事裁判中，管辖类裁判文书、行政裁判文书等类型中都有相关文书。比较而言，民事裁判领域涉及集体经济组织成员权益纠纷的数量最多，领域也更为集中。集体经济组织成员权益在《民法典》上主要指以集体所有权为基础的集体成员依法享有的财产权益。我国的集体所有权是一类特殊的物权形式，集体成员依法对集体财产享有共同的集体所有权。此类民事案件直接关涉农村集体经济组织成员资格及其收益分配等问题，涉及土地承包经营权、土地征收、宅基地、拆迁等事项，人员涉及普通村民、外嫁女、挂靠户（寄户）、赘婿等。虽然涉及农村集体经济组织成员资格及其收益分配纠纷的裁判文书数量很大，但是我们通过阅读其中的裁判文书发现，并非所有的裁判文书都直接与村规民约相关。有的裁判文书单纯是涉及集体经济组织成员资格问题，之所以在文书中出现 "村规民约" 字样，或者是在裁判文书中直接引用《村民委员会组织法》第 27 条，或者是由于在判决书后有 "本判决所依据法律条文" 栏目，其中有列明《村民委员会组织法》第 27 条涉及村规民约的相关内容。[1] 概括而

---

〔1〕 此类判决书数量较多，仅举一例。在原告潘某霞诉被告洪江市黔城镇莲塘村第一村民小组承包地征收补偿费用分配纠纷一审民事判决书中，文书后所附相关法律条文有：《民法通则》第 5 条；《妇女权益保障法》第 32 条、第 33 条；《村民委员会组织法》第 27 条；《最高人民法院关于审理涉及农村土地承包纠纷案件适用法律问题的解释》第 1 条、第 24 条；《最高人民法院关于适用〈中华人民共和国民事诉讼法〉的解释》第 93 条第 1 款第 5 项。参见《原告潘某霞诉被告洪江市黔城镇莲塘村第一村民小组承包地征收补偿费用分配纠纷一审民事判决书》，湖南省洪江市人民法院，〔2015〕洪民一初字第 692 号。

言，这些案件裁判的主要争点是村民会议、村民代表会议的决议决定，与村规民约没有直接的关联。

总体上看，法院对相关村规民约的处理有三种方式：一是涉及村规民约的争议不属于民事诉讼受理范围，驳回原告起诉；二是依据司法裁判权径行裁判，审查村规民约的内容是否合法，然后据此作出包含实质性权利义务关系内容的裁判；三是建议当事人根据法律规定和程序要求乡镇人民政府责令改正相关内容，而不作出涉及当事人权益的实质性裁判。下文将以典型案例为分析对象，具体论析法院对村规民约的不同处理方式。

1. 驳回起诉

驳回起诉是指人民法院依据程序法的规定，对已经立案受理的案件在审理过程中，发现原告的起诉不符合我国民事诉讼法规定的起诉条件和法院的立案条件而对原告的起诉予以拒绝的司法行为。驳回起诉与不予受理适用于不同的阶段，不予受理是指人民法院依据民事诉讼法规定审查原告的起诉后，认为不符合法定受理条件，从程序上书面裁定不予立案受理的司法行为，处理的是民事管辖问题。关于不予受理，前文在对管辖类案件分析过程中已有涉及。简言之，驳回起诉是受理案件后，人民法院发现原告的起诉不符合民事案件受理条件，从程序上予以驳回。在许多涉及村规民约的民事案件中，法院在立案审理后，认为不属于民事诉讼受理范围而作出驳回起诉的裁定。

在具体审理过程中，村民委员会或者农村集体经济组织的主要答辩理由就是村民与村民委员会或者农村集体经济组织的地位不平等，所涉纠纷属于村民自治范围，因此主张不属于民事诉讼受理范围，法院应当驳回原告的起诉。由于裁判文书数量巨大，本文主要选取典型案例进行分析。例如，在"王某与莱阳市冯格庄街道办事处旧店村村民委员会差别待遇纠纷案"中，被告旧店村村民委员会就声称："本案原告起诉不属于人民法院诉讼范围，根据《中华人民共和国村民委员会组织法》规定，村民委员会对本村事物享有高度自治权，本案原告是否有权对其财产进行分配，被告是否对与原告发放村民身份享有的待遇，属于被告村民委员会行使村集体事物管理权的行为，根据组织法规定，被告村委会对村委内务有分配权，原被告之间是一种管理与服从的关系，在本案中原被告不是处于平等的地位，不是平等的民事主体，本案不是普通的民事财产权纠纷，因此本案不属于人民法院受理民事诉讼的范围，应当对原告的起诉予以驳回。"[1]该村委会的答辩中关于"管理与服从"、村民自治的表述实际上是不符合法律规定的，背离了村民自治的基本精神。关于为何没有向原告支付养老保险津贴、失地补偿费，该村委会的答复是"村规民约有规定，2000年出生子女不享受该待遇"。而该案的裁判结果是法院驳回了原告的起诉，理由是"本案成诉的主要原因是原告自出生起至今一直没有享受到该村村民享有的养老保险补贴费、失地补偿费等相关村民待遇，原告所诉不属于法院受理民事诉讼的范围"。

在另一案例中，作为被告的郑州市郑东新区豫兴路办事处彦庄村五组也是主张："被告按照村规民约和村民会议的分配方案进行租地款的分配、发放是依据《中华人民共和国村民委员会组织法》的规定行使村民自治权的行为。因此本案不属于人民法院受理民事诉讼的范围。原告的诉讼请求没有事实和法律依据，请求法院依法驳回原告的起诉。"[2]法院审理后认为："根据《中华人民共和国村民委员会组织法》第二十四条第一款第（七）项、第二十七条的规定，原告主张的事项属于村民自治的范畴，因此而产生争议，不属于人民法院受理民事诉讼的范围。"据此，法院作出驳回起诉的民事裁定。

2. 审查村规民约合法性，作出实质性裁判

法院审查此类村规民约的法律根据除了《村民委员会组织法》之外，还包括《妇女权益保障法》《最高人民法院关于审理涉及农村土地承包纠纷案件适用法律问题的解释》等法律法规或者司法解释。例如，《妇女权益保障法》第32条规定："妇女在农村土地承包

---

[1] 《王某与莱阳市冯格庄街道办事处旧店村村民委员会差别待遇纠纷一审民事裁定书》，山东省莱阳市人民法院，[2019]鲁0682民初5634号。

[2] 《李某霞与郑州市郑东新区豫兴路办事处彦庄村五组侵害集体经济组织成员权益纠纷一审民事裁定书》，河南省中牟县人民法院，[2019]豫0122民初9909号。

经营、集体经济组织收益分配、土地征收或者征用补偿费使用以及宅基地使用等方面，享有与男子平等的权利。"第 33 条规定："任何组织和个人不得以妇女未婚、结婚、离婚、丧偶等为由，侵害妇女在农村集体经济组织中的各项权益。因结婚男方到女方住所落户的，男方和子女享有与所在地农村集体经济组织成员平等的权益。"《最高人民法院关于审理涉及农村土地承包纠纷案件适用法律问题的解释》第 22 条明确规定："农村集体经济组织或者村民委员会、村民小组，可以依照法律规定的民主议定程序，决定在本集体经济组织内部分配已经收到的土地补偿费。征地补偿安置方案确定时已经具有本集体经济组织成员资格的人，请求支付相应份额的，应予支持。……"但是，在实践中，不同乡村对此类人员在集体经济组织成员资格及收益分配进行了特别规定，有的即以村规民约的形式体现。

在一些裁判文书中，我们能够直接识别出具体的村规民约条文，法院也对村规民约条文根据法律法规进行了实质性审查。例如，在"苏某某与州市东湖长远工贸有限公司、泉州市丰泽区东湖街道东湖社区居民委员会侵害集体经济组织成员权益纠纷案"中，裁判文书中列明了具体的村规民约内容。"2000 年 7 月 18 日，东湖村民代表会议通过《东湖村村民户口及享受待遇的村规民约》，该村规民约第 12 条约定'凡违反计划生育政策产生严重后果的（包括：计划外生育、非婚生育、非法抱养、寄养、拾养）个人及其家庭成员从违反计生政策当年起全部取消村级所有经济待遇。'"[1]2000 年，泉州市东湖街道东湖村改为东湖街道东湖社区，原东湖村集体组织成员全部转为该东湖社区居民。2000 年 10 月，东湖社区居委会设立泉州市东湖长远工贸有限公司，统一管理原属于东湖村集体经济组织的资产，同时向东湖社区居民发放《东湖长远工贸有限公司股权证》。2015 年 12 月 7 日东湖社区居民委员会通过的《泉州市丰泽区东湖街道东湖社区原村集体资产经营管理及监督章程》第 11 条第 2 款规定："遵守原东湖村享受村民待遇的居民的村规民约规定的条款（2000 年 7 月 18 日村民代表会议通过）。"法院在裁判中也重点对上

---

[1] 福建省泉州市丰泽区人民法院，[2018] 闽 0503 民初 1111 号。

述条文进行了审查。法院认为根据《村民委员会组织法》的规定，每个村集体都可以有村规民约。但村规民约的内容不得与宪法、法律、法规和国家政策相抵触，不得有侵犯村民人身权利、民主权利和合法财产权利的内容。具体到该案，法院进一步认为："《东湖村村民户口及享受待遇的村规民约》对村民享受待遇的规定，实质上是对集体成员共有财产的分配。村民的财产利益是基于集体财产所有权主体的身份，是只要具有该自治团体成员资格就应当享有的财产利益。"法院认为，东湖社区、长远工贸公司以苏某某的儿子违反计划生育政策为由，取消苏某某原享有的一切集体经济待遇，侵犯了苏某某的合法财产权。

有的裁判文书虽然也有村规民约的字样，但是其内容并不是以比较规范的形式表达，有的是以其他名称出现，例如《××分配方案》，再例如，在一起由农村分户、分家析产规则引起的民事纠纷中，就出现了《营门5组门店及住宅分配方案》。农村分家析产是农村地区普遍存在的情形，这也反映在一些村规民约之中，也会影响到农村集体经济组织成员的资格确定。在"张某、李某某、张某甲、张某乙与肃州区泉湖乡营门村村民委员会承包地征收补偿费用分配纠纷案"中，张某与李某某是夫妻，张某甲、张某乙是其子女，张某与其父于2000年8月分家单过并领取原告张某为户主的户口本。后来，2009年被告所在5组土地被征用，这就涉及补偿安置事项。但村民委员会并没有将张某一家视为独立的一家，因为派出所2008年的工作失误，将原告一户四口登记在其父名下。原告因此主张自己一家也应当是独立一家，参与安置补偿。对此，村民委员会援引了《营门5组门店及住宅分配方案》这一村规民约："人民法院的行政判决仅是对分户信息内容的判决，它和农村乡规民约规定的一户有本质的区别。村民普遍意义的独立一户是指具有集体经济组织成员资格，经本人向村委会申请，乡政府同意审批的宅基地，签订有土地承包合同的承包土地。农村父母必须和其中一个儿子为一户，其他几户与原告条件类似的农户都没有进行分配。""按照村规民约，有两个以上儿子的，父母必须和其中一个儿子为一户，故视原告张杰和其父张建某作为一户分配了楼房和门店。"〔1〕由此可以看出，这是当地分家析产的习惯法规则，法院对此也予以确认，并且认为被告5组楼房和门店分配决议经涉及相关利益的全体村民集体讨论，并经绝大多数村民同意，决议符合《村民委员会组织法》第2条、第24条规定的精神，应作为分配全体村民共有的土地征收补偿费的依据，故原告的诉讼请求依法不能成立。在审理过程中，原告也撤回了起诉。

在另一案件中，法院也是对村规民约进行了审查，但是相关村规民约并不完整。例如，再审申请人（一审被告、二审上诉人）长沙市雨花区跳马镇石燕湖村樟皮塘村民小组认为樟皮塘组制定的《樟皮塘组自治章程》符合《村民委员会组织法》的相关规定和程序要求，其制定的土地征收补偿费分配方案是合法的。双方争论的内容主要是"除结婚未迁出的、外孙落在我组的、离婚未迁出的人员未获得分配"这一村规民约条文。〔2〕湖南省高级人民法院认为此内容"违反了法律规定，剥夺了黄某、喻某作为樟皮塘组集体经济组织成员的合法权利，该部分内容无效外，其他符合法律规定的内容仍然有效"。在"甘某梅、甘某等与广西扶绥县渠黎镇渠莳村渠莳屯18队侵害集体经济组织成员权益纠纷案"中，涉及的村规民约是"外嫁女不参与分红"，即"嫁出去的集体组织成员，户口也转出去的，后来再把户口转回来的，一律不能参与分红"。〔3〕扶绥县人民法院认定此村规民约侵犯了甘某梅、甘某作为农村集体经济组织成员的资格权益，应当支付集体收益。

而在有些裁判文书中，我们并不能直接识别出具体的村规民约条文。例如，在"吴某土、许某琴等与沙县区虬江街道办事处洋坊村民委员会侵害集体经济组织成员权益纠纷案"中，"被告沙县区虬

---

〔1〕《张某、李某某、张某甲、张某乙与肃州区泉湖乡营门村村民委员会承包地征收补偿费用分配纠纷一审民事判决书》，甘肃省酒泉市肃州区人民法院，〔2014〕酒肃巡初字第605号。

〔2〕《长沙市雨花区跳马镇燕湖村樟皮塘村民小组、黄某侵害集体经济组织成员权益纠纷再审审查与审判监督民事裁定书》，湖南省高级人民法院，〔2019〕湘民申127号。

〔3〕《甘某梅、甘某等与广西扶绥县渠黎镇渠莳村渠莳屯18队侵害集体经济组织成员权益纠纷一审民事判决书》，广西壮族自治区扶绥县人民法院，〔2016〕桂1421民初993号。

江街道办事处洋坊村民委员会应诉辩称，原告系寄户，依照村规，寄户不能享受村民待遇"。[1]但是，裁判文书并没有指出具体的村规民约内容，后来法院也没有采纳被告的答辩意见，而是支持了原告的诉讼请求，确认了原告的集体经济组织成员资格，原告依法享有村集体收益分配权。

3. 应当通过乡镇人民政府促使村民委员会改正村规民约

《村民委员会组织法》规定，村民会议制定和修改村规民约，并报乡、民族乡、镇的人民政府备案。村规民约不得与宪法、法律、法规和国家的政策相抵触，不得有侵犯村民的人身权利、民主权利和合法财产权利的内容。村规民约违反相关法律法规的，由乡、民族乡、镇的人民政府责令改正。法院据此在一些民事案件中作出了相应裁判。当然，在此种情形下，法院也会作出驳回起诉的民事裁定，但在裁定中明确提及应当由镇人民政府促使村民委员会改正村规民约，所以此处予以单独分析。例如，在"王某军与北京市延庆区延庆镇西屯村民委员会侵害集体经济组织成员权益纠纷案"中，王某军属于山区政策性搬迁人员而搬入西屯村。西屯村通过召开村民会议，通过了《西屯村补偿分配方案》这一村规民约，将王某军一家列为"外搬户"而不参与分配。原告王某军认为，在山区生态公益林生态效益补偿资金使用和股权划分中，西屯村侵犯了其作为集体经济组织成员应当享有的权益，于是向法院起诉。法院审理后认为："原告与村委会之间所发生的争议属于村民自治范围内的事项，该事项经过该村村民代表会议民主讨论，村委会执行的是村民代表会议形成的相关决定。如果原告认为该相关决定侵害其人身权利、民主权利或合法财产权利的，依据《中华人民共和国村民委员会组织法》的上述规定，原告应先行向其居住地所在的乡镇政府要求协调处理，原告居住地所在的乡镇政府有义务和职责予以处理；如认为村委会或村民会议、村民代表会议作出的相关规定确有侵害集体成员权益的事实，应责令改正。现原告以村委会决定侵害其集体经济

---

〔1〕《吴某土、许某琴等与沙县区虬江街道办事处羊坊村民委员会侵害集体经济组织成员权益纠纷一审民事判决书》，福建省沙县人民法院，〔2015〕沙少民初字第124号。

组织成员权益为由诉至本院，实属维权路径有误，本院依法应予裁驳。"[1]陕西省清涧县人民法院在审理"惠某与被告陕西省清涧县宽州镇南武家沟村民委员会侵害集体经济组织成员权益纠纷案"中同样认为："被告陕西省清涧县宽州镇南武家沟村民委员会遵照民主议定程序和民主决策权的原则，多次召开村民会议、村民代表会议，制定的收益分配方案，该分配方案如有侵犯原告合法财产权益时，由乡镇人民政府纠正，不属于人民法院审理民事纠纷案件的范畴。"[2]

（二）其他民事裁判中的村规民约

集体经济组织成员权益纠纷是涉村规民约民事裁判文书中最集中的领域，同时其他民事裁判中也有涉及村规民约的内容。村规民约处理的主要是乡村社会日常的生产生活关系，涉及公共卫生、公共基础设施等方面。村规民约由村民共同议定之后，如果不存在违背宪法、法律、法规和政策的内容，全体村民也应当予以共同遵守，否则出现违约行为，村民委员会或者其他执行组织都有权予以处理。由于其他民事纠纷类型多样，此处不能一一展开，仅举几例做简要说明，以管窥法院对村规民约的处理方式。

基于村规民约而引发的民事纠纷，在民事诉讼中有的是以相邻关系或者相邻权的形式体现，这直接涉及村民之间的日常生产生活关系，也需要予以妥善处理。例如，在"管某甲与青岛市黄岛区黄岛街道办事处张戈庄社区居民委员会相邻关系纠纷案"中，管某甲认为管某乙在其门前养鸡，对管某甲的生活造成了不利影响，管某甲起诉张戈庄社区居民委员会，要求拆除管某乙的鸡笼并赔偿损失。山东省高级人民法院根据一审、二审法院审理情况认为："本案当事人管某甲、管某乙均为张戈庄居委会辖区居民，双方与张戈庄居委会之间因为村规民约的相关问题引发纠纷。"[3]在云南省怒江傈僳族自治州中级人民法院审理的另一起相邻通行纠纷中，村规民约成

---

〔1〕《王某军与北京市延庆区延庆镇西屯村民委员会侵害集体经济组织成员权益纠纷一审民事裁定书》，北京市延庆区人民法院，〔2016〕京 0119 民初 1652 号。

〔2〕民事裁定书，陕西省清涧县人民法院，〔2016〕陕 0830 民初 1203 号。

〔3〕《管某甲、青岛市黄岛区黄岛街道办事处张戈庄社区居民委员会相邻关系纠纷再审审查与审判监督民事裁定书》，山东省高级人民法院，〔2018〕鲁民申 2727 号。

了重要材料，是双方争论的焦点。上诉人（原审被告）胡某文不认同一审判决，请求二审法院撤销一审判决，其理由是其已经"依照2013年施行的《泸水县（今泸水市）大兴地镇村规民约》第6条的规定，上诉人已经留了一条1.1米至1.2米宽的路给被上诉人家（原审原告），并不存在妨碍通行的行为"。[1]上诉人向二审法院提交了该村规民约，欲证明上诉人流转受让土地是东至水沟边，上诉人已经按照村规民约留足1.2米的宽度。但是，二审法院对此并没有采纳，而是根据现场调查，认为村规民约约定的是水沟边要留的宽度，与本案争议的房屋通行通道不属同一性质，因此驳回上诉，维持原判，即要求上诉人停止挖路，恢复原状。

农村地区房屋之间还存在相邻排水的关系，这也是农村地区比较常见的民事纠纷。相邻排水除了约定俗成之外，在有些地区还被写入了村规民约。例如，北京市第三中级人民法院作出的一份民事判决书显示，北京怀柔区一个村庄的村规民约是这样规定的："村民房屋房山滴水20厘米，后檐滴水50厘米，厢房南山距离前排房基不得少于70厘米。"[2]原被告主要就是基于村规民约的这条内容而产生民事纠纷。此外，在农村地区还存在相邻两家共用一面墙的情形，在法律上属于共同共有，但是这也容易引起民事纠纷。在"李某忠与韦某春排除妨害纠纷案"中，两家相邻但建房和翻盖时间有先后，墙体用地是共用地。李某忠先在共用地建房屋，后韦某春需要依赖李某忠先建墙作为自己房屋的一面墙。李某忠认为韦某春侵犯了自己的合法权益，向法院起诉。被告韦某春辩称："墙体用地是共用地，李某忠并没有办理土地使用证，李某忠没有权利自己霸占共用部分的土地，同时为了尊重历史的使用事实，遵守村规民约，根据以上事实和证据，请求法院确认原告丰岭路××号的房屋与被告丰岭路××号的房屋相邻墙体用地为共同共有，韦某春支付给李某忠

---

〔1〕《胡某文、姬某忠妈相邻通行纠纷二审民事判决书》，云南省怒江傈僳族自治州中级人民法院，[2018]云33民终125号。

〔2〕《魏某友与王某相邻关系纠纷二审民事判决书》，北京市第三中级人民法院，[2018]京03民终9902号。

先行出资建共墙相应的经济补偿。"〔1〕最后，法院驳回了原告李某忠的诉讼请求，认可了村规民约。

作为村民共同约定和遵守的行为规范，村规民约也需要相应的约束措施保障其实施，村规民约的内容本身就着各类约束措施。从约束措施的类型上看，村规民约中既有罚款或者违约金，也有批评教育、恢复原状等。在一起租赁合同纠纷中，法院对赔偿数额的判定就部分参考了村规民约的相关内容。在"兰某兵与李某文、汪某才租赁合同纠纷案"中，原告（反诉被告）兰某兵种植的核桃苗被李某某砍断造成损失。兰某兵主张的赔偿数额就是根据村规民约，其名称是《中城镇铜厂村核桃种植管理制度》。其中第 3 条规定："严禁盗苗、毁苗，如有盗苗、毁苗的现象发生，我村将会同该专业合作社人员严厉追查，一经查实，每株赔偿损失费 800 元，并承担相应种苗购置费（25 元/株）及肥料和种植等损失，情节严重的，移交司法机关处理。"〔2〕该村规民约由铜厂村委会于 2010 年 12 月 30 日制定，并从 2011 年 1 月 1 日起执行。法院在查明案件事实后并没有完全按照上述村规民约处理，而是认为："虽然铜厂村委会制定村规民约《中城镇铜厂村核桃种植管理制度》规定人为损毁应赔偿 800 元/株，但考虑到李某文损毁、砍断核桃苗事出有因，与村规民约《中城镇铜厂村核桃种植管理制度》规定的故意人为损毁有一定区别，故本院酌定支持 100 元/株，即 71×100 元＝7100 元。"法院一方面认可村规民约对该行为应当进行赔偿，同时在数额方面根据实际情况进行了调整，做到了合法性和合理性的统一，这也是法院在处理涉村规民约类案件时应当坚持的基本原则。

四、刑事裁判中法院对涉村规民约案件的处理

不同于民事裁判，刑事裁判的核心是犯罪与刑罚问题，直接关涉被告人的人身财产权益，因此在裁判过程中强调以事实为根据、

---

〔1〕《李某忠与韦某春排除妨害纠纷一审民事判决书》，广西壮族自治区上林县人民法院，［2018］桂 0125 民初 1480 号。

〔2〕《兰某兵与李某文、汪某才租赁合同纠纷一审民事判决书》，云南省绥江县人民法院，［2018］云 0626 民初 359 号。

以法律为准绳，坚持证据裁判主义，强调证据链条的整全性。因此，村规民约在刑事裁判中的功能也主要是以书证这一证据的形式体现的，同时一些裁判文书也反映出村规民约不会被作为证据，而只是陈述相关事实，或者作为被告人的供述辩解理由。总体而言，村规民约在刑事裁判文书中体现得不多，本文共检索出 395 篇文书。刑事裁判的核心是犯罪与刑罚问题，因此村规民约一方面可以作为控告被告人犯罪行为的证据材料，证明犯罪事实；另一方面也可以作为被告人的辩解理由，为其行为辩解，或者在量刑方面得到减轻、从轻处罚。

（一）控告被告人犯罪行为的书证功能

书证是证据的一种，是指以其内容来证明待证事实的有关情况的文字材料。在表达形式上，书证并不只有文字这一种，还包含符号或图画等。具体到村规民约，村规民约在我国主要以文字形式体现，以纸张、碑刻等为主要载体。村规民约由村民共同约定，因此也需要村民共同遵守。村民如果不遵守村规民约的相关行为规范，在没有达到违法犯罪的程度时，那么乡村社会内部约束和处罚机制则需发挥主要作用，否则公安机关、检察院、法院等外部公权力机关就会介入，给予治安处罚或者刑事制裁。很多村规民约都有乡村社会内部处罚与外部公安司法机关的衔接性规定。例如，贵州省黔东南苗族侗族自治州锦屏县《铜鼓镇花桥村村规民约》第 3 条规定："严禁破坏公路、水利、电力、学校等有关公共设施，违者除责令修复外，每次罚款 150 元，构成犯罪的移交司法机关处理。"[1] 广西壮族自治区百色市平果市马头镇《龙来村村规民约》第 5 条规定："凡盗窃他人耕牛、生猪、山羊和鸡、鸭、鹅等牲畜，构成刑事犯罪的，交政法公安机关处理，尚未构成刑事处罚的，一律按质论价给予赔偿损失，并罚款 50 元~150 元。"[2] 村规民约属于村民自治的范围，但也是宪法法律范围内的治理，不能有违反法律法规的内容。

---

[1] 高其才教授于 2017 年 11 月 21 日搜集，感谢高其才教授提供文本。

[2] 郭育晗："现代化进程中的壮族社会文化变迁——以平果县龙来村必罗屯为例"，广西民族大学 2007 年硕士学位论文。2005 年 6 月起，"平果县城关乡"改为"平果县马头镇"；2019 年 12 月 26 日起，撤销平果县，设立县级平果市。

村规民约在刑事裁判文书中的具体体现也有差异，有的只是提及村规民约，但没有直接展示其中的内容。例如，在荆某进诈骗二审刑事裁定书中，与村规民约直接相关的表述是："高砦社区村规民约一本"〔1〕，法院将其作为书证之一。该村规民约的功能是证明荆某进父亲在拆迁公告发出前死亡，不应享受安置和购买房子的村民待遇。但是，荆某进在申报和审核过程中隐瞒了其父亲已死亡的事实，以其父亲名义购买回迁安置房，构成虚构事实、隐瞒真相，也就是明显违背了村规民约的内容。而在其他案件中，被告人则是在制定程序上忽视其他村民的参与，以村规民约为违法犯罪手段，这些被告人的身份主要是村党支部书记、村委会主任或者其他村两委成员。在一起职务侵占案中，上诉人（原审被告人）陈某华是原村党支部书记，上诉人（原审被告人）杨某明是原村委会主任，原审被告人杨某某是原村委会副主任。原审法院作出认定："被告人陈某华、杨某明、杨某某三人在担任岑巩县注溪乡（后改为镇）注溪村委会干部期间，以村规民约和召开村、组会议形式，收取村民自建房屋土地管理费、门面租金、行政事业单位资助款等，且在收取上述费用过程中，有三被告共同收取侵占，也有其中二被告共同收取侵占，还有个人收取后侵占的情况。"〔2〕二审法院对此予以认定。

（二）被告人的辩解理由

被告人辩解是被告人对控告的犯罪事实所作的申辩与解释，内容包括否认自己有罪或者承认自己有罪但认为可以免刑、从轻或减轻处罚。因此，在刑事诉讼中，村规民约也可以成为被告人的一种辩解理由，辩解自己是根据村规民约而行为，不构成违法犯罪。另一方面，被告人也可以向法院提交遵守村规民约的证明，以表明被告人的行为具有从轻或者减轻处罚情节。

村规民约是村民共同约定的行为规范，属于村民自治范畴，如果嫌疑人或者被告人声明是依据村规民约行为，这就是被告人的无

〔1〕《荆某进诈骗二审刑事判定书》，河南省郑州市中级人民法院，〔2020〕豫01刑终1225号。

〔2〕《陈某华、杨某明等职务侵占案二审刑事判决书》，贵州省黔东南苗族侗族自治州中级人民法院，〔2014〕黔东刑终字第147号。

罪辩解理由。例如，在一份二审刑事裁定书中，原审被告人陈某辉为其转让土地使用权的行为进行辩护时，就强调其是依据村规民约行为，并没有违法犯罪。原审报告人（上诉人）及其辩护律师称："既然某村民委员会不构成单位犯罪，则被指控的单位负责人陈某辉同样也不构成犯罪；'牛舌''乌墙'土地被非法转让是增光片通过张贴公告向社会公开招标的方式进行的，根据某村的村规民约，各片出租土地合同由各片自行拟定好并由片长签名后，再拿到村委会盖章，村委会及村委会主任是无条件要在合同上盖章及签名的，因此，上诉人陈某辉在增光片出租合同上签名是某村的历史惯例及村规民约所要求的，其已经是尽了最大的谨慎职责；同样按照某村的历史惯例及村规民约，某村委会的公章向来是由会计保管并由会计按照村规民约进行盖章；上述土地从 2007 年直到现在基本都保持原状。综上所述，上诉人陈某辉没有与陈某炎共同实施非法转让土地使用权的犯罪行为，对某村增光片'牛舌''乌墙'土地被非法转让不负有任何直接或间接的责任，其也没有获得任何利益，因此，上诉人陈某辉不构成非法转让土地使用权罪，一审法院判决错误，依法应予以撤销。"[1]对此，检察院则控告称该村依据村规民约而从事的行为本身就是违法的，不应当成为其辩解理由。但是，法院在判决理由中并没有直接针对该村规民约进行法律判断，最终驳回上诉，维持原判。

在另一裁判文书中，被告人也强调其行为是符合村规民约的，不构成违法犯罪。该案发生在贵州苗族侗族为主的少数民族地区，反映出我国少数民族地区村规民约在处罚方面存在同时缴纳米酒肉钱三者各多少的规定，有"三个一""五个一"等不同表述。例如，贵州省黔南布依族苗族自治州荔波县佳荣镇《大土村农业生产管理公约》第6条规定："对有意偷盗他人农作物者，一经发现，按'三个一斤'（即按全村户数计，每户一斤米、一斤酒、一斤肉）处罚。"[2]贵州省

---

〔1〕《陈某辉、潮州市潮安区彩塘镇金砂一村民委员会非法转让、倒卖土地使用权二审刑事裁定书》，广东省潮州市中级人民法院，[2018] 粤 51 刑终 174 号。

〔2〕陈伟华："贵州苗族习惯法研究——以荔波县大土村苗族为例"，广西师范大学 2010 年硕士学位论文。该村规民约于 2006 年 12 月 1 日制定实施。

黔南布依族苗族自治州都匀市凯口镇《平新村上下拉半村基规民约》第 8 条规定："故意偷他人油菜籽，经抓获罚款五个一（即 100 斤米，100 斤肉，100 斤酒，100 斤黄豆，100 元钱）。"除了贵州省以外，其他少数民族地区村规民约也作出了类似规定。例如，广西壮族自治区金秀瑶族自治县长垌乡长垌村《瓦窑屯村规民约》第 7 条规定："乱搞男女关系的罚双方四个三十：30 斤米，30 斤酒，30 斤肉，30 块钱，办给全村人吃。"[1]一份贵州省刑事裁定书显示，在施洞派出所，被告人刘某以胡某持刀为由，提出要按照村规民约处罚"三个一百二"（120 斤米、120 斤肉、120 斤酒），被告人刘某某、刘某某、刘某某等人附和要求赔偿，胡某的老板唐某迫于"施洞老黑车队"到场成员众多，且自己是外地人害怕在当地惹麻烦，被迫接受"私了"，并最终赔偿了 5000 元。事后，被告人某某召集"施洞老黑车队"成员聚餐娱乐。[2]被告人以此作为辩解理由，而检察院则强调被告人依据村规民约行为的辩解并不能成立。"寻衅滋事中，刘某等人凭借己方人多势众，利用对方身为外地人员害怕在当地惹麻烦的心理，强行索要对方赔偿，迫使对方接受调解。刘某某提出"三个一百二"的赔偿要求，并积极参与协调此事，根据寻衅滋事罪的相关解释，行为人因日常生活中的偶发矛盾纠纷，借故生非，实施强拿硬要等行为，应当认定为寻衅滋事。"在庭审过程中，各辩护人甚至提交了《社会治安统计表》和《村规民约》，以证明因部分广西人在当地有偷盗和抢劫、敲诈等违法行为，从而引发了当地村民的恐慌。[3]村规民约的内容在该文书中并没有直接体现，但也是辩护人的辩护理由之一，证明被告人持有枪支的合理性，但最终没有被法院采纳。

除了辩称无罪之外，村规民约也成了被告人希望从轻或者减轻处罚的理由，主要表现在两个方面：一是被告人已经依照村规民约主动进行了赔偿或者道歉；二是被告人一直遵守村规民约，更没有

---

〔1〕 高其才教授于 2009 年 11 月 22 日搜集。感谢高其才教授提供文本。
〔2〕 贵州省黔东南苗族侗族自治州中级人民法院，［2020〕黔 26 刑终 317 号。
〔3〕 云南省文山壮族苗族自治州中级人民法院，［2011〕文中刑初字第 57 号。

违法犯罪行为，从而成功说明被告人先前品行良好。湖南省通道侗族自治县人民法院审理的一起失火案件中，被告人的供述和辩解"证明被告人粟某在通道侗族自治县牙屯堡镇枫香村'冲荡冲'自家责任田烧田埂，不慎引发责任田旁边'养牛坡'山场森林火灾的具体过程，及被告人粟某犯罪后主动投案自首，并按当地的村规民约向受害村进行了赔礼道歉，其认罪态度好，如实供述自己的犯罪事实。"〔1〕这一点也被法院采纳，最后依法酌情对被告人从轻处罚。

在其他案件中，遵守村规民约则成为能够证明被告人之前品行良好的证据材料，这既有被告人自己主动提供的，也有相关组织依据程序调查出具报告。一份刑事判决书显示："被告人常某某提交证明一份，证实其能和村民和谐共处，没有违反村规民约的行为，能自觉遵守村、组的各项规章制度。"〔2〕被告人提供的此份证明反映出其平时行为良好，可以作为从轻或者减轻处罚的依据，最终也被法院采纳。而关于其他机关或者组织对被告人的行为进行调查也是当前一些轻微案件中的常见程序。山东省广饶县人民法院在审理案件时即委托山东省广饶县司法局，根据《山东省适用非监禁刑判前社会调查暂行办法》的规定，"对被告人印某甲的基本情况、一贯表现、社会关系和社会评价等能够反映其人身危险性的情况进行了社会调查，并向本院提交了调查报告。报告认为，被告人印某甲性格平和，能与人为善，较受村民欢迎，工作中责任心强，为百姓谋福，无违反村规民约现象，与邻里之间相处和睦，待人接物热情、礼貌，农忙时邻里之间经常相互帮助。建议适用缓刑"。〔3〕另一份刑事裁判文书中也有类似的表述。"麟游县社区矫正工作领导小组办公室调查评估认为，被告人平时表现良好，遵守村规民约，无违纪现象，本次犯罪属于过失犯罪，村、组及被告人的父母表示愿意积极配合

〔1〕《粟某失火罪一审刑事判决书》，湖南省通道侗族自治县人民法院，［2013］通刑初字第54号。

〔2〕陕西省宝鸡市渭滨区人民法院，［2012］宝渭法刑初字第00268号。

〔3〕《广饶县人民检察院诉印某某故意伤害罪一审刑事判决书》，山东省广饶县人民法院，［2013］广刑初字第11号。

相关部门搞好被告人的教育矫正工作，建议对其适用缓刑。"〔1〕陕西省凤县人民法院在审理一起非法持有枪支案时，按照程序也委托司法局对被告人的行为进行评估。该法院认为："田某甲平时能遵守村规民约，无不良恶行，能与邻里融洽相处，除本次犯罪外无其他犯罪，村干部及家属对其社区矫正态度积极，同意对其实行社区矫正。"〔2〕这也反映出在当前刑事裁判法院对来自乡村社会的轻微刑事犯罪被告人决定是否适用缓刑、进行社区矫正时，是否遵守村规民约成了重要衡量标准。

（三）确认村规民约属于村民自治事项

刑事裁判的核心是犯罪与刑罚问题，刑事裁判中出现的村规民约也多与犯罪与刑罚相关。但在一些刑事案件中，村规民约是以其他形式存在的，并不直接关涉犯罪刑罚问题。在此情形下，法院在刑事裁判文书中提及村规民约主要是确认村规民约属于村民自治事项，释明审理过程中出现的相关争议。

村规民约由本村村民共同议定，因此其适用范围也是本村，对于其他村没有效力。对此，法院在刑事裁判中也会提及。例如，在一份刑事裁定书中，法院认为："涉案土地属于孙××村所有，×路河村的村规民约对于孙××村不具有约束力。"〔3〕法院的这一说明是符合村民自治要求的，某一村规民约的适用范围只能局限于本村。在另一份刑事附带民事判决书中，法院认为："从法理情的角度，杜某根系村委会书记，村务工作繁琐，张某甲夫妇作为村民应当遵守村规民约和相关政策法规，合理诉求应当通过正当渠道反映，而不是不分时间地点地无理缠闹，故其对损害的发生负有一定过错，针对附带民事诉讼赔偿部分应酌情承担 10% 的责任。"〔4〕该法院关于村

---

〔1〕《惠某骧交通肇事一案一审刑事判决书》，陕西省麟游县人民法院，[2013] 麟刑初字第 00018 号。

〔2〕《田某甲非法持有枪支罪一审判决书》，陕西省凤县人民法院，[2014] 凤刑初字第 00060 号。

〔3〕《王某贪污案刑事裁定书》，山西省忻州市中级人民法院，[2014] 忻中刑终字第 322 号。

〔4〕《罗某荣、张某甲故意伤害罪二审刑事判决书》，河北省张家口市中级人民法院刑事附带民事判决书，[2020] 冀 07 刑终 218 号。

规民约的说明也是从村民自治的角度，强调村民应当遵守村规民约。

五、行政裁判中法院对涉村规民约案件的处理

行政裁判或者行政诉讼，是指公民、法人或者其他组织认为行使国家行政权的机关和组织及其工作人员所实施的具体行政行为侵犯了其合法权利，依法向人民法院起诉，人民法院在当事人及其他诉讼参与人的参加下，依法对被诉具体行政行为进行审查并作出裁判，从而解决行政争议的制度。行政裁判与民事裁判、刑事裁判的一大区别体现在被告身份上。在民事裁判中，原被告是平等的民事主体，任何公民、法人或者其他组织都能成为适格被告。刑事诉讼中，被告人虽然也是不特定的公民、法人或者其他组织，但除刑事自诉以外。刑事公诉案件中，检察机关是公诉方，运用公诉权追究被告人的刑事责任。而行政诉讼中的被告方则是固定的，是国家行政机关，涉及村规民约等乡村事务的国家行政机关主要是乡镇人民政府，因此乡镇人民政府是涉村规民约行政诉讼中的主要被告，而村民委员会或者农村集体经济组织在行政裁判一审中主要是以第三人的身份参与诉讼活动。例如，在"河北省玉田县人民法院审理的胡某某与玉田县林西镇人民政府行政诉讼案"中，原告是胡某某，被告是玉田县林西镇人民政府，第三人是玉田县林西镇黄土坎村村民委员会，村民委员会的法定代表人是该村村委会主任。

在行政裁判活动中，与村规民约有关的直接法律规范根据是《村民委员会组织法》关于村民委员会和乡镇人民政府关系的规定。《村民委员会组织法》第5条是村民委员会与乡镇人民政府之间关系的一般规定："乡、民族乡、镇的人民政府对村民委员会的工作给予指导、支持和帮助，但是不得干预依法属于村民自治范围内的事项。村民委员会协助乡、民族乡、镇的人民政府开展工作。"第27条则是直接涉及村规民约，村民会议可以制定和修改村规民约，并报乡、民族乡、镇的人民政府备案。村规民约不得与宪法、法律、法规和国家的政策相抵触，不得有侵犯村民的人身权利、民主权利和合法财产权利的内容。村规民约有违反宪法、法律、法规和国家政策的，由乡、民族乡、镇的人民政府责令改正。本文共检索出涉及村规民

约的行政裁判文书 7882 篇，其中许多裁判文书虽然有"村规民约"字样，但主要是以《村民委员会组织法》第 27 条的形式出现，其核心争点并不是村规民约这一行为规范本身。例如，在"张某权诉北京市昌平区南邵镇人民政府案"中，北京市昌平区人民法院行政判决书中虽然也出现了"村规民约"的字样，但其核心是村民代表会议的决定，即法院"责令被告北京市昌平区南邵镇人民政府于本判决生效之日起六十日内，对原告张某权于 2014 年 10 月 23 日提交的《要求行政查处申请书》中对南邵镇张营村委会违法组织村民代表会议表决通过自治腾退的行为进行调查处理，并责令其改正之申请作出处理"。[1]该判决也表明，在行政裁判中，法院并不能直接针对村民委员会的决定或决议作出变更，而是必须通过政府机关责令改正，符合村民自治的基本运行制度要求。

在直接涉及村规民约本身的行政裁判中，农村集体经济组织成员资格及由资格带来的经济收益问题是行政裁判的主要案由。村民如果认为村民委员会或者农村集体经济组织在集体利益分配事项上侵犯了自己的合法权益，即有权向法院提起诉讼。其中最为突出的问题是外嫁女、赘婿及挂靠户等问题。由于此类裁判文书数量巨大，本文将选取几个代表性案例进行简要分析。以"村规民约（乡规民约）""行政案件""外嫁女"为联合搜索关键词，我们在"中国裁判文书网"检索得到 2506 篇文书，占 7882 篇行政裁判文书的31.8%，比例很大。其中，在地域范围方面，广东省各级法院公开的此类裁判文书数量最多，共 2322 篇。在广东省清远市清新区人民法院审理的"刘某玲与清远市清城区人民政府东城街道办事处一审行政案"中，第三是人清远市清城区东城街道石板村民委员会第一经济合作社，属于农村集体经济组织。刘某某婚后并没有将户口迁出，属于典型的外嫁女问题。被告东城街道办向法院提交的证据中包括《石板一村村规民约》，以证明第三人 2/3 的村民代表不同意确认原告等人为集体经济组织成员资格，且原告未参与之前的分配。

[1]《张某权诉北京市昌平区南邵镇人民政府其他一案》，北京市昌平区人民法院，[2015] 昌行初字第 42 号。

但是，原告刘某玲对该证据提出异议："法院生效判决中已确认该村规民约违法，但被告仍继续适用，该村规民约是为应诉制作而成，没有负责人的签名，原告及其他村民均未见过该村规民约，即使该村规民约存在，法院的生效判决已对该村规民约进行解读，该村规民约未明确原告应尽何种义务，结合原告提供的证据，原告已基本履行了村中义务。"[1]关于《石板一村村规民约》，法院查实该村规民约于 2013 年 12 月 20 日由石板村社经部分家长签名制作，约定了"外嫁女及迁回本村小组挂靠户不参与本村分红"等内容。关于农村集体经济组织成员资格认定，该判决提到了"户口加义务"的原则。《广东省农村集体经济组织管理规定》第 15 条第 1 款规定："……户口保留在农村集体经济组织所在地，履行法律法规和组织章程规定义务的，属于农村集体经济组织的成员。"《广东省农村集体经济组织管理规定》属于广东省人民政府制定的地方政府规章，在不违背宪法法律的前提下，可以成为广东省法院的裁判根据。《广东省实施〈中华人民共和国妇女权益保障法〉办法》第 23 条也规定村规民约中涉及土地承包经营、集体经济组织收益分配、股权分配、土地征收或者征用补偿费使用，以及宅基地使用等方面的规定，应当坚持男女平等原则，不得以妇女未婚、结婚、离婚、丧偶为由，侵害其合法权益。第 24 条更是明确："农村集体经济组织成员中的妇女，结婚后户口仍在原农村集体经济组织所在地，或者离婚、丧偶后户口仍在男方家所在地，并履行集体经济组织章程义务的，在土地承包经营、集体经济组织收益分配、股权分配、土地征收或者征用补偿费使用以及宅基地使用等方面，享有与本农村集体经济组织其他成员平等的权益。符合生育规定且户口与妇女在同一农村集体经济组织所在地的子女，履行集体经济组织章程义务的，享有前款规定的各项权益。"法院根据《村民委员会组织法》《广东省实施〈中华人民共和国妇女权益保障法〉办法》《广东省农村集体经济组织管理规定》等法律、法规作出裁判："《石板一村村规民约》关于外嫁女不

---

[1]《刘某玲与清远市清城区人民政府东城街道办事处一审行政判决书》，广东省清远市清新区人民法院，[2018] 粤 1803 行初 134 号。

予分配的约定，因违反法律规定，且违背男女平等原则，故不能作为判断原告是否具有集体经济成员资格及是否享有收益分配权的依据。"

基于"外嫁女"问题的复杂性，各法院在处理此类行政案件时十分注意分析具体案情。例如，《广东省农村集体经济组织管理规定》第 15 条第 3、4 款还规定："……户口迁入、迁出集体经济组织所在地的公民，按照组织章程规定，经社委会或者理事会审查和成员大会表决确定其成员资格；法律、法规、规章和县级以上人民政府另有规定的，从其规定。农村集体经济组织成员户口注销的，其成员资格随之取消；法律、法规、规章和组织章程另有规定的，从其规定。"例如，在"麦某芬与中山市人民政府石岐区办事处、中山市人民政府、中山市石岐区岐头股份合作经济联合社乡政府案"中，上诉人（原审原告）麦某芬于 1984 年 12 月 11 日因自理口粮注销了户口，于 1989 年 12 月 1 迁离岐头村，后于 1994 年 3 月 17 日回迁至岐头村。麦某芬属于户口迁出农村集体经济组织后又迁入的人员，按规定应由社委会或者理事会审查和成员大会表决确定其成员资格，但麦某芬并未提交社委会或者理事会审查和成员大会表决确定其成员资格的证据。[1] 在此案中，麦某芬曾经将户口迁出，后又迁回，因此其成员资格需由岐头村集体经济组织讨论决定，不属于法院的裁判范围，广东省中山市中级人民法院维持了一审法院的行政判决，没有支持麦某芬的主张。

值得注意的是，除广东省外，浙江省各级法院公开的行政裁判文书中有 65 篇涉及"外嫁女""村规民约"。其中涉及"宁畲族自治县鹤溪街道办事处、景宁畲族自治县人民政府"的就有 43 篇，浙江省高级人民法院作出的裁判文书有 22 篇，浙江省丽水市中级人民法院作出的裁判文书有 21 篇。这 43 篇文书涉及的争议事项十分类似，涉及"外嫁女"问题，同时涉及村规民约和《景宁畲族自治县农民异地搬迁工程实施办法》这两类规范。关于村规民约，浙江省

---

〔1〕《麦某芬与中山市人民政府石岐区办事处、中山市人民政府、中山市石岐区岐头股份合作经济联合社乡政府一案行政二审判决书》，广东省中山市中级人民法院，〔2020〕粤 20 行终 63 号。

丽水市中级人民法院在裁判文书中认为："尽管×××（村名）并未针对外嫁女是否具备异地搬迁资格专门召开村民代表会议，但该村此前已通过村民代表会议就外嫁女不享受生态林补助款分配权利等表决通过，实际上已形成外嫁女不享受需依附实际居住地而产生的相关权利的村规民约，且该做法在广大农村范围内具有普遍性、传承性及现实意义。在此背景下，中共景宁畲族自治县委办公室和景宁畲族自治县人民政府根据《浙江省农民异地搬迁项目和资金管理办法》，依程序联合制定《景宁畲族自治县农民异地搬迁工程实施办法》，并依据该办法认定上诉人不具有农民异地搬迁资格正确。从制定主体和内容判断，该办法属于《中华人民共和国行政诉讼法》第五十三条规定的规范性文件附带审查范围，原审法院认为该办法不属于审查范围有误，但该办法经审查不存在应当认定不合法的法定情形。"[1]而浙江省高级人民法院则认为《景宁畲族自治县农民异地搬迁工程实施办法》"不属《中华人民共和国行政诉讼法》第六十四条规定的规范性文件，人民法院不进行合法性审查"，[2]从而驳回了相关当事人再审申请。我们可以看出，广东省与浙江省两地法院在处理涉及外嫁女案件时，基于当地实际情况而作出的裁判结果也有不同。浙江省法院认定的村规民约概念更为广泛，并不局限于必须带有"村规民约"字样，而是强调村民代表会议通过的类似决定、决议都属于广义上的村规民约。

六、国家赔偿与司法救助裁判中法院对涉村规民约案件的处理

以"村规民约"为关键词，我们在"中国裁判文书网"中的"国家赔偿与司法救助案件"审判程序中共检索出34篇文书，数量不多，主要涉及房屋拆迁赔偿问题。村规民约在此类案件中主要发

---

〔1〕 相关内容可参见：《张某钗、景宁畲族自治县鹤溪街道办事处、景宁畲族自治县人民政府其他二审行政判决书》，浙江省丽水市中级人民法院，〔2018〕浙11行终15号、《熊某娟、景宁畲族自治县鹤溪街道办事处、景宁畲族自治县人民政府其他二审行政判决书》，浙江省丽水市中级人民法院，〔2018〕浙11行终19号，等等。

〔2〕《张某钗、景宁畲族自治县鹤溪街道办事处、景宁畲族自治县人民政府再审审查与审判监督行政裁定书》，浙江省高级人民法院，〔2019〕浙行申418号，类似表述还见于其他裁判文书。

挥的是书证功能，证明案件中的部分事实。例如，在"黄岛区美廉美集装箱服务中心与青岛市黄岛区隐珠街道办事处广城村民委员会行政赔偿案"中，被告广城村民委员会向法院提交了该村的村规民约，"拟证明原告的案涉建筑违反村规民约第三十六条的规定，应当予以拆除"。[1]由于该案被告不适格，原告又不同意变更被告，法院最终驳回了原告黄岛区美廉美集装箱服务中心的起诉。

在另外一些行政案件中，村民委员会依照村规民约进行拆除或者其他行为，而原告则认为村民委员会侵犯了其合法利益，进而提起国家赔偿诉讼。其中有些行为是村民委员会假借村规民约而侵犯村民利益。例如，一份行政赔偿判决书显示，上诉人（原审原告）梁某某在上诉中认为："百姓村村委会召开《百姓村关于海滨大道改扩建工程赤坎区××村段征地拆迁的会议纪要》，该《会议纪要》没有载明湛江市海滨大道改扩建工程征地红线图范围内外的村民（被拆迁户），用百姓村的村规民约及××村整村搬迁安置规划作幌子，滥用职权把湛江市海滨大道改扩建工程征地红线图范围外××村的一批房屋拆除。"[2]广东省高级人民法院认定拆除梁某保房屋的是村民委员会，而不是赤坎区政府委托村委会进行拆除，不属于国家赔偿的范围。"若构成犯罪的，上诉人可以依照《中华人民共和国刑事诉讼法》的相关规定寻求救济；若构成民事侵权的，则通过民事途径予以解决。"因此，该案并没有对村规民约进行审查。而在另外一些行政赔偿案件中，村民委员会是依据村规民约而对违法建筑进行拆除。例如，在"尹某富、严某满诉临海市涌泉镇人民政府行政赔偿案"中，临海市涌泉镇岩园村村委会出具的《证明》载明："兹证明，我村正在建设临海市美丽乡村与无违建村，分别于 2019 年 5 月 15 日对全村乱搭建及主要乱堆放对象发放了限制拆除清理通知书。2019年 7 月 19 日开始用手提喇叭巡回反复通知，7 月 22 日按村规民约相关规定开始分片实施，于 7 月 23 日对尹某富户实施了清理。原告不

---

〔1〕《黄岛区美廉美集装箱服务中心与青岛市黄岛区隐珠街道办事处广城村民委员会行政赔偿裁定书》，青岛铁路运输法院，〔2020〕鲁 7102 行赔初 7 号。

〔2〕《梁某保、湛江市赤坎区人民政府行政赔偿判决书》，广东省高级人民法院，〔2017〕粤行赔终 18 号。

服上述行为，提起诉讼。"〔1〕在"张某上诉新昌县南明街道办事处错误执行赔偿案"中也有类似情形，张某上在接受新昌县公安局城东派出所的询问时明确："村里要求，村里的男性村民造房子的话，他以前居住的老房子（也就是男性村民父母造的房子）必须全部拆除。"据此，法院认为："张某上、张××（张某上之子）明知根据棣山村的村规民约，张××在申请建房时，案涉张某某的老房应予拆除，但可以让老人居住过世，他们也愿意按此执行。"〔2〕此处村规民约虽然不是规范的表达，但也反映出了大体内容，说明此条内容也是得到该村村民共同遵守的，这也直接影响了案件裁判结果。二审法院认定涉案房屋属张某上所有，一审法院关于涉案房屋的赔偿也符合法律规定。

七、执行案件裁判中法院对涉村规民约案件的处理

以"村规民约""乡规民约"为关键词，2021年2月1日，我们在"中国裁判文书网"共检索出127篇文书。对于已经发生法律效力、具有给付内容的裁判文书，除了被执行人自觉执行之外，在某些情况下还需要法院对执行进行裁判，包括执行复议、执行异议、强制执行等。

通过检索，我们检索出仅广东省各级法院就有100篇执行裁判文书涉及村规民约，其中71篇复议执行裁定书更是直接涉及广东省佛山市中级人民法院或者佛山市南海区人民法院，申请复议人（被执行人）涉及佛山市不同地区的农村经济合作社（农村集体经济组织）。这些裁判文书针对的事项多集中于农村集体经济组织成员资格及其收益分配问题，因此具有相似性。同时，在裁判结果方面，这100篇裁判文书都反映出法院驳回了相应农村集体经济组织的执行异议，也就是否定农村集体经济组织可以依据村规民约而损害相关集体经济组织成员的合法权益。下文将以"佛山市南海区狮山镇招大

---

〔1〕《尹某富、严某满、临海市涌泉镇人民政府行政赔偿判决书》，浙江省台州市中级人民法院，〔2020〕浙10行赔终5号。

〔2〕《张某上、新昌县南明街道办事处错误执行赔偿行政赔偿判决书》，浙江省绍兴市中级人民法院，〔2019〕浙06行赔终58号。

村平二股份合作经济社与佛山市南海区狮山镇人民政府执行异议案"
为例，[1]分析其中涉及村规民约的法律问题。在该案中，根据先前
有关司法裁判，申请执行人佛山市南海区狮山镇人民政府强制执行
出嫁女及其子女的分红，但是异议人（被执行人）佛山市南海区狮
山镇招大村平二股份合作经济社对此提出异议。该案涉及外嫁女及
其子女的集体经济组织成员资格及待遇问题，招大村平二股份合作
经济社以村规民约为主要证据证明不给外嫁女分配是正当的，其中
有两项证据与此相关：一是"《狮山街道招大村平二村股份经济合作
社章程》原件 1 份，证明章程是异议人的村规民约，村民人手一份，
应当遵循村规民约"；二是"关于外嫁女及子女的分配表决情况
（原件 2 页复印件 1 页），证明法院强制扣划后，异议人村民表决不
同意分配分红款给外嫁女及其子女"。同时，招大村平二股份合作经
济社称："按我经济社的股份章程分红方案，出嫁女从出嫁当年享受
当年 3 倍分红后将不再是本经济社的股东。现出嫁女及其子女已违
反了我村的村规和经济社股份章程。"但是，法院没有采纳招大村平
二股份合作经济社的执行异议，强调该合作经济社必须给予许某某
享有被执行人集体经济组织成员同等待遇。

在其他执行类裁判文书中，虽然也出现了"村规民约"字样，
但有的附随《村民委员会组织法》第 27 条第 2 款，并不直接涉及村
规民约本身。例如，在"吴某子执行复议执行审查案"中，是由复
议申请人主动提出《村民委员会组织法》第 27 条第 2 款的内容，
"村民自治章程、村规民约以及村民会议或者村民代表会议的决定不
得与宪法、法律、法规和国家的政策相抵触"。[2]在其他案件中，
村规民约则是能够影响执行的关键证据，但是法院对此采取的态度
是有差异的。而有些裁判文书也反映出法院尊重村民自治。例如，
在"孟某某与赵某某合同、无因管理、不当得利执行审查案"中，

---

[1] 《佛山市南海区狮山镇招大村平二股份合作经济社与佛山市南海区狮山镇人民
政府执行异议一审执行裁定书》，广东省佛山市南海区人民法院，[2014] 佛南法执异字
第 115 号。

[2] 《吴某子复议执行审查类执行裁定书》，内蒙古自治区呼和浩特市中级人民法
院，[2020] 内 01 执复 243 号。

复议申请人（案外人）席某是被执行人赵某某的女儿。席某主张："涉案房屋是由席某和其父亲共同出资购买的，只不过按照村规民约，缴款凭证上载明为赵某某，这是东赵村民人人皆知的事实。该村村委出具的证明，也仅能证明按照村规只有东赵村村民才享有购房资格，而赵某某具有资格（系东赵村女婿）。"据此，席某认为法院强制腾退房屋的行为明显侵犯了自己的合法权益，故向临汾市中级人民法院申请撤销一审法院作出的异议裁定，临汾市中级人民法院最后也采纳了席某的异议意见，发回重审。在"李某海与吉佐某某离婚纠纷"案执行裁定书中，法院查询到吉佐某某有可供执行房屋财产。"位于宜宾市南溪区大坪乡农胜村农村自建房一套，此房为李某海、吉佐某某夫妻二人原来在农村自建的宅基地房产，因宅基地的申请机会只有一次，且宅基地房因村规民约只能在本村组织内流转，故此房不能处置。"[1]在"孟某琴、周某民间借贷纠纷执行审查案"中，法院也支持村规民约，认为："异议人孟某琴系齐河县晏城镇街道办事处东宋村民委员会集体经济组织的成员，其可以依照村规民约，自主决定是否购买本集体经济组织的房屋。"[2]上述裁判文书反映出法院对村规民约的实际认可和采纳。

而有些法院则是根据案件具体情况和村规民约内容，没有认可和采纳村规民约。例如，在河南省郑州市惠济区人民法院审理的一起执行异议案件中，案外人主张："福利待遇系村民委员会制定章程进行民主管理的事项，人民法院在处理涉及村民待遇的案件时，应当尊重村规民约，保障村民自治。而贵院对该部分款项采取冻结的强制执行措施，损害了案外人的合法权益。"[3]案外人的异议主要针对的是独生子女家庭的奖励金，法院认为，这也是属于被执行人的财产，应当属于财产的执行范围。上述案件反映出法院根据案件

---

〔1〕《李某海与吉佐某某离婚纠纷一案执行裁定书》，四川省宜宾市南溪区人民法院，[2021]川1503执46号。

〔2〕《孟某琴、周某民间借贷纠纷执行审查类执行裁定书》，山东省齐河县人民法院，[2016]鲁1425执异54号。

〔3〕《娄某波与张某生、王某莉、张某斌执行异议执行裁定书》，河南省郑州市惠济区人民法院，[2020]豫0108执异43号。

的不同情况和当地村规民约的实际情况进行裁判。在另外一起"苑某甲、苑某乙劳务合同纠纷执行案"中，案外人（异议人）张某某主张法院对涉案房屋决定评估、拍卖被执行人苑某乙的一座房屋时，侵犯了自己合法权益，该房屋属于张某某所有。该房屋不能办理产权登记手续，但案外人张某某与苑某乙曾约定："该门市楼系被执行人自行开发建设，暂时不能办理相关产权登记手续，案外人承诺严格遵守被执行人的村规民约，受其约束。"[1] 但是，法院认为案外人不是该村村民，违反了相关法律和行政法规的强制性规定，应属于无效的民事行为。并且，案外人与苑某乙的关系属于债权债务，没有发生物权变动。

结　语

基层群众自治制度是我国的一项基本政治制度，由《宪法》《村民委员会组织法》等法律法规予以确立和保障，在乡村社会主要体现为包含民主选举、民主决策、民主管理、民主监督等主要内容的村民自治。村民自治也需要依赖相应的行为规范，既包含国家法律法规，也包含村规民约、自治章程、习惯等乡村内部规范。不同类型的行为规范在乡村治理实践中既有协调、配合之处，在某些情形下亦会发生矛盾和冲突。其中，由村规民约引起的矛盾和冲突较为突出，除了乡村社会内部调解、行政机关介入等解决途径之外，一些矛盾和冲突也进入司法渠道。从审判程序上划分，案件可以被分为管辖案件、民事案件、刑事案件、行政案件、国家赔偿与司法救助案件、执行案件等几种类型。面对涉及村规民约的各类案件，人民法院根据法律法规，遵循法定程序，查明案件事实，作出相应的裁判结果，形成了相应的裁判文书。

本文以"中国裁判文书网"为主要文书来源，对涉及村规民约的各种类型案件的裁判文书进行了初步分析，简要梳理了法院对村规民约的不同处理方式。从总体上看，我国各级法院在处理涉村规

---

[1]《苑某甲、苑某乙劳务合同纠纷执行审查类执行裁定书》，山东省威海火炬高技术产业开发区人民法院，[2019] 鲁 1091 执异 19 号。

民约案件时，根据《村民委员会组织法》等法律法规，结合案件实际情况，做到了合法性和合理性的统一。同时，由于村规民约属于村民自治范畴，由一个特定乡村的村民共同议定，并专门适用于该特定乡村范围，村规民约呈现了形式多样、内容丰富的特征。法院基于《村民委员会组织法》等法律法规和乡村治理实践，对村规民约的理解也就可能存在差异，这也被反映在裁判文书中。以民事案件中的集体经济组织成员权益纠纷为例，此类裁判文书数量最多，但法院的裁判存在许多差异。根据不同的案件情况，有的法院作出不予受理的裁定，有的法院在审理后作出驳回起诉的裁定，有的法院在审理中对村规民约的相关内容进行合法性审查，有的法院在审理中建议应当通过乡镇人民政府予以救济。上述裁判结果的差异，反映出法院在处理涉村规民约案件时对村民自治有不同的理解和认识。法治乡村建设要求进一步充分发挥法律法规的引领、规范、保障和推动作用，强化乡村司法保障。同时，完善村民自治制度也要求以法律法规为依据，加强村规民约建设，确保村规民约的制定程序、条文内容合法合规，符合乡村社会实际，满足乡村治理需要，更要防止一部分人利用村规民约侵害或者损害另一部分人的合法权益。

村规民约的司法审查：启动、内容与结果

——基于2008篇裁判文书的实证分析

张　华[*]

一、问题的提出

　　村规民约是村民自治的制度化呈现，在乡村治理中发挥着重要的作用。实践中，与村规民约相关的纠纷大量产生并涌入司法裁判程序，人民法院在案件审理的过程中面临着是否审查、如何审查、作何结论等司法审查问题。围绕着村规民约的司法审查问题，学界进行了多视阈的研究。一方面，有研究者以村规民约的司法审查问题为中心，直接对村规民约的司法审查问题进行专门探讨。例如，侯猛对村规民约司法审查的原则、审查中不同权利观念的衡量提供了应然路径；孟刚、阮啸从审查的必要性、案件管辖、审查内容、审查范围、审查结论等角度为村规民约的法律地位等问题提供法教义学注解。[1]另一方面，有研究者以农民集体成员资格认定、"外嫁女""上门婿""回迁户"权益保护、自治规范与国家法的关系、基层社会的多元规范等问题为中心，对村规民约的司法审查问题进行附带性研究。例如，朱庆、雷苗苗在探讨"外嫁女"土地权益保护的

---

　　* 张华，清华大学法学院博士研究生。
　　〔1〕 参见侯猛："村规民约的司法适用"，载《法律适用》2010年第6期；孟刚、阮啸："村规民约的司法审查研究"，载《国家行政学院学报》2011年第3期。

过程中论及了村规民约合法性审查机制的问题，汪世荣在探讨基层社会治理制度供给之时论及了村规民约司法审查的范围问题。[1]

综合来看，既有研究通过直接或间接的方式从正面和侧面对村规民约司法审查的必要性、审查方法、审查标准、审查对象、审查结果进行了颇有价值的探讨，在微观层面建构起了村规民约司法审查问题的精致理论图式。就性质而言，无论是直接研究还是间接研究，既有研究几乎均为个案式的定性研究或理论演绎式的逻辑推导。学界尚未进行的研究是通过大数据式的定量考察和系统梳理来展现村规民约司法审查的整体实践样态。村规民约的司法审查是一个极具实践性的话题，不仅需要通过"解剖麻雀"式的研究在微观层面进行细微剖析，也需要通过大数据式的定量考察和系统梳理来展现村规民约司法审查的整体脉络和潜在规律，如此才能让我们对村规民约的司法审查产生完整、全面的认知。[2]就此而言，通过大数据式的定量考察和系统梳理对村规民约的司法审查状况进行系统刻画和描绘，是一项颇有价值且有待开展的研究课题。本文通过对裁判文书进行大数据分析，尝试直接从正面描摹出村规民约司法审查的实践样态以及村规民约司法审查的基本逻辑，填补既有研究的空白，

---

〔1〕 参见杨择郡等编著：《外嫁女法律问题研究》，湖北人民出版社 2011 年版，第 1~198 页；卞辉：《农村社会治理中的现代乡规民约》，社会科学文献出版社 2019 年版，第 94~123 页；朱庆、雷苗苗："农村妇女土地权益司法保障的应然选择——以'外嫁女'为研究对象"，载《甘肃社会科学》2019 年第 5 期；赵贵龙："外嫁女'纠纷：面对治理难题的司法避让"，载《法律适用》2020 年第 7 期；刘志刚："民事审判中的村规民约与基本权利"，载《中国人民大学学报》2010 年第 5 期；管洪彦："村规民约认定农民集体成员资格的成因、局限与司法审查"，载《政法论丛》2012 年第 5 期；汪世荣："'枫桥经验'视野下的基层社会治理制度供给研究"，载《中国法学》2018 年第 6 期；黄家亮、吴柳芬："多元正义下的行动逻辑与纠纷解决——珠江三角洲'外嫁女'纠纷实证研究"，载《广西民族大学学报（哲学社会科学版）》2015 年第 4 期；王丽惠："集体产权共有制的成员资格塑造及认定维度——以珠三角地区为对象"，载《甘肃政法学院学报》2020 年第 4 期。

〔2〕 例如，有研究者收集了 83 篇裁判文书并统计了案件的地域分布、领域分布、胜诉率这三项指标。但在海量文书面前，83 篇文书的样本量仍然太小。而且该研究者所统计的这三项内容均过于简单，仅需简单浏览文书即可发现，本文不统计这三项指标。参见胡若溟："国家法与村民自治规范的冲突与调适——基于 83 份援引村民自治规范的裁判文书的实证分析"，载《社会主义研究》2018 年第 3 期。

为后续研究提供实证材料的支持。

为了实现上述目的,笔者将"村规民约""自治章程""乡规民约"等村规民约的常见表述设定为关键词〔1〕,将裁判日期设置为1988年6月1日(《村民委员会组织法(试行)》生效之日)至2020年1月1日,在北大法宝司法案例库进行检索。〔2〕共得文书2427篇,除去重复文书、不符合条件的文书,共得文书2008篇。〔3〕通过逐份阅读符合条件的2008篇裁判文书可知,村规民约仅在449篇文书得到了法院的肯定性评价,占比仅为22.36%。由此便产生了两个问题:其一,《最高人民法院关于为实施乡村振兴战略提供司法服务和保障的意见》要求全国各级人民法院为乡村振兴提供司法服务,充分保护村民的自治权利,而实际上法院仅在22.36%的案件中肯定村规民约,这是否是代表着村民自治的司法保障水平不高?其二,此种超乎预料的现象为何会出现?本文将会通过对这两个问题进行回答,去展现村规民约司法审查的实践样态及逻辑,填补研究空白,促进知识增量。

二、村规民约司法审查的启动

在《村民委员会组织法》第27条及相关法律法规未明确法院能

---

〔1〕 通常认为,一方面,《村民委员会组织法》所规定的自治章程、村规民约的属于同一范畴。自治章程与村规民约的主要区别在于前者通常是一种综合性规范,而后者则往往是某一方面的规范。参见全国人大常委会法制工作委员会国家法行政法室等编著:《村民委员会组织法学习读本》,中国民主法制出版社1998年版,第130~131页;全国人大常委会法工委国家法室等编著:《村民委员会组织法学习读本》,中国社会出版社2010年版,第79页。另一方面,村规民约、乡规民约在内涵方面没有实质性区别,在大多数情况下二者可以通用。参见高其才等:《乡规民约实证研究》,贵州出版集团、贵州教育出版社2018年版,导论第2页;高其才:《村规民约传承固有习惯法研究——以广西金秀瑶族为对象》,湘潭大学出版社2018年版,总序第2页;陈寒非、高其才:"乡规民约在乡村治理中的积极作用实证研究",载《清华法学》2018年第1期。综合既有研究,本文采用"村规民约"一词指代来村规民约、乡规民约和自治章程。

〔2〕 为了更准确地探知法院对乡村村规民约的态度,笔者将检索条件设置为在诉讼请求和本院认为部分均出现"村规民约"或"自治章程"或"乡规民约"字样。所谓"不符合条件的文书"指的是提及村规民约字样但实际上不涉及村规民约争议且不涉及任何实体村规民约的裁判文书。最后检索日期为2020年1月1日。

〔3〕 在2008篇裁判文书中,判决书共1732篇,裁定书共276篇,决定书和调解书0篇。

否审查村规民约的情况下，法院能否审查村规民约是理论与实践共同面临的问题。[1]围绕着法院能否审查村规民约的问题，理论界虽然存在一些反对声音[2]，但主流观点认为法院可以对村规民约进行审查。例如，有研究者从司法的终局性、个体权益的保障、自治的纠偏、村规民约的"法"属性、国家法的法律漏洞、乡村纠纷调解机制的非终局性、村规民约内蕴的权利与义务的可诉性、"能动司法"理念、"事实论"属性等多个方面论证了村规民约司法审查的必要性和可行性。[3]

从司法实践来看，围绕着法院能否审查村规民约的问题，存在着多种观点。有法院认为："审查村规民约的合法性系乡镇人民政府的职责，人民法院无权直接予以处理。"[4]有法院则认为："虽然《中华人民共和国村民委员会组织法》第二十七条第三款规定：'村民自治章程、村规民约以及村民会议或者村民代表会议的决定违反前款规定的，由乡、民族乡、镇的人民政府责令改正。'但该条款规定的是'责令改正'的权力属于乡、民族乡、镇的人民政府，与人民法院依法撤销的权力并无冲突。"[5]还有的法院采取迂回路线，不直接回答法院能否审查村规民约的问题。该院认为虽然上诉人认为村民"应向有关行政机关反映并要求处理，该事项不属于人民法院受理民事案件的范围等"，但"经查，唐某、谢某的一审诉讼请求第二项为请求分得相应的土地补偿款，该项诉讼请求实质是能否享受相关集体经济组织成员资格之待遇的问题，属于民法调整的平等主体

---

〔1〕《村民委员会组织法》第36条明确规定法院可以撤销"村民委员会或者村民委员会成员作出的决定"，未明确法院能否审查撤销村规民约。

〔2〕刘志刚："民事审判中的村规民约与基本权利"，载《中国人民大学学报》2010年第5期；周铁涛："村规民约的历史嬗变与现代转型"，载《求实》2017年第5期。

〔3〕参见孟刚、阮啸："村规民约的司法审查研究"，载《国家行政学院学报》2011年第3期；郭剑平："乡村治理背景下村规民约民事司法适用的理论诠释与优化路径"，载《西南民族大学学报（人文社会科学版）》2020年第8期。

〔4〕《刘某豪债权责任纠纷二审民事裁定书》，山东省临沂市中级人民法院，〔2014〕临民一终字第910号。

〔5〕《李某与长沙市岳麓区咸嘉湖街道望岳村民委员会侵害集体经济组织成员权益纠纷二审民事判决书》，湖南省长沙市中级人民法院，〔2014〕长中民未终字第03647号。

之间的财产关系范畴，人民法院有权作为民事案件予以受理"。[1]

就审查实践的总体情况而言，在本文所统计的 2008 件案件中，审案法官在 1727 件案件中主动或被动地对村规民约进行了审查，审查率为 86.01%。就此而言，在村民自治需要国家司法权做最终决断的时空场景下，司法基本实现了"在场"的要求。但与此同时，在其余的 13.99% 的案件中，也即在 281 个有待裁判的案件中法院并未对村规民约进行审查。[2]

为了考察何种因素影响了法院的决定，笔者逐份阅读了两千多篇裁判文书并从中提取了审查提起主体、审查提起理由、审查依据变化情况、村规民约制定主体、村规民约制定动因、村规民约备案情况、村规民约实体合法性、村规民约制定时间、村规民约种类、审理程序、裁判类型、案件类型、审结年份等可能与审查决定相关的因素，将之作为自变量，与作为因变量的法院审查结果之间是否具有相关性进行了卡方分析。结果表明，除去离散缺失值，审查依据的变化（p=0.008）、提出审查主体（p<0.001）、文书类型（p<0.001）等因素与法官的最终抉择之间具有显著相关性。[3]具体而言：

第一，从裁判文书的文字表述来看，审查依据的变化直接导致法官对是否审查作出不同判断。统计结果表明：2010 年是一个重要

---

[1] 《唐某、谢某与长沙市望城区大泽湖街道南塘村南西片十五村民小组侵害集体经济组织成员权益纠纷二审民事判决书》，湖南省长沙市中级人民法院，[2017] 湘 01 民终 3274 号。

[2] 所谓审查，即人民法院依据全国人大及其常委会制定的法律对村规民约是否合法进行判断，包括直接审查，也包括附带审查。所谓不审查，即人民法院对个案中的村规民约视而不见或直接拒绝审查。本文对村规民约司法审查概念的界定参照了学界所言的"违宪审查""合宪性审查""规范性文件的司法审查"等宪法审查、行政法审查的概念。有关学界所言的审查概念可参见 [美] 约翰·哈特·伊利：《民主与不信任：司法审查的一个理论》，张卓明译，法律出版社 2018 年版，第 2 页；左卫民主编：《中国司法制度》（第 3 版），中国政法大学出版社 2012 年版，第 33 页；张千帆、包万超、王卫明：《司法审查制度比较研究》，译林出版社 2012 年版，第 7~46 页；余军、张文："行政规范性文件司法审查权的实效性考察"，载《法学研究》2016 年第 2 期。

[3] 在部分裁判文书中，提起审查的主体、村规民约的制定主体、是否在政府备案、内容与谁抵触、力量冲突的司法衡量等统计项下存在着部分无法分辨的内容。例如，在部分文书中，审查诉求由谁提出难以辨别。本文（特别是下文）的数据分析并不含这些由于无法分辨而缺失的内容，特此说明。

的分水岭，在 2010 年及之前法院的审查率为 100%，而在 2010 年之后法院的审查率则降低至 85.71%。之所以如此，一个可能的原因是2010 年末全国人大常委会对 1998 年版《村民委员会组织法》第 20条有关村规民约审查的条款进行了修改，增加了有关政府责令改正村规民约的规定。修改后的《村民委员会组织法》明确规定："村民自治章程、村规民约以及村民会议或者村民代表会议的决定违反前款规定的，由乡、民族乡、镇的人民政府责令改正。"〔1〕《村民委员会组织法》修改之前行政审查与司法审查均无明文依据。在《村民委员会组织法》修改之后，行政审查的合法性在国家法意义上得到明确的肯定和确认，成了一种依法而为的审查。而司法审查在《村民委员会组织法》修改之后并未取得明文依据，甚至在行政审查合法性色彩增强的映射、对比下显得合法性不如以前。例如，某法院在 2014 年认为："虽然《中华人民共和国村民委员会组织法》第二十七条第三款规定'村民自治章程、村规民约以及村民会议或者村民代表会议的决定违反前款规定的，由乡、民族乡、镇的人民政府责令改正。'但该条款规定的是'责令改正'的权力属于乡、民族乡、镇的人民政府，与人民法院依法撤销的权力并无冲突。"〔2〕而在 2010 年之前，法院本不必为司法审查作出这样的辩解和说明。显然，《村民委员会组织法》修改之后，法院进行村规民约司法审查时显得有些"心虚"了。概言之，作为审查依据的法律文本内容的变

---

〔1〕 有关规定可参见 1998 年《村民委员会组织法》第 20 条为："村民会议可以制定和修改村民自治章程、村规民约，并报乡、民族乡、镇的人民政府备案。村民自治章程、村规民约以及村民会议或者村民代表讨论决定的事项不得与宪法、法律、法规和国家的政策相抵触，不得有侵犯村民的人身权利、民主权利和合法财产权利的内容。" 2010 年《村民委员会组织法》第 27 条为："村民会议可以制定和修改村民自治章程、村规民约，并报乡、民族乡、镇的人民政府备案。村民自治章程、村规民约以及村民会议或者村民代表会议的决定不得与宪法、法律、法规和国家的政策相抵触，不得有侵犯村民的人身权利、民主权利和合法财产权利的内容。村民自治章程、村规民约以及村民会议或者村民代表会议的决定违反前款规定的，由乡、民族乡、镇的人民政府责令改正。" 相比于前者，后者通过法律条文的形式明确了乡、民族乡、镇的人民政府对违法的村规民约进行责令改正的权力。
〔2〕《戴某与长沙市岳麓区咸嘉湖街道望岳村民委员会侵害集体经济组织成员权益纠纷二审民事判决书》，湖南省长沙市中级人民法院，[2014] 长中民末终字第 03649 号民事判决书。

动，所带来的重要影响之一即为个案中法官对是否审查的判断产生变化。

第二，除了裁判文书文字的直接表述，隐藏于文字表述之下的隐性因素也影响着村规民约的司法审查实践。卡方检验结果表明，除了文本上写明的理由，诉讼各造的力量分布这种无法直接从文书表述中观察到的因素也与是否审查具有因果关系。具体而言，在提出审查主体方面，对于行政机关提起的审查，法院极有可能会对之进行审查，审查率高达 99.10%。虽然村民个体力量不强，审查率不高（80.87%），但村民数量庞大，提起的审查次数最多，因而村民成了最主要的审查提起者。在村民、村集体、行政机关这三类主体提起审查的案件中，村集体提起审查要求不仅次数少，而且审查率最低（77.27%），可能的原因在于社会之力相对较弱，且村规民约本身是村集体制作的，其要求审查比其他主体要求审查更难引起包括法院的重视和关注。当然，需要注意的是，虽然代表国家力量的行政机关提起的审查得到了法院的重视，法院会基于政治势能的考量而予以审查，审查率高达 99.10%，但是由行政机关提起审查的次数并不多，在更多的案件中则是相对微弱的个人之力在发挥作用。这些超出单纯逻辑推演但发挥实际作用的因素难以通过直接阅读文本的方式观察得到，须通过大数据分析的方式才能窥见其大致走向和作用强度，本文称之为"隐性因素"。

此外，笔者还对审理程序、文书类型、案件类型等因素与法官是否审查之间是否具有相关性进行了检验，结果表明案件类型对是否审查并无显著影响（p=0.881），审理程序、文书类型在结果上与法院是否审查之间具有显著的相关性（p<0.001）。但这里的相关性仅仅是由程序设置导致的，是程序因素本身发挥作用的结果。具体而言，审理程序之所以与法院是否审查之间具有显著相关性，是因为相当多的上诉案件属于一审法院不予审查的案件，而到了二审程序，法院基于同样的考量依然不予审查，由此二审案件中的不审查率更高；文书类型之所以与法院是否审查之间具有显著相关性，是因为裁定对象主要限于诉讼程序问题，较少涉及作为实体问题的司法审查问题，在裁定中审查村规民约的概率更低。

表1　与是否审查有显著相关性的因素

考量因素		审查情况		Sig（双侧）
		是否审查		
		审查（件）	不审查（件）	
审结年份	2010 年之前	42	0	0.008
	2011 年之后	1685	281	
提出审查主体	村民	668	158	<0.001
	行政机关	219	2	
	村集体	17	5	
	原审法院	359	26	
	本院	447	5	

　　这些与法院审查行为相关的因素可以被按照是否在文书中直接写明的标准分为两类：第一类为司法者向司法观众所展现的、与结果之间具有直接因果关系的因素，本文称之为"显性因素"。第二类为实际上决定着法官的行为却并不以文字化方式呈现的超出单纯逻辑推演的因素，本文称之为"隐性因素"。这两类因素为法官在作出选择的过程中所实际考量的内容，是法官作出审查行为的形式缘由和实质缘由。此外还有第三类因素，这类因素亦与法院审查行为之间具有显著相关性，但其并不属于法院作出裁判过程中实际考量的内容，而仅仅是司法技术、司法程序方面的内容，仅具有技术上的意义，因而本文称之为"技术因素"。技术因素与审查行为之间之所以具有显著相关性，是由诉讼程序设置导致的。下文对审查内容、审查结果的分析，也将会采用此处三类因素的分类标准。

　　由此我们可以得出本文的第一个结论：尽管在大多数案件中法官对村规民约进行了审查，但在相当一部分案件中"法官不能拒绝裁判"[1]的理想情景并未成为司法现实。实践中法官的决定受到多

---

　　[1]　孟德斯鸠较早地在学理上对"法官不能拒绝裁判"原则进行了阐述，而《法国民法典》第4条则较早地在制度意义上确立这一原则。参见《法国民法典》，罗结珍译，中国法制出版社1999年版，第1页。

方面因素的影响，其中作为显性因素的法律文本的变迁、作为隐性因素的诉讼各造力量分布、作为技术因素的审理程序与文书类型等都在直接或间接地影响着法院的司法决断。

三、村规民约司法审查的内容

对于进入审查环节的 1727 件案件，法院从实体内容、制定程序两个方面对诉争村规民约进行了审查。例如，有法院对村规民约的实体内容进行了审查。其认为："本案中，上诉人对两被上诉人具有南涝坡村户口并无异议，而是以其执行的村规民约中'凡本村青年妇女和外村结婚后，不管户口是否迁移，一律把承包地收回'的规定主张两被上诉人不符合领取条件，但该村规民约与《中华人民共和国农村土地承包法》第三十一条'承包期内，妇女结婚，在新居住地未取得承包地的，发包方不得收回其原承包地；妇女离婚或者丧偶，仍在原居住地生活或者不在原居住地生活但在新居住地未取得承包地的，发包方不得收回其原承包地'的规定相悖，该村规民约不得对抗上述法律规定，两被上诉人的土地承包经营权应予保护。"[1] 还有法院对村规民约的制定程序进行了审查。其认为："原告提供的村规民约，是村委会针对本村建房的相关问题制定的，并让村民小组长发给村民，未经村民会议讨论，因此该村规民约仅是村委会的建议性意见，不是生效的法律文件，不具有强制实施的法律效力。"[2]

在 1727 件案件中，审查内容为制定程序的有 205 件，审查内容为实质内容的有 1368 件，二者皆审的有 154 件。显然，村规民约的实质内容是司法审查关注的重点。为了考察何种因素决定了法院的审查内容，笔者对有无律师监督、提出审查主体、提出审查原因、村规民约制定主体、村规民约制定动因、村规民约备案情况、村规民约实体合法性、村规民约制定时间、村规民约种类、审理程序、裁判类型、案件类型等潜在因素与法院审查内容之间的相关性进行

---

〔1〕《鲁某甲、鲁某乙与新泰市放城镇南涝坡村第八村民小组二审民事判决书》，山东省泰安市中级人民法院，［2014］泰民四终字第 144 号。

〔2〕《李某铭与李某卫相邻关系纠纷一审民事判决书》，云南省鹤庆县人民法院，［2015］鹤民一初字第 85 号。

了分析。结果表明，当事人请求审查的对象、村规民约的合法性、村规民约的制定动因、村规民约的备案情况、案件类型、文书类型与审查内容之间具有显著相关性。

按照前述三类因素的分类标准，影响法院审查内容的因素大致情况是：

在显性因素方面，当事人请求审查的对象、村规民约的合法性两项因素与法院审查内容之间具有相关性，卡方检验 p 值均小于 0.05。具体而言，其一，当事人请求审查的对象影响着法院审查内容。在当事人要求对村规民约的内容进行审查的 1048 件案件中，法院在 1002 件案件中对内容进行了审查，满足率高达 95.61%；在当事人要求审查制定程序的 107 件案件中，法院在 81 件案件中对制定程序进行了审查，满足率为 75.7%。其二，村规民约制定主体的合法性也影响着法院的审查内容。按照《村委会组织法》第 27 条的规定，村民会议是村规民约的合法制定主体，而在本文所统计的范围内，绝大部分村规民约制定主体不合法。[1]当发生纠纷之时，在制定主体合法的 292 件案件中，法院在 19 件案件中对制定程序进行了审查，比例为 6.51%；在制定主体不合法的 849 件案件中，法院在 226 件案件中审查了制定程序，占比上升到了 26.62%。虽然影响甚微，但制定主体的合法性还是对审查内容产生了些许影响。概括来说，在显性因素中，法院更多考虑的是法律规定以及基于法律规定的具有明显合理性的诉求，这不同于在隐性因素中法院更多考虑力量的对比状况。

---

〔1〕 按照《村民委员会组织法》第 27 条的规定，只有村民会议有权制定村规民约。《村民委员会组织法》第 24 条虽然规定村民代表会议可以根据村委会的授权讨论决定诸多涉及村民利益的事项，但是该条同时将授权的范围仅限于本条所列九项内容，不包括制定和修改村规民约的权限。因而村民代表会议并非制定村规民约的合法主体。参见全国人大常委会法制工作委员会国家法行政法室等编著：《村民委员会组织法学习读本》，中国民主法制出版社 1998 年版，第 52、120～131 页；全国人大常委会法工委国家法室等编著：《村民委员会组织法学习读本》，中国社会出版社 2010 年版，第 71～82、164～167、257 页。

表 2　与审查内容有显著相关性的显性因素

审查要求情况		法院审查内容（单位：件）			Sig（双侧）
		制定程序	实质内容	两者兼具	
请求审查的对象	实质内容	46	962	40	<0.001
	两者兼具	41	61	84	
	制定程序	73	26	8	
	难以辨别	41	265	22	
村规民约制定主体的合法性	合法	13	273	6	<0.001
	不合法	111	623	115	

在隐性因素方面，法院审查的内容取决于三种力量的分布状况。

第一，村规民约的制定动因（首要目的）影响着法院的审查内容。有观点认为，村规民约的制定动因包括两种：法治、自治。前者"承载表达国家法的价值、理念"，以执行法律、宣传法律为制定初衷；后者"发挥自治权，传承习惯法等传统法资源"，以实现基层民主、推进基层自治为制定动因。[1]但笔者在统计的过程中发现，几乎所有的村规民约都兼具自治目的与法治目的，在结果上区分自治和法治是不现实的。通过阅读裁判文书可以发现，实践中诉讼各造更多提及的是自治与执行政策，按照制定动因的不同将村规民约的制定动因区分为"自治"和"执行政策"更具现实意义。例如，武夷山某村为了执行政策而制定了村规民约，并在诉讼中强调诉争条款"系被告执行国家计划生育政策的所采取的措施"。[2]通过对审查内容与制定动因是否具有显著相关关系进行分析，能够更为深入、细致地理解司法审查的逻辑。分析结果表明，二者之间具有显

---

〔1〕 相关研究可参见范忠信："民主法治视野下的村规民约建设研究"，载《公安学刊（浙江警察学院学报）》2013年第3期；陈寒非："乡村治理法治化的村规民约之路：历史、问题与方案"，载《原生态民族文化学刊》2018年第1期；汪世荣："'枫桥经验'视野下的基层社会治理制度供给研究"，载《中国法学》2018年第6期。

〔2〕《吴某文等诉武夷山市崇安街道城西村民委员会等侵害集体经济组织成员权益纠纷案一审民事裁定书》，福建省武夷山市人民法院，[2015]武民初字第349号。

著相关关系，卡方检验 Sig 值小于 0.001。下表的数据表明，当村规民约的制定动因是实现自治之时，法院极有可能审查村规民约的实质内容，仅在 11.16% 的案件中未对村规民约作实质性审查。当村规民约是为执行政策时，法院"基于政治原因，为了获取特定的审判结果"[1]，在不少案件中不再审查村规民约实质内容，在 31.15% 的案件中未对内容作实质性审查。避免对政策执行类村规民约进行审查在本质上是对行政力量的尊重。

第二，村规民约的备案情况决定着法院审查内容。在 203 个可以分辨出村规民约是否备案的案件中，村规民约备案情况与法院审查内容之间的显著性分析结果为 Sig（双侧）= 0.003，也即村规民约的备案情况影响着法院的审查内容。具体而言，对于已备案的村规民约，法院通常会减少对制定程序的审查（38.41%），而对于未备案的村规民约，法院审查制定程序的概率则大幅增加（63.46%）。虽然《村民委员会组织法》第 27 条规定的备案程序并非村规民约的生效条件，备案与否"不影响村规民约的效力，备案的作用仅仅在于便于上级行政机关进行监督"。[2]但备案与否显然影响了法院的审查内容。概言之，此时法院的审查逻辑是：依法备案，审其内容；不予备案，审其程序。如此之做法，一方面是出于对法律的尊重，另一方面则是出于对作为备案接受主体的行政机关的尊重。尽管绝大多数行政机关在接受备案后并未对村规民约进行审查，但个案中的法官依然在结果上尊重了备案机关。"裁判所要求的几乎总是远超出单纯的'逻辑推演'"[3]，对于法院审查内容的选择而言，行政之力会不可避免地产生实际影响。[4]

---

〔1〕 ［英］罗杰·科特威尔：《法律社会学导论》（第 2 版），彭小龙译，中国政法大学出版社 2015 年版，第 229 页。

〔2〕 孟刚、阮啸："村规民约的司法审查研究"，载《国家行政学院学报》2011 年第 3 期。

〔3〕 ［德］卡尔·拉伦茨：《法学方法论》，黄家镇译，商务印书馆 2020 年版，第 84 页。

〔4〕 See Robert B. Horwitz, "Neoconservative Politics and the Supreme Court: Law, Power, and Democracy", *Political Science Quarterly*, 129, 1 (2014): 147~148.

表3　与审查内容有显著相关性的隐性因素

村规民约基本情况		法院审查内容			Sig（双侧）
		制定程序	实质内容	两者兼具	
村规民约制定动因	自治	186	1330	150	<0.001
	执行政策	19	38	4	
村规民约备案情况	已备案	26	93	32	0.003
	未备案	19	19	14	

此外，案件类型、文书类型也与法院的审查内容之间具有相关性，卡方检验结果为 Sig（双侧）值小于 0.05。在案件类型方面，民事案件中，法院审查程序的概率为 13.68%，行政案件中法院审查程序的概率为 32.16%。这种现象产生的可能原因在于，民事诉讼多围绕双方权利义务展开，而双方权利义务与村规民约制定程序关系不大，与实质内容存在着更多的关联，因而法院审查程序性问题的概率也会低一些。而且，与司法审查主要解决实质问题类似，行政主体在行政行为中主要解决实体内容，留下了较多程序性问题——此类案件进入诉讼环节的结果是行政诉讼比民事诉讼面临更多积压的程序问题和程序审查诉求。在文书类型方面，法院在 49.55% 的裁定中审查了程序，而仅在 18.81% 判决中审查了程序。之所以如此，是因为裁定本身所涉及的主要是程序性问题，文书篇幅较短，在解决程序性问题的过程中不宜用大量篇幅对更为复杂且更具实质性的村规民约实体内容进行审查和评价。

至此，我们可以得出本文的第二个结论：村规民约的实质内容是司法审查关注的重点，而制定程序则并未受到足够重视。在决定法院审查内容的各项因素中，当事人请求审查的对象、村规民约的合法性直接影响着法院审查内容，案件类型、文书类型由于程序设置的原因与法院审查内容之间也具有相关性。除了显性因素和技术因素，村规民约的制定动因、村规民约的备案情况等隐性因素同样决定着审查内容，这些隐性因素发挥重要作用的基本逻辑是司法权对行政权的谦让与尊重。

四、村规民约司法审查的结果

（一）对进入审查环节村规民约的审查结论

在法院予以审查的 1727 件案件中，除去 40 件无法分辨出法院态度的案件，法院在 1687 件案件中肯定或否定了村规民约中的争议条款。所谓肯定也即在结果上支持村规民约中的争议条款。例如，有法院认为："上诉人刘某某与刘某某、刘某某等 12 人认为被上诉人刘某某盗伐坟林，违反了村规民约，将其家的生猪宰杀，并将猪肉平均分给全村 39 户村民，其目的是教育村民遵守村规民约，虽上诉人行为过激，但被上诉人庆元县公安局未考虑上诉人的行为是执行村规民约所引起这一客观事实，而认定上诉人的行为是哄抢公私财物，显然定性不当。"[1]所谓否定也即在结果上对村规民约中的争议条款予以否定评价。[2]例如，有法院认为，涉案村规民约"未经南宁市邕宁区蒲庙镇人民政府备案，本院不予采纳"。[3]在 1687 件可以分辨出法院态度的案件中，肯定村规民约争议条款的案件有 449 件，否定村规民约争议条款的案件有 1238 件。依照前述分类，影响法院审查结果的因素也可以分为显性因素、隐性因素与技术因素三类。卡方检验结果表明，影响法院审查结论的因素是：

第一，在显性因素方面，村规民约争议条款的合法性与司法审查结果有着直接关联。在 1687 件案件中，共有 1325 件可以清楚辨

---

〔1〕 浙江省丽水市中级人民法院，［2001〕丽中行终字第 38 号。

〔2〕 对村规民约予以否定评价指的是法院不予适用村规民约，而非直接撤销村规民约。在绝大多数案件中，法院对村规民约的效力判断仅仅及于案件本身，通常不会作出超出个案效力的撤销决定。当然也有个别法院撤销了违法的村规民约，此类案件可参见《徐某与闵行区华漕镇花草村钱更浪生产队侵害集体经济组织成员权益纠纷一审民事判决书》，上海市闵行区人民法院，［2017〕沪 0112 民初 6230 号、《戴某与长沙市岳麓区咸嘉湖街道望岳村民委员会侵害集体经济组织成员权益纠纷二审民事判决书》，湖南省长沙市中级人民法院，［2014〕长中民未终字第 03649 号。

〔3〕《谭某琪、南宁市邕宁区蒲庙镇龙岗村团结坡第二村民小组侵害集体经济组织成员权益纠纷一审民事判决书》，广西壮族自治区南宁市邕宁区人民法院，［2018〕桂 0109 民初 100 号。

别出诉争条款合法性。〔1〕对于明显抵触上位法的村规民约，法院在
95.96%的案件中对之作出了否定性评价；对于未明显抵触上位法的
村规民约，法院在6.45%的案件中作出了否定性评价。就此而言，
除了未审查案件和村规民约合法性难以判断的案件，在村规民约的
合法性较为明显的案件中，法院都在极大程度上做到了依法裁判。
然而，值得注意的是，相比于对实质内容的重视，法院对制定程序
的合法性并不重视。尽管制定程序的合法性（特别是制定主体的合法
性）在实践中影响极大，诉讼两造围绕此问题展开了激烈的争论。〔2〕
但实际上，法院在绝大多数情况下并没有重视程序性问题。譬如，有
法院认为，虽然诉争村规民约制定程序违法但由于其得到了该村多数
成员的认可，故可以作为该村利益分配依据。〔3〕从卡方检验结果来
看，尽管制定主体的合法性与法院审查结果之间具有显著相关性（p<
0.001），但实际的情况是在能分辨出制定主体及法院态度的进入审
查环节的1127件案件中，对于制定主体合法的291件案件，法院仅
在25个（8.59%）案件中给予村规民约肯定性评价；而对于主体不
合法（代表大会、村民组、某姓村民等）的836件案件，法院则在
263件（31.46%）案件中给予村规民约肯定性评价。〔4〕特别是，在
诉讼各造以制定程序违法为由而提起审查的50件案件中，法院在32
个（64%）案件中对村规民约合法性予以了肯定性评价。就此而言，

<hr>

〔1〕 在1687件案件中，共有1325件案件中的村规民约合法性或违法性较为明显。
在其余的362件案件中，由于上位法规定不清晰或裁判文书内容不全、篇幅过短、信息太
少等原因，难以判断村规民约诉争条款是否合法。有关是否合法的判断标准可参见全国人
大常委会法工委国家法室等编著：《村民委员会组织法学习读本》，中国社会出版社2010
年版，第81~82、163~167页；《中华人民共和国村民委员会组织法注释与配套》（第5
版），中国法制出版社2020年版，第48~49页。
〔2〕 典型者可参见《陈某、王某承包地征收补偿费用分配纠纷再审民事判决书》，
湖南省高级人民法院，[2019]湘民再34号、《肇庆市鼎湖区永安镇桂溪村第三经济合作
社与肇庆市鼎湖区永安镇人民政府其他一审行政判决书》，广东省肇庆市鼎湖区人民法院，
[2015]肇鼎法行初字第3号。
〔3〕《何杏梅、佛山市三水区云东海街道办事处二审行政判决书》，广东省佛山市中
级人民法院，[2018]粤06行终263号。
〔4〕 如前所述，所谓合法也即符合《村民委员会组织法》第24条与第27条之规
定，所谓不合法也即有悖于这两条规定。

制定主体合法与否并非法院审查的主要考虑因素，法院通常不会由于制定程序违法而否定村规民约。

表4　与审查结果有显著相关性的显性因素

村规民约基本情况		审查结论		Sig（双侧）
		肯定性结论（件）	否定性结论（件）	
诉争条款与谁抵触	强制法	46	1093	<0.001
	不抵触	174	12	
村规民约制定主体	村民会议	25	266	<0.001
	村委会	28	47	
	代表大会	120	204	
	其他主体	6	12	
	村民组	109	310	

第二，在隐性因素方面，法院对争议规范的审查结果受到个案中力量分布状况的影响。一方面，提起审查的主体影响法院的审查结果。在1670个可以分辨出提出审查主体的案件中，对于行政机关要求审查的案件，法院在99.09%的案件中对诉争规范进行了否定性评价；而对于其他主体要求审查的案件，法院判如所请的概率大幅降低，特别是对于村委会要求审查的案件，法院则在33.33%的案件中按照其诉求对诉争规范予以否定性评价。行政力量的强大使得村规民约的合法性问题得到了法院的极大重视，而社会组织力量的孱弱则使得由其提起的审查备受轻视。力量分布状况决定着法院的裁判依据的选择，当行政力量存在之时，法院会"依法裁判"，推动"文本上的法律"向"行动中的法律"转变；当行政力量不存在之时，法院则更有可能维护团体内部秩序。考虑到大部分诉争规范有悖于国家法律（样本中在程序上和内容上均无问题的案件仅10件，在2008件案件中占比仅为0.5%），行政力量对司法审查的积极作用

在于，其能够间接地督促法官通过司法手段校正村规民约违法问题。另一方面，村规民约的制定动因也间接影响着法院的审查结果。按照前述关于自治与执行政策的分类标准，村规民约可被分为自治型规范和执行政策型规范。在审查实践中，法院对自治型规范予以肯定的概率为25.71%，对执行政策型规范予以肯定的概率为50.82%。此时的基本逻辑是，面对蕴涵行政力量的村规民约，作为裁判者的法官更倾向于肯定之、维护之。

表5 与审查结果有显著相关性的隐性因素

		审查结论		Sig（双侧）
		肯定性结论（件）	否定性结论（件）	
提出审查主体	村民	226	416	<0.001
	行政机关	2	217	
	村委会	8	4	
	法院（主动审查）	228	633	
村规民约制定动因	自治	418	1208	<0.001
	执行政策	31	30	

第三，在技术因素方面，审理程序、文书类型与审查结果之间具有显著相关性，卡方检验p值均小于0.001。就审理程序而言，相较于一审、二审，再审案件中对村规民约的肯定比例较高（72.83%），原因在于启动再审的案件多为前审否定村规民约的案件，再审程序的启动本身在很大程度上即意味着对前审裁判的否定（在对村规民约进行审查的再审案件中，法院否定前审结论的比例高达93.88%），双重否定的结果是再审案件中村规民约被肯定的概率大幅提升。在文书类型方面，法院在裁定书中很少否定村规民约，对村规民约否定的概率仅为22.43%。之所以如此是因为裁定涉及的多为程序问题，而如前所述，法院通常不会由于制定程序违法而否定村规民约。

（二）对未审查村规民约的处理

上文主要聚焦于对已审查村规民约的分析，但实际上在本文的统计范围内，还有281件案件中的村规民约并未得到司法审查。按照法院对待审查诉求的处理方式，可将不予审查分为两种类型：其一为转移焦点式不予审查；其二为其他类型不予审查（主要为不予回应式不予审查）。前者也即法院认为应当由行政机关处理，共有163件案件。例如，某法院认为："上诉人若认为《葭沚中村村规民约》存在违反法律规定、侵犯其合法人身权利、财产权利的情形，可以要求被上诉人所属的乡或镇政府责令改正，不属于人民法院审查范围。"[1]后者也即法院基于其他原因不予审查村规民约，共有118件案件。例如，某法院认为："现任村委会主任……是否雇佣他人对上诉人实施打击报复，以及村规民约有效与否，均不属于本案上诉的审查范围。"[2]通过对案件性质、审理年份、审理程序、文书类型、提出审查主体、村规民约备案情况、村规民约首要目的、村规民约内容合法性、村规民约制定程序、提起审查的理由、律师监督情况等可能的各种因素与未审查类型进行显著性分析我们可以发现，在未审查的案件中，显性因素和技术因素的作用并不明显，隐性因素在很多情况下发挥着较为重要的作用。隐性因素的作用主要体现为：

第一，行政力量的兜底作用。对于村规民约实质内容合法的案件，法院转移给行政机关的概率为27.27%；对于村规民约实质内容违法的案件，法院转移给行政机关67.65%。申言之，对于村规民约实质内容合法的案件，法院习惯于自主处理，直接不予审查；对于村规民约实质内容违法的案件，法院更倾向于将之转移给行政机关。将案件转移给行政机关体现了行政力量的兜底作用。在村规民约内容合法的情况下法院可对审查诉求不予回应，但在村规民约内容违法的情况下，对审查诉求置之不理则有逃避审判职责之嫌并且会带

---

[1]《方某仙、台州市椒江区葭沚街道中村村村民委员会侵害集体经济组织成员权益纠纷二审民事判决书》，浙江省台州市中级人民法院，[2019]浙10民终986号。

[2]《周某泰、烟台市福山区门口镇东陌堂村村民委员会二审民事裁定书》，山东省烟台市中级人民法院，[2017]鲁06民终2426号。

来心理上的不安，而将审查难题转移给行政机关则能避免如此之问题。将案件转移给行政机关既是司法权尊重行政权的体现，也是行政力量兜底作用的体现。

第二，律师监督增强个人力量。在无律师的情况下，法院习惯于把案件转移给行政机关（78.21%）；在有律师监督的情况下，法院将案件转移给行政机关的概率将大幅降低（50.25%）。之所以如此是因为将案件转移给行政机关并不是法律上妥当的理由，因而在律师的监督之下法院会更为谨慎地运用这样的理由。由于不予审查的案件80%以上都由当事人提起（在审查的案件中当事人提起的比例仅为39.06%），因而律师在不予审查案中的存在不仅使得司法审查程序合法性色彩增加，更使得当事人的诉求和力量得到了重视和增强，律师"总是有意义和必要的"。[1]类比于前述审查的分类，律师监督在这里属于隐性因素。

表6　与未审查结果有显著相关性的因素

		审查结论		Pearson 卡方值	Sig （双侧）
		转移审查（件）	不予审查（件）		
有无律师	有律师	102	101	18.083	<0.001
	无律师	61	17		
提出审查理由	实体违法	95	32	25.632	<0.001
	程序违法	8	25		
	两者兼具	18	8		
内容与谁抵触	强制法	23	11	5.554	0.018
	不抵触	3	8		

至此，我们可以得出本文的第三个结论：绝大多数进入审查程

---

〔1〕　Hans-Ludwig Kroeber, "Necessary and Unnecessary Forensic Expert Opinions-An External Consultant's View", *Forensische Psychiatrie*, *Psychologie*, *Kriminologie*, 14, 3（2020）：294.

序的案件未能在结果上获得肯定性评价。除了技术因素，一方面，村规民约争议条款的合法性直接影响着法院的审查结果，法院之所以在多数案件中否定村规民约在相当大程度上是因为绝大多数村规民约本身并不合法。法院的行为具有现实依据、现实理由与现实合理性。另一方面，力量分布状况影响着法院的审查结果。行政之力对法院的审查结论有着极为重要的影响，其在总体上推动着国家力量的下沉、督促着法官通过司法审查的方式校正村规民约违法问题。此外，在未审查案件中，力量分布状况对法院行为亦有影响。

五、村规民约司法审查的总结与思考

上文按照审查流程依次分析了是否审查、审查内容和审查结果。通过上述分析我们能够从审查程序的启动、内容、结果三个方面对村规民约司法审查实践的样态进行一个大致的了解。村规民约司法审查的实践样态是显性因素、隐性因素与技术因素共同发挥作用的结果。这三类因素决定着诉争村规民约能否得到审查、得到何种审查、面临何种结论。本部分将会通过回答文首提出的两个问题——绝大多数村规民约未获肯定是否表明村民自治的司法保障水平不高、如此之审查样态是如何形成的——从而更为直观、清晰地展现审查的实践样态及逻辑脉络。

（一）审查样态：低肯定率下的司法保障

综合前述分析，从审查程序的启动到审查结论的作出，村规民约司法审查的样态可以被总结为：

第一，在审查程序的启动方面，少数村规民约未能得到司法审查。面对诉讼各造（主要是作为原告的村民个体）的审查诉求，法官在大多数案件中对村规民约进行了司法审查，但与此同时，在相当一部分案件中"法官不能拒绝裁判"的理想情景并未成为现实。在诉讼各造要求对村规民约进行审查的 2008 件案件中，法院在 1727 件案件中审查了村规民约，在 281 件案件中未对村规民约予以审查，审查率为 86.01%，未审查率为 13.99%，少数村规民约未能得到司法审查。

第二，在审查内容方面，司法审查的重点是村规民约的实质内容。在本文所统计的范围内，与诉争村规民约的实质内容一样，绝大多数诉争村规民约的制定程序并不符合《村民委员会组织法》的基本要求。[1]在村规民约的实质内容和制定程序均不合法的情况下，司法审查重点关注的是村规民约诉争条款的实质内容。虽然制定程序（制定主体）的合法性对法院的审查内容也产生了些许影响，但这种影响只是一种相对微弱的影响。

第三，在审查结论方面，绝大多数村规民约未能获得司法的肯定与支持。在诉讼各方要求对村规民约予以审查的 2008 件案件中，法院在 1559 件案件中并未肯定或支持诉争村规民约，占比高达 77.64%；对诉争村规民约予以肯定和维护的案件共有 449 件，占比仅为 22.36%。

行文至此，我们可以回答上文提到的问题：村民自治的司法保障状况是高还是低。一方面，从国家法的角度来看，村民自治的司法保障状况值得肯定。从国家法的角度出发，村民自治司法保障水平高的具体指标是应当肯定村规民约而肯定之、应当否定而否定之；保障水平低的指标则为应当肯定村规民约而否定之、应当否定而肯定之。[2]通过对村规民约的程序合法性和实体合法性进行统计与辨析，在本文所统计的 2008 件案件中，村规民约在制定程序和实质内容方面均合法的仅为 10 件，占比为 0.5%。在绝大多数案件（99.5%）中，村规民约并不符合国家法的规定。法院之所以在多数案件中否定村规民约是因为村规民约本身并不合法。虽然 77.64% 的实际否定率低于 99.5% 的理论否定率，但法院总体上做到了依法裁判，在国家法意义上为村民自治提供了司法保障。另一方面，从习惯法的视角来看，村民自治的司法保障状况虽然不佳但也值得肯定。从非国家主义立场出发，"没有任何一个法律团体仅靠法律规范即能够维持

[1] 需要说明的是，此处统计的是全部案件，不限于进入审查环节的案件。在所有的 2008 件案件中，村规民约制定程序符合《村民委员会组织法》第 27 条的案件有 327 件，村规民约诉争条款内容符合《村民委员会组织法》第 27 条的案件有 206 件，制定程序和规范内容均合法的案件共 10 件。
[2] 所谓应当肯定也即对不违法的村规民约进行予以肯定，所谓应当否定也即对有悖于制定法的村规民约进行否定。

存在"，[1]"国家法在任何社会里都不是唯一的和全部的法律"。[2] 村规民约之所以能够被制定、遵循、实施，并不是由于其符合国家法或依赖于外在的国家力量，而是由于其体现集体内多数人之理念、保障多数人之权益、获得多数人之支持。因而，在非国家主义看来，保障村民自治的关键不在于依法裁判，而在于肯定、支持和维护村规民约。在村规民约合法率只有 0.5% 的情况下，个案中的法官仍冒着违法裁判的风险，在 22.36% 的案件中肯定了村规民约，为合法预期的 45 倍。这在国家法支配司法审判的情况下是相当不易的。因而在此意义上，村民自治的司法保障状况仍是值得肯定的。[3]村规民约违法的实质是自治力量与国家力量的冲突，法院在远超 0.5% 的案件中维护村规民约的效力，根本上体现的是对乡村原有秩序的尊重，彰显的是在国家力量在基层下沉的过程中对乡村原生的社会之力的重视。

（二）审查逻辑：力量纵横下的审查实践

对总体审查情况而言，我们所看到的审查实践的样态是显性因素、隐性因素与技术因素共同作用的结果。这三类因素一同决定着法院是否审查、审查什么、如何审查，决定着呈现在我们眼见的场景和内容。其中，显性因素直接指引、影响着法院的审查行为，是法院决定是否审查、考虑审查什么、作出审查结论之时最先考虑的因素。技术因素虽然并未在实质意义上对法院的审查实践产生决定性影响，但在外观意义上与形式意义上影响了审查实践的外在表现，影响着作为司法观众的我们所能看见的图景。而隐性因素的力量则

---

〔1〕［奥］欧根·埃利希：《法社会学原理》，舒国滢译，中国大百科全书出版社2009 年版，第 59 页。

〔2〕梁治平：《清代习惯法：社会与国家》，中国政法大学出版社 1996 年版，第 35页。类似表述还有"在任何时候，法治都不仅仅是制定法与规章的总和"。［美］保罗·卡恩：《法律的文化研究：重构法学》，康向宇译，中国政法大学出版社 2018 年版，第 49~50 页。

〔3〕有论者认为村规民约的援引过程中存在着"'自治性'优于'规范性'的法律援引逻辑。"这种观点指出了自治性的重要地位，有其合理性。但本文的统计结果表明，虽然村规民约发挥了很大的作用，但自治性尚未超越规范性。相关研究可参见胡若滢："国家法与村民自治规范的冲突与调适——基于 83 份援引村民自治规范的裁判文书的实证分析"，载《社会主义研究》2018 年第 3 期。

以无形的方式，在实质上指引着法院的审查行为，在根本上塑造着审查实践的样态。

鉴于隐性力量的重要作用，同时鉴于上文尚未系统地总结隐性因素的作用，笔者将会对隐性力量的作用进行更为清晰、直观的总结：

1. 力量分布与审查行为

第一，行政之力督促着法院依法审查。行政之力深度融贯于村规民约司法审查的所有阶段，从审查程序的启动到审查内容的选择再到审查结果的作出，行政之力始终以无形的方式影响着甚至决定着法院的审查行为。理想主义的法治论者或许会认为，行政之力在性质上属于法外因素，其存在于审查过程之中将有损于审查行为的合法性。但实际上，在绝大多数村规民约不符合国家法的前提和背景之下，作为法外因素的行政之力的存在非但不会降低审查行为的合法性，反而会增强审查行为的合法性。只需简单窥视司法审查的三个阶段即可发现，在村规民约的司法审查过程中，行政力量的作用主要在于推动国家力量的基层下沉，指引和督促个案中的法官依循国家法律审查并矫正有悖于国家法的村规民约。

第二，个体之力推动着审查程序的启动。在影响法院审查的隐性因素中，个体之力的作用不如行政力量强大。但作为一股重要的力量，个体之力对村规民约司法审查实践的影响同样举足轻重。行政力量之强在于其作用力度之深，而个体力量之强在于其作用广度之泛。在村规民约司法审查的过程中，行政之力在很多时候并不在场，特别是在审查程序的提起阶段，行政之力的作用相当有限。在2008次审查请求中，由行政机关提起的请求次数为221次，而由村民个体提起的请求次数则高达826次。正是由于个体力量的广泛存在，村规民约的司法审查程序得以被启动、审查诉求得以在多数情况下得到法院的支持。

第三，社会之力影响着审查结果的作出。前述分析结果似乎表明，社会之力的作用不如行政之力和个体之力那么明显。但实际上社会之力对法院审查行为的影响同样是不容忽视的，社会之力对法院"裁决的影响是真实的"。[1] 在是否审查方面，法院在 281 件案件中拒绝审查村规民约在很大程度上可被视作法院对村规民约背后的社会之力的尊重；在审查内容方面，法院在多数情况下选择忽视村规民约制定程序违法问题可被视为法院对作为社会之力的村民自治力量的尊重；在审查结论方面，法院在四百余件案件中肯定了违法的村规民约同样是出于对社会之力的尊重。村规民约司法审查的实质是司法权对社会之力的检视，而避免直接审查、忽视村规民约制定程序瑕疵、维护有悖于国家法的村规民约，则是司法权尊重原生社会之力的表现。

此外，为了更全面地描绘出法院审查过程中的力量分布状况，笔者还从权利（力）冲突的角度统计了 2008 篇裁判文书中自治权与个人权、自治权与行政权冲突的情况下法院的选择。[2] 除了不涉及权利（力）冲突的案件以及难以辨别法院态度的案件，法院对待权利（力）冲突的选择情况是，当自治权与个人权、自治权与行政权发生冲突的情况下，法院往往会选择尊重个人权利、支持行政权力。[3]具体而言：其一，根据法院的选择，在自治权与个人权的 1668 次冲突中，自治权优于个人权的概率为 28.7%；[4] 其二，根据法院的选择，在自治权与行政权的 930 次冲突中，自治权优于行政权的概率

---

[1] Christopher J. Casillas, P. K. Enns and P. C. Wohlfarth, "How Public Opinion Constrains the U. S. Supreme Court.", *American Journal of Political Science*, 55, 1 (2011): 74.

[2] 这里统计的并不是法院对村规民约的审查结果，而是法院对权利（力）抵触的抉择与处理结果。后者所涉范围更广，原因在于，即便在未对争议村规民约进行审查的情况下，法院仍然对支持哪一种权利（力）进行了选择。当然，由于这些案件都是以村规民约的司法审查为基础，因而法院对权利（力）抵触的处理结果与对村规民约的审查结果大致是相同的。也有论者将这里所言的自治权称为社会权力。参见罗鹏、王明成："村规民约的内涵、性质与效力研究"，载《社会科学研究》2019 年第 3 期。

[3] 当然，当自治权与个人权、自治权与行政权发生冲突之时，法院支持自治权的案件在也不少。自治权优于个人权的典型可参见《刘某明与张家港市锦丰镇建设村民委员会财产损害赔偿纠纷二审民事判决书》，江苏省苏州市中级人民法院，[2016] 苏 05 民终3413 号；自治权优于行政权的典型可参见《孟某、孟某清再审查与审判监督行政裁定书》，黑龙江省高级人民法院，[2018] 黑行申 183 号。

[4] 实践中，审案法院对待自治权与个人权冲突的方式与《最高人民法院关于为实施乡村振兴战略提供司法服务和保障的意见》的基本导向具有一致性。该意见第 37 条要求："防止简单以村民自治为由剥夺村民的基本财产权利。"

为 0.4%。虽然司法裁判中的自治力量不可或缺，但显然乡村的自治力量只是一种相对微弱的力量。

2. 力量分布与裁判说理

在逐份阅读文书的过程中，笔者注意到力量分布状况与法院是否给出理由之间似有一定程度的关联性。[1] 为了验证直接观察的准确性与科学性，笔者对法院是否给出理由与审查提起主体之间是否具有相关性进行了卡方检验。结果表明，Sig（双侧）的值远低于0.05，两者之间具有显著相关性。具体而言，对于行政机关提起的案件，法院在 98.64% 的案件中会对裁判理由予以说明，在三类案件中居于首位；对于村集体要求审查的案件，法院仅在 59.09% 的案件中对裁判理由进行了说明，在三类案件中居于末位。显然，隐性力量不仅影响着审查行为，还影响着裁判说理。

表7　提出审查主体与裁判说理情况

提出审查主体	裁判说理情况		Pearson 卡方值	Sig（双侧）
	未说明理由（件）	说明理由（件）		
村民	47	776		
行政机关	3	218		
村集体	9	13	73.369	<0.001
原审法院	32	353		
本院	62	375		

至此，我们可以得出本文的总体性结论：其一，就审查样态而言，虽然法院在绝大多数情况下对诉争村规民约作了否定性评价，但司法对村民自治的保障水平实际上超出了法律规范本身的要求。作为审查主体的法院，为了兼顾社会效果，争取村民自治主体的认同和支持，发挥社会之力对于乡村秩序维护的积极作用，其在相当

---

〔1〕 除去 19 件难以分辨的案件，笔者将法院的理由分为：抵触上位法（1081 件）、无上位法依据（10 件）、不属于自治范围（1 件）、属于自治范围（318 件）、宜由行政机关处理（173 件）、村规民约真实有效性未知（56 件）、其他理由（176 件）。

多的案件中肯定了有悖于国家法的村规民约。其二，就审查逻辑而言，村规民约司法审查的样态之所以如此，是显性因素、隐性因素、技术因素共同作用的结果。实践中的法官遵循的基本逻辑是兼顾三类因素。其中，隐性因素的作用尤为重要。当面对力量冲突之时，法院给予了行政之力足够的重视。个体之力虽弱于行政之力，但亦在数量上发挥着重要作用。此外，力量分布状况对裁判说理也有一定影响，法院倾向于在行政机关提起审查的案件中阐明理由，体现了对行政力量的尊重。

结　语

村规民约的司法审查是村民自治司法保障的重要组成部分。村规民约在多数案件中被法院所否定并不等于村民自治的司法保障水平不高，此种情况之所以出现是显性因素、隐性因素、技术因素共同发挥作用的结果。为了使审查结果既符合国家法的要求，又具有普遍的认可度和可执行性，"解决司法过程中的'合作困境'"〔1〕，理性的审查者不得不同时兼顾法律的规定、当事人的诉求等显性因素，行政力量、社会力量与个体力量的分布等隐性因素，以及程序的设置等技术因素。在多种因素的共同持续影响下，个案中的法官审慎地进行着审查行为，最终绘就了村规民约司法审查的现实图景。

村规民约司法审查的结果不仅决定着个案正义能否实现，而且还决定着村民自治司法保障水平的高低，影响着、塑造着乡村社会的未来走向。为了进一步提升村民自治的司法保障水平，可在两方面有所作为：一方面，应兼顾三类因素的关系，做到"应审尽审"。为保证各方特别是村民个体的诉权的实现，发挥"最后一道防线"的作用，人民法院应当做到"应审尽审"，不应以不予审查的方式回避审查诉求。另一方面，作为审查主体的法院应把握好三种力量的关系，扮演好协调者的角色。乡村治理水平的提升离不开维护乡村秩序的原生社会之力，离不开推动乡村变革的外来行政之力，也离不开参与治理的个体之力。人民法院应当为三者提供直接对话的渠

---

〔1〕 郑智航："党政体制塑造司法的机制研究"，载《环球法律评论》2020 年第 6 期。

道，注重保护相对弱小的社会之力，防止由于力量失衡导致个人权、自治权或行政权无法实现。如此，村民自治的司法保障水平将会得到提升，乡村治理效果将会得到改善，乡村社会将会变得更为有序、更具活力。

学术综述

当代中国村规民约研究综述

高成军[*]

一、问题和目的

任何共同体在存续过程中都必将面临如何使业已存在的行动者联系在一起，并维系社群的安定和团结。此种联结纽带抑或维系机制或者是共同体在长期的历史发展过程中所形成的血缘亲情、历史记忆、文化认知、集体观念，或者是在守望相助、唇齿相依的生存过程中所形成的利益联结，或者是权力、强制下形成的一种外在的接受。但是，不管是文化的、利益的，还是强制的，如何使行动者的行为安置在一个既定的框架中，使冲突转为合作，并对溢出行为加以处置，亦是共同体面临的棘手问题。针对这一问题，不同的共同体、不同的社群在存续发展中都发明了一整套制度装置和规范体系，乡规民约抑或村规民约[1]即是这样一种制度装置。在乡治场域

* 作者简介：高成军，甘肃政法大学法学院副教授，清华大学法学院博士研究生。基金项目：本文系 2016 年甘肃政法学院科研资助重大项目《近三十年中国习惯法研究的再研究——一个学术史的考察》。（2016XZD13）阶段性成果。

[1] 在本文中如无特别说明"村规民约"与"乡规民约"通用，但需要特别说明的是其不同于"乡约"。如有学者所指出的："乡约"并不等于"乡规民约"。"乡规民约"是基层社会组织的社会成员共同制定出来供大家共同遵守的一种社会行为规范，而"乡约"是乡村社会中以社会教化为主要目的的一种民间基层组织形式，二者的内涵并不相同，其历史发展路径也有差异。乡规民约一直存续至今，而乡约则在民国昙花一现之后，

中，村规民约塑造了行走在这一场域中行动者的身份认知、集体观念、社群忠诚、道德遵循和行为期待；这一制度装置亦为个体的利益协调和行为模式提供了一种规范安顿，使行为的相互期待成为可能、使潜在的冲突转为合作；这一制度装置也抑制了共同体存续发展中的不安定因素，使溢出的原本应合作的行为迫于压力选择合作；这一制度装置亦决定了村治场域中集体团结得以维系的权力的生产与再生产，保证了权力的空间作用力，使场域内的行动者联合在一起，进而形塑了共同秩序的安定团结。

从整体的历史发展脉络来看，虽然在不同的历史时刻，皇权宣称"溥天之下，莫非王土"，但是在山高皇帝远的乡野僻壤，皇权依然不得不依靠乡土社会的内生秩序进行道德教化和疆域统治，其中乡规民约在乡土社会的秩序维系中一直扮演着重要的角色。在传统的乡土社会，村庄秩序的维系在一定程度上正是依靠承续已久的宗法礼治秩序，以及在此基础上外化的家法族规、乡规民约、士绅权威得以因应。"晚近以来在现代民族国家叙事替代王朝国家传统的陵替过程中，寻求国家权力的空间在场及通过一定的制度架构实现政治整合，是现代国家建构的必要努力之一，基层政权建设正是实现此种任务的重犁，国家通过组织嵌入及围绕组织运作的制度加持，实现了国家在乡村社会的空间再造及合法性叙事。"[1] 政治国家的组织嵌入和制度加持，使当代中国村规民约的制度脸谱在不同的历史时期以不同的形式行动自我，或沉寂、或遮蔽、或方兴，但整体的一个趋势是其一直在村治场域中或明或暗的循迹，这也体现了这一规范构造顽强的生命力。在当代中国的宪制架构中，村民自治为村规民约的生成和发展提供了切入契机。可以说，正是因为村民自治这一宪制安顿，才使村规民约从传统的习惯法进入了国家宪制架构的秩序

（接上页）退出了历史舞台。将"乡约"等同于"乡规民约"的研究方法，既有悖于历史事实，混淆了两种不同性质的社会文化现象，也容易使人产生诸如把乡规民约的形成追溯到《蓝田吕氏乡约》等错误看法。董建辉："'乡约'不等于'乡规民约'"，载《厦门大学学报（哲学社会科学版）》2006 年第 2 期。

　[1] 高成军："国家的空间再造与社会边界：乡村治理中的基层政权建设"，载《贵州大学学报（社会科学版）》2019 年第 4 期。

286

场域，也成了村民自治的一种制度性表达。《村民委员会组织法》第27条第1款规定："村民会议可以制定和修改村民自治章程、村规民约，并报乡、民族乡、镇的人民政府备案。"第10条规定："村民委员会及其成员应当遵守宪法、法律、法规和国家的政策，遵守并组织实施村民自治章程、村规民约，……"第27条第2款规定："村民自治章程、村规民约以及村民会议或者村民代表会议的决定不得与宪法、法律、法规和国家的政策相抵触，不得有侵犯村民的人身权利、民主权利和合法财产权利的内容。"如上条文为村规民约提供了很好的制度空间和法律依据。当下正如荼进行的乡村振兴亦提出了发挥村规民约在乡村社会治理中的重要作用。2021年4月29日发布的《乡村振兴促进法》，在第30条亦提出了发挥村规民约的积极作用。

但与村规民约作为制度事实长期存在并发挥相反作用的是，理论界对村规民约的讨论一直存在不同的声音。比如，村规民约的性质是什么？其权力来源于哪里？在整体的法治秩序中其制度空间和规范边界在哪里？其与传统的习惯法关系又在哪里？司法介入如何平衡社群内生秩序？各种话语、各种争议，各种诘难不断地弥散在讨论之中，这说明对这一问题的讨论还远远没达成共识，讨论还有很大的空间。而在村治实践中，随着市场化城镇化的渐递推进，人员的流动已成为不争的事实，村庄社会人群间的联结和权威认同已日渐消解，在此情势下村规民约作用空间和内生转化亦成了需要探讨的问题。而在司法实践中，面临的困惑和张力亦为常见。村治场域的行动者对村规民约不同的态度和策略、村规民约关于村民资格确认和福利分配中激发的矛盾、基于村规民约对村民施于的各种社群排挤和权力惩戒、村民对如上问题提起的诉讼、司法机关的不同回应态度。这也说明了这一问题的复杂性和分歧性。本文正是基于这一问题意识和学术关切，以当代中国村规民约研究的已有成果为分析对象，主要从研究脉络和所涉问题方面进行粗线条的勾勒爬梳，以期厘清我国村规民约研究的分析理路、所涉问题及学术论争，检讨已有研究存在的不足和问题，进而就研究的深入发展提出粗浅的建议。当然，基于自身条件限制，本文不可能穷尽所有的文献资料。同时，介于篇幅限制，本文亦不可能将每个论者的具体观点一一列举，唯恐挂一漏万、以辞害意，念慈在此，特向相关论者表示歉意。

二、文献及计量分析

本综述在文献检索方面，首先需要说明三点：其一，如前文所注解，在本文中如无特别说明"村规民约"与"乡规民约"通用。因此，笔者在检索文献时同时检索了有关村规民约和乡规民约的内容；其二，在时间区间而言，本文的主题为当代中国的村规民约。依此，本文检索的文献也主要是探讨1949年以来在当代中国乡村社会中发挥作用的村规民约；其三，就文献搜集的内容而言，其实现阶段对乡村治理的研究成果大多都或多或少涉及了村规民约的内容，在如此浩如烟海的文本中，本文无力对所有这些成果进行研读分析，本文主要借助专门研究村规民约的文本进行分析，并兼顾其他研究中涉及村规民约的内容；其四，就文献检索工具而言，对学位论文、期刊论文、学术会议论文的检索，主要运用中国知网的CNKI学术搜索库进行检索；对图书资料的检索，主要运用国家图书馆联合公共目录查询系统（OPAC）进行检索。

就学术论文发表的情况而言，截至2021年4月30日，在中国知网数据库以主题为"村规民约"和"乡规民约"为检索条件，共检索到1867篇文献，其中CSSCI文献330篇；在学位论文方面，依照上述检索条件，共检索到硕、博士学位论文234篇，其中博士学位论文19篇，硕士学位论文215篇；就图书资料而言，在中国国家图书馆联合公共目录查询系统，以正题名为"村规民约"和"乡规民约"为检索条件，共检索到馆藏图书29本。

从已经检索到的期刊论文和硕、博士学位论文来看，通过中国知网计量可视化分析检索结果可以发现：村规民约的学术关注度和发文趋势呈现一个逐步上升的趋势。在1995年之前，关于这一方面的研究成果并不是很多，从1995年开始有一定程度的上升，究其原因估计与这一时期兴起的习惯法研究有关。1998年以后关于这一问题的研究有了大幅度的提升，估计与1998年通过的《村民委员会组织法》有关。自2013年后关于这一主题的探究成果整体上逐步增多，在2019年上升到了最高，估计与这几年一直推进的乡村振兴政

策背景有关。(见图1)

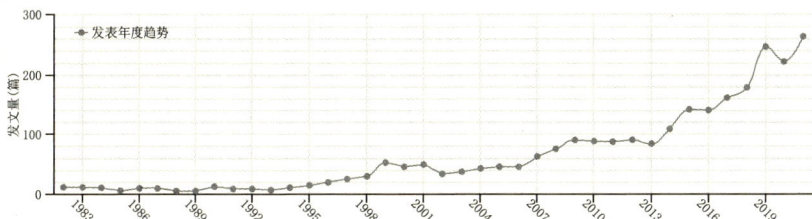

图1　发文量总体趋势

就研究主题而言，通过计量化分析可以看到，村规民约和乡规民约主题当然占了很大的比例。而在有关村民自治和乡村治理的讨论中，关于村规民约或者乡规民约亦占了很大的部分。同时，有关习惯法的研究也在这方面关注到了这一主题。同时，通过文献分布，我们亦发现了一个有趣的现象，那就是在有关"妇女土地权益"和"农村妇女"的讨论中，亦涉及了关于村规民约的讨论，这可能与村规民约在村民资格认定或福利分配中对出嫁女等妇女的区别对待有关，这一问题我们会在后文分析。(见图2)

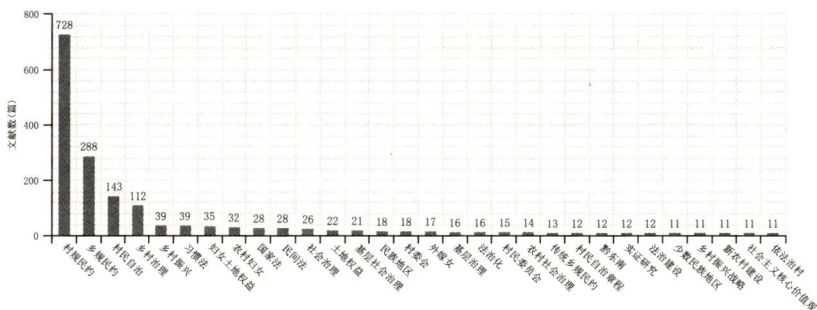

图2　主要主题分布

如果我们把"村规民约""村民自治""乡村治理"三个文献所涉的主要主题放在一起比对分析，就可以看到有关村规民约讨论的一个整体政策背景。从计量分析可以看到，关于村规民约的研究一直伴随着对村民自治的讨论，这也从另一个侧面说明了前文所提及的正是因为村民自治这一宪制安顿，才使村规民约从传统的习惯法进入了国家宪制架构的秩序场域，也成了村民自治的一种制度性表达。而在 2007 年以后，乡村治理与村规民约的讨论出现了上升趋势，这一变动趋势说明研究与现阶段整体的国家政策背景有关。（见图3）

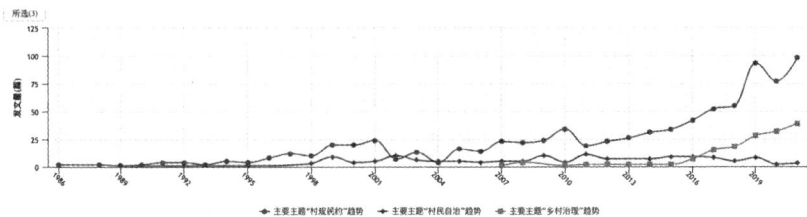

图3 主题比较分析

就文献所涉学科而言，通过计量化分析，我们可以看到政治学在这方面的研究占据了重要的方面，这可能与政治学关注村民自治、基层民主等问题有关。在政治学领域，农村问题一直是研究者较为关注的一个方面，而在对农村问题的探讨中，关于村民自治或者基层民主的讨论一直也是政治学的一个重要所涉，因此作为村民自治或基层民主制度表达之一的村规民约难免会引起研究者的关注。同时，在法学研究中，我们可以看到法理和行政法学对这一主题的研究的比例也很大，这主要与在法学研究中有关习惯法的研究可能较多关注这一主题有关，而行政法之所以较为关注这一问题，可能与法学研究中对村规民约合法性的讨论，以及村规民约与国家制定法关系的讨论有关。（见图4）

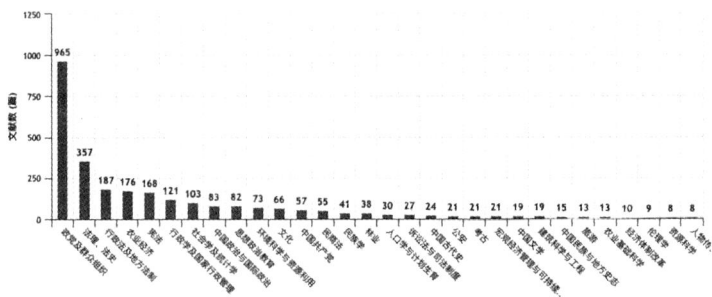

图4 学科分布

三、村规民约的性质和内容

任何关涉村规民约的研究，首先可能需要对村规民约的内涵性质有所阐释和提及。一般而言，村规民约是基于实施村民自治的要求和需要，由农村基层群众性自治组织依照宪法、法律和国家政策，经民主程序而制定的一种全体村民进行自我管理、自我教育、自我服务的社会规范。学界虽然对村规民约的这一基本认知没有太大的争议，但是对这一行为规范到底属于什么、其效力及其边界如何、其与国家法律及其他规范的关系是什么可能存在一些不同的认识。村规民约在实施中生发的一些争议和问题、理论上针对村规民约讨论中弥散的一些张力、司法实践中针对村规民约的一些或多或少殊异的判例，其实都关涉对村规民约内涵、性质及内容的认知，这也说明对这一问题的讨论和认识远远还没有形成共识。

（一）村规民约是不是"法"

在关于村规民约性质的争议中，第一个争议是村规民约是不是"法"。如学者高其才先生认为，村规民约是法治社会建设中的重要规范，从使用情况来看其存在四重含义：一是指村庄共同体成员的行为规范；二是指基于村民自治而形成的自治规范；三是指调整乡村社会关系的社会规范；四是指村民基于协商民主而达成的社会契约。其主张应主要从"社会规范"即非国家法的习惯法层面界定其含义。[1]有论者通过梳理关于村规民约概念的代表性阐释，认为已有讨论对村规民约属于行为规范并不存在争议，但在定义种差上却存在一些争议和疏离。其认为有关村规民约性质的争议抑或张力，

---

[1] 高其才：《通过村规民约的乡村社会治理——当代锦屏苗侗地区村规民约功能研究》，湘潭大学出版社 2018 年版，第 1 页。作者此处主张应主要从非国家法的习惯法层面界定村规民约的含义，"非国家法的习惯法"是作者对习惯法进行界定和理解时提出的一个重要概念。作者认为习惯法可从国家法意义上的习惯法与非国家法意义上的习惯法两方面进行解释，国家法意义上的习惯法即由国家认可并由国家强制力保证实施的行为规范，为法的正式渊源；非国家法意义上的习惯法指独立于国家制定法之外，依据某种社会权威和社会组织，具有一定的强制性的行为规范的总和。参见高其才：《法理学》（第 3 版），清华大学出版社 2015 年版，第 77 页；高其才：《中国习惯法论》（第 3 版），社会科学文献出版社 2018 年版，第 3 页。

主要体现在契约论和法两方面，在契约论下村规民约被视为村民共同体基于合意而形成的一种民事契约，其并不具有法律约束力。而如果村规民约被视为法，其当然具有约束力。[1]有学者认为，村规民约独立于国家制定法体系之外，其并不属于正式的法律规范，不具有国家法的性质。其认为其只能属于"民间法"体系，是民间法的重要组成部分。[2]亦有论者认为，村规民约属于一种准法规范，其主要体现在以下几方面：村规民约是经过法律授权制定的、村规民约是以权利和义务为内容的、村规民约符合法律规则所要求的逻辑结构、村规民约具有准强制性。该论者认为，正是因为村规民约具有类似于法的特性、比照法的构成制定、在一定范围内发挥着与法律一样的社会效果，所以其在法律性质上属于准法规范。[3]

其实，不管是将村规民约定性为非国家意义上的习惯法，还是民间法，抑或是准法规范，问题的关键不在于用什么叫法，而在于如何理解此种定性中所用的"法"这一语词的含义及其指涉，因为对这一语词含义的不同认知和对象的不同指涉，恰恰造成了既有研究对村规民约性质的认知和争议，亦造成了实践中对待村规民约的不同态度。对"法"的不同理解和指涉也引起了一些学者的批判。如有学者认为："本来民间法就不是一个科学的表达，只是为了表达便利。民间有大量的规范形式，这些规范形式在民间生活中发挥着重要作用。但发展到后期，一些民间法研究者不满足于这种比喻和修辞，要使民间法也成为一种法，尤其在诸如法律多元主义、活法理论等的支撑下，认为民间的规范也是一种法。"其认为："要解决这种理论混乱，就需要回归常识，对法的一些基本概念进行澄清。"[4]这就关涉对"法"的理解，对"法"不同的界定和理解，恰恰也是造

〔1〕 罗鹏、王明成："村规民约的内涵、性质与效力研究"，载《社会科学研究》2019 年第 3 期。

〔2〕 于语和、安宁："民间法视野中的村规民约——以河北省某村的民间调查为个案"，载《甘肃政法学院学报》2005 年第 5 期。

〔3〕 韦少雄："论村规民约的法律属性"，载《齐齐哈尔大学学报（哲学社会科学版）》2013 年第 3 期。

〔4〕 刘作翔："回归常识：对法理学若干重要概念和命题的反思"，载《比较法研究》2020 年第 2 期。

成争议、困惑和误解的根源。分歧并不在于谁对谁错，而是在于你所限定的"法"可能不是我所指的"法"。正如有学者认为："对法应做广义的理解，凡是为了维护社会秩序，进行社会管理，而依据某种社会权威和社会组织，具有一定强制性的行为规范，均属于法范畴体系之列。"[1]在这里，"法"是从社会意义上界定的，而不是从国家制定法的角度界定的。如此，任何从事习惯法抑或民间法研究的学者，其并没有像如上批判那样企图将这些社会规范上升到国家法律，双方的分歧就在于对"法"的不同认知，这也造成了二者的误解。在此澄清一下，将村规民约认定为社会治理中多元规范的一种，想必可以消解或者减少这种争议、误解和困惑。

（二）村规民约的权力基础来源于哪里

村规民约的权力基础来源于哪里，亦是一个影响对其定性的重要因素，因为在村规民约的制定和实施过程中，无论是表面的制度表征还是背后的权力来源，其不同的呈现抑或弥散会造成在理论上或者实践上对村规民约的不同认知和操作。村规民约或者乡规民约由来已久，既有的研究大多认为在传统乡土社会，在乡规民约的制定和实施过程中，国家权力并没有太多的作用空间，而更多的是社会权力左右其运作。无论这种社会权力是费孝通先生指出的长老权力、同意权力，还是时势权力、横暴权力。[2]现有争议的一个整体社会背景是近代以来国家通过组织嵌入和制度加持，使村治场域中的权力脸谱发生了变化，这也导致了对村规民约权力基础的不同认知。现实社会中无论是在制度构造上村规民约依照国家法律授权制定，还是实践中村规民约按照乡镇基层政权的安排甚至范本去起草，在观感上给人以村规民约的权力基础来源于国家权力，进而对其性质有了争议和误解。如有学者通过对桂西北的田野调查认为，村规民约就是新旧权威、新旧规范、新旧秩序、新旧观念之间博弈和妥

〔1〕 高其才：《中国习惯法论》（第3版），社会科学文献出版社2018年版，第3页。

〔2〕 费孝通先生在《乡土中国》中将权力分为四类：一是在社会冲突中所发生的横暴权力；二是在社会合作中所发生的同意权力；三是在社会继替中所发生的长老权力；四是在社会变迁中所发生的时势权力。参见费孝通：《乡土中国》，上海世纪出版集团2017年版，第71~75页。

协的产物。桂西北在修订和完善"村规民约"时，既离不开国家法律、法规、政策的引导和规范，又基于村民们对现实需求、民间习惯、惯例的权衡和考量。该学者认为，转型期村寨社会的法秩序常态是，现代的法律与传统的道德情感、风俗习惯等调控手段相互交织在一起，成为村民共同遵守的行为准则。而实现这种交织的方式就是互动，其载体往往表现为村规民约等制度性规范。其指出，由全体村民根据国家法律并结合本村实际一条条反复讨论修订的这些村规民约，并非一纸空文，而是代表着一种合意、一种秩序，同时又是变迁之后的传统。[1]有论者认为，村规民约只有嵌入相应的社会网络才有发挥作用的空间，传统社会的村规民约基于其内生性，发挥了重要的作用。但中华人民共和国成立以来，乡村社会的"文化治理网络"被"组织整合网络"替代，以行政权及其行使为代表的国家力量建构并推行了村规民约，因此其作用空间有限。[2]有论者认为，传统社会在乡规民约的效力基础上，国家权力并无太大的作用空间，随着革命和改革的推进，基于构建法律秩序的需要，国家权力已经渗入村民生活的各个方面，在此环境下，村规民约仅仅是重复着国家法律的规定、获得国家权力的支持和依赖法律的威慑力而起作用。[3]凡此种种，其他的论者亦有很多展开和提及。

关于村规民约的权力基础究竟来源于村庄社会的内生性权力合意还是国家力量的权力让渡，我们在讨论这一问题的时候需要明晰两个关键问题：一是权力表征与秩序构造，村规民约作为一种实现和行使村民自治的重要制度构造方式，其当然性的权力来源于村落共同体的主体合意，其形成和实践亦需要村落共同体内部的资本支持，以此才能发挥其规范行为、建构秩序的功能。但是，强调其权力来源于内部并进而重申自治，并不意味着不受国家法律场域的收束和管理。因为，构建一种统一的法律秩序，强调国家权力及其脸

---

〔1〕 张静："乡规民约体现的村庄治权"，载《北大法律评论》1999年第1期。

〔2〕 冷向明、熊雪婷："社会网络基础变迁视角下村规民约的建构性脱嵌及其调适"，载《西南民族大学学报（人文社会科学版）》2020年第11期。

〔3〕 姜裕富："村规民约的效力：道德压制，抑或法律威慑"，载《青岛农业大学学报（社会科学版）》2010年第1期。

谱的空间在场本身就是现代国家建构的内在任务，在这一任务下，强调国家法律对村规民约的品行塑造、边界厘定、司法审查本身也是行使村民自治的内在含义之一，如此村规民约得到法律的授权、其内容不能与宪法与法律相抵触、其制度应接受司法审查亦是题中之意。如此这种限制和审查，只是国家统一法秩序下对社会多元规范的一种收束，而并没有否定这些规范的权力来源性质。二是制度初衷与制度实践现实。我们在讨论这一问题的时候，需要反思一个问题，就是我们不能把制度在实践中呈现的一些问题症结换位为制度初衷。就村规民约来说，其初衷就是为了展现村民自治，进而形成村落共同体内部的自我管理、自我教育、自我服务。虽然在这一制度的实践过程中，可能发生了一些变异或者问题，但是这仅仅是需要进行制度重申、制度回归和制度完善的问题，而不能从根本上否定其初心和本质。

（三）村规民约能不能设置惩罚性条款

村规民约的条款设置，尤其是惩罚性条款应不应该有存在的空间，也直接关系到对其性质的认知。就村规民约的内容，既有的研究都有太多的介绍和阐述，如知名习惯法研究学者高其才先生在其相关村规民约的研究著述中介绍了太多关于村规民约中有关村落管理、治安维护、纠纷解决、社群互助、生态保护、移风易俗、教育发展、防火防灾等方面的内容。[1]有研究通过对 95 个村村规民约文本的考察，从耕地使用、集体建设用地使用、土地征用与补偿收益

---

〔1〕 相关论述可参见：高其才：《通过村规民约的乡村社会治理——当代锦屏苗侗地区村规民约功能研究》，湘潭大学出版社 2018 年版；高其才：《村规民约传承固有习惯法研究——以广西金秀瑶族为对象》，湘潭大学出版社 2018 年版；高其才等：《乡规民约实证研究》，贵州出版集团、贵州教育出版社 2018 年版；高其才："通过村规民约保障人权——以贵州省锦屏县为对象"，载《南京社会科学》2017 年第 7 期；高其才："通过村规民约的乡村治理——从地方性法规规章角度的观察"，载《政法论丛》2016 年第 2 期；高其才："通过村规民约改变不良习惯探析——以贵州省锦屏县平秋镇石引村为对象"，载《法学杂志》2018 年第 9 期；高其才："通过村规民约的乡村治理—— 以贵州省锦屏县启蒙镇边沙村环境卫生管理为对象"，载《广西民族研究》2018 年第 4 期；高其才："村规民约在乡村治理中的作用——从法律行政法规部门规章等中央规范性文件角度的考察"，载《暨南学报（哲学社会科学版）》2017 年第 9 期；高其才："规范、制度、机制：村规民约与社会治安维护"，载《学术交流》2017 年第 5 期。

分配、集体成员资格确认等方面详细考察了村规民约中土地制度的内容。[1]有研究通过对浙江沿海地区某经济发达村庄 20 年中 17 件村规民约的解读，以个案实证研究的方式展现了村规民约的具体内容。[2]有研究通过对云南德宏地区少数民族村寨村规民约的内容考察，认为其村规民约主要分为综合规约和单项规约，该学者介绍了对吸毒、贩毒现象的《禁毒寨规》、针对山林砍伐的《山规公约》以及遵照国家计划生育的相关政策和民族自治的相关规定而制定的《计划生育村民自治公约》等。[3]有研究则介绍了疫情防控中村规民约在宣传教育、人员管控、交通车辆管控、生产生活秩序管控等方面的内容。[4]这方面的成果还有很多，在此不再一一列举。由于其涉及村庄生活的方方面面，所以村规民约的内容在整体上呈现多元性、区域性、差异性和自治性。

在既有的关于村规民约的内容探讨中，有争议性的问题是村规民约能否设置惩罚性条款，对此，支持与反对的声音都有。支持者认为，村规民约作为一种村落共同体内部的社会规范，其如果缺乏惩罚性必将影响其作用效力。如有论者认为，村规民约的规定也有在国家法之外的惩罚，但在很大程度上并非是对国家法的额外附加惩罚，而是在国家法所不能达到的地方发挥微观法律规范效力，较之道德的软束力更能起到维持秩序、保护社会结构完整的作用。[5]有研究认为，在村规民约中设置惩罚性内容，对于维护其权威、保障其实施都具有非常重要的作用，该研究者通过对样本村村规民约的考察认为福利关联的惩罚机制是村规民约得以有效运行的条

〔1〕 唐浩："村规民约视角下的农地制度：文本解读"，载《中国农业大学学报（社会科学版）》2011 年第 4 期。

〔2〕 李学兰、柴小华："当代法治实践中的村规民约——滕头村村规民约的文本解读"，载《甘肃政法学院学报》2010 年第 3 期。

〔3〕 段玥婷、周芸芸："浅谈德宏地区少数民族村规民约"，载《东南大学学报（哲学社会科学版）》2013 年第 S1 期。

〔4〕 池建华："乡村应急治理中的疫情防控村规民约"，载《学术交流》2020 年第 5 期。

〔5〕 刘建刚："法律多元视野下的村规民约实证研究——以贵州省雷山县西江千户苗寨为例"，中央民族大学 2013 年博士学位论文。

件之一。〔1〕有研究认为，对于村内公共权力的强制性和村规民约罚则的效力，司法实践总体上持否定态度，学术界也存有争议。该研究者认为村规民约是一种基于同意的权力，其强制性体现在作为公意的村规民约对村民个体意志的强制上。承认村内公共权力的强制性并不意味着承认其有强制执行权，其强制性的实现方式可以是直接执行、间接强制，但最终依然以国家公权为后盾。〔2〕有研究认为，在乡村治理中，适当的利用处罚手段是一个客观存在的事实，更是现实的需要。否定村规民约设置处罚的权利，不仅伤害村民自治的权利，也破坏了基层社会的稳定。通过村民会议制定的村规民约，理论上是村民意愿的集中体现。村规民约是一种软性的法律，通过成员间的民主协商达成，不依靠国家强制力，但可以通过村委会行使自治中的公共权力，采取适当的惩罚措施以保障其实施。村委会行使的处罚权，并非来源于国家法律的授予，而是村民的委托。〔3〕有研究认为，从必要性来说，村规民约规定惩罚措施在一些情况下是弥补国家法律法规规定之不足的需要，在另一些情况下也是使国家法律法规得以有效执行的需要。只要法律法规没有禁止性的规定，村民自治共同体及其权力机构村民会议就可以自行从事一定的行为和约定一定的行为规则，包括村规民约以及村规民约中的惩罚措施。〔4〕有论者认为，就村民自治的内在逻辑而言，村规民约规定和实施处罚，具有法理上的正当性，尽管这并不意味着其可以任意地规定或实施处罚。〔5〕

当然，亦有学者对村规民约制定惩罚性条款的性质进行了澄清。如有学者针对一些观点认为，村规民约中的罚款属于国家公共权力

〔1〕 苏运勋："村规民约的社会基础及其运作机理——以鲁中 D 村为例"，载《兰州学刊》2021 年第 3 期。

〔2〕 王振标："论村内公共权力的强制性——从一事一议的制度困境谈起"，载《中国农村观察》2018 年第 6 期。

〔3〕 孙韡："试析村规民约设置惩罚条款的合法性"，载《贵州民族大学学报（哲学社会科学版）》2012 年第 5 期。

〔4〕 唐鸣、朱军："关于村规民约的几个问题"，载《江汉论坛》2019 年第 7 期。

〔5〕 徐宗立："论村规民约规定与实施处罚的法理正当性"，载《法治研究》2010 年第 11 期。

的内容，即行政强制措施的一种，认为村民自治组织不得拥有对其成员进行罚款的权力，村规民约中的罚款未必是行政法意义上的罚款，其更多地是一种惩罚性赔偿。[1]有论者亦指出村规民约中的经济处罚，由村民通过村民会议因地制宜约定并授权村委会执行，它既不同于国家处罚的强制性，也不同于民事惩罚赔偿的自愿性，而是具有社会自治的合意性。[2]有论者指出，通过村规民约赋予村委会的处罚权完全不同于行政处罚法规定的行政机关或者特定条件下可以行使行政处罚权的其他行政主体。该论者认为，用《行政处罚法》作为立论的基础来研究群众自治性组织的职能犯了张冠李戴的错误。[3]这种澄清和阐释关涉对村规民约的性质认识，将村规民约中的惩罚性措施理解为行政处罚恰恰是对村规民约性质的一种误读。其实，就村规民约的内容设置中能不能有惩罚性条款，以及如何理解这种惩罚性条款。笔者认为应该厘清以下几方面问题：一是在现代国家建构的整体宪制架构下这种惩罚性条款设置的法理基础在哪里，其合法性与合理性何在；二是这种惩罚性条款的性质是什么，不是行政处罚那应该怎样去适恰地定义；三是这种惩罚性条款设置的原则和标准是什么，其边界和限度在哪里；四是这种惩罚性条款应不应该接受司法审查，司法如何才能在有效审查的情况下又不影响或者破坏村庄的内生秩序，村民针对基于村规民约中惩罚性条款作出的处罚能不能提起诉讼，提起怎样的诉讼，司法机关如何认定并处置。对这些问题的讨论和反思可能是村规民约研究需要进一步思考的问题。

四、村规民约的传承变迁

村规民约作为一种治理传统，在中国乡土社会的发展过程中由来已久。就当代中国的村规民约来看，其到底与村落共同体的习惯

---

〔1〕 崔智友："中国村民自治的法学思考"，载《中国社会科学》2001年第3期。

〔2〕 陈永蓉、李江红："论村规民约中经济处罚约定的规制"，载《理论与改革》2015年第5期。

〔3〕 孙韡："试析村规民约设置惩罚条款的合法性"，载《贵州民族大学学报（哲学社会科学版）》2012年第5期。

法传统有什么关系？其在社会发展过程中到底变没变？如果变，其变化的表现形式是什么？其背后的内在逻辑又是什么？这些问题可能是在面对村治场域中村规民约时需要考虑的问题。从整体的历史发展脉络来看，村规民约内生于中国传统乡土社会的内在结构，并随时势的发展而不断得以守正创新，正是因为在外力刺激的适应调适和内部自我进化的发展扬弃中其不断得以在行动场域中呈现自身。可以说，持续存在与适应性变化是其在历史流变中的一个突出特点，变与不变的历史发展也恰恰说明了作为习惯法的村规民约具有顽强的生命力。作为一种共同体交往过程中的行动伦理和规范选择，村规民约不仅有生存的内在需求，亦有其不可或缺的功能表达。对待村规民约试图以所谓的制度建构及权力推递而加以代之，非但不能成功，反而可能会因建构的制度不符合秩序构造的底色伦理而失效，抑或其会通过文化记忆或规范再造等它种表达方式生生不息。既有的关于村规民约的研究亦关注到了村规民约的传承变迁，研究主要体现在精神上村规民约对固有习惯法的传承、形式上村规民约适应时代发展新陈代谢、运行过程中国家力量与社会力量的权力变动三个方面。

（一）村规民约与村庄固有习惯法的关系

在变与不变的历史流变中，村规民约对活动场域村落共同体固有习惯法的传承是一个重要的特点。虽然在历史发展中其通过不同的制度脸谱得以呈现自我，但面具之内对固有习惯法的传承却久久如一，既有的研究亦证明了这一特点。如高其才先生通过对贵州黔东南苗族侗族自治州锦屏县平秋镇魁胆村 1992 年到 2014 年村规民约的考察，认为这些村规民约虽然在名称、结构、规范、处理等方面有了一定的变化，但是变化仅仅为表面的变化，而实质内容没有发生大的变化，村规民约在基本立场、议定程序、传承传统、主要内容、地方特色等方面依旧没有变化。村规民约在民主机制、族长地位、敬老爱幼、保护妇女、团结互助、热心公益、爱护公物、诚实守信、严禁造谣惑众、禁止内勾外引、吃款处理、喊寨处罚、调解收费等方面都传承了固有习惯法的观念和规范。其认为，正是因为村规民约在议定、修改时传承了固有习惯法，才促使其得以遵守。[1]
高其才先生在对广西金秀瑶族石牌习惯法的传承研究中，亦指出在
金秀地区通过村规民约承续了传统习惯法的部分内容。如《大瑶山
团结公约》在基本原则、议定程序、主要内容方面都对金秀瑶族固
有习惯法进行了传承；龙军村规民约是对无字石碑规范的承继；自
然保护与发展规约是对石碑习惯法的接续。[2]其认为村规民约中的
瑶族习惯法体现在：其一，瑶族习惯法作为村规民约的基础，绝大
多数瑶族村屯依然按照瑶族的传统，在国家法的指导下制定村规民
约；其二，村规民约的制定目的、制定过程和修改完善受到瑶族习
惯法的影响；其三，村规民约的内容承继了瑶族习惯法的内容；其
四，村规民约规定的违反义务性规范的处罚方式，借鉴了瑶族固有习
惯法；其五，村规民约的实施过程和效果深受瑶族习惯法的影响。[3]
有研究认为，随时代的变迁，侗款在组织形式、活动方式、规约等
方面发生了一系列变化，其当代的存续形式主要表现为村规民约。
该研究者认为，侗族村规民约是一种重要的民族习惯法，其来源于
侗族款约，无论是其生产的社会基础，抑或是制定时的民主协商，
还是内容设置等方面都存在延续。[4]有研究通过对海南黎区村规民
约的考察，认为黎区现代村规民约的衍变和发展未离开其基本价值
要求，其与传统的习惯法存在传承和暗合，主要表现在：公序良俗
的延续、治安维护的承袭、集体利益的暗合。[5]

---

〔1〕 高其才："乡村治理视角下村规民约的变与常——以贵州省锦屏县平秋镇魁胆村为考察对象"，载《学术交流》2019 年第 4 期；高其才："延续法统：村规民约对固有习惯法的传承——以贵州省锦屏县平秋镇魁胆村为考察对象"，载《法学杂志》2017 年第 9 期。

〔2〕 高其才：《村规民约传承固有习惯法研究——以广西金秀瑶族为对象》，湘潭大学出版社 2018 年版；高其才："习惯法的当代传承与弘扬——来自广西金秀的田野考察报告"，载《法商研究》2017 年第 5 期。

〔3〕 高其才：《习惯法的当代传承与弘扬——来自广西金秀的田野考察报告》，中国人民大学出版社 2015 年版，第 173~212 页。

〔4〕 郭剑平："侗款的变迁及其与侗族地区纠纷解决机制研究"，载《现代法学》2012 年第 5 期。

〔5〕 陈秋云、姚俊智："乡村治理视野下海南黎区村规民约的裂变与传承"，载《原生态民族文化学刊》2019 年第 6 期。

除却面上的整体考察，亦有研究针对特定的习惯法传统，就其在现阶段村规民约中的文化记忆、传统再造和规范表达进行了研究。如有研究通过对黔东南苗族"罚3个100"（或"罚3个120"）习惯法的考察，认为作为处罚标准的"罚3个100"在雷山、台江、从江等县还在使用，并被写在村规民约中，在村规民约涉及的制裁部分中都有"罚3个100"的处罚体系。[1]有研究通过对仫佬族"冬头裁决"习惯法的考察，认为在建设社会主义新农村阶段，仫佬族人民继承了"冬"组织的优良传统，自觉订立了新的村规民约，许多由"冬头"处理冬内纠纷的习惯做法，被以村规民约的形式重新确立。传统的"冬头裁决"在现代社会中被赋予了新的形式和内容，发展为由公选的村干部与公认的房族老人共同按村规民约和习惯法调处民间纠纷的一种解纷方式。[2]这方面成果还有很多，不再一一赘述，论者一个基本的观点是在社会变迁中村规民约虽然在呈现形式方面发生了一些变化，但是其基本的内核精神、得以生长的价值功能都没有发生很大的变化。

（二）社会变迁中村规民约发生的变化

在承续传统习惯法基本精神内核和文化记忆的同时，村规民约亦随着时代的变化发生了一些变化，既有的研究亦注意到了这一点。有研究通过对融水苗族村规民约的考察，认为苗族村规民约深受苗族习惯法的影响。与此同时，社会现代化促使村规民约不断地进行自身改造，创造出大量新型规范来适应现代村寨生活的实际需要，实现了村规民约传统性与现代性的融合。[3]有研究针对海南黎区村规民约裂变与传承进行了研究，认为黎区传统社会村规民约在主体、性质、内容、地位及保障等方面发生了全方位裂变。主要表现在：其一，村规民约主体的多元裂变。制定主体由独具内部性转至兼具

〔1〕 徐晓光："'罚3个120'的适用地域及适应性变化——作为对黔东南苗族地区'罚3个100'的补充调查"，载《甘肃政法学院学报》2010年第1期。

〔2〕 徐合平："仫佬族习惯法实施现状调查与思考——以纠纷解决方式之'冬头裁决'为对象"，载《中南民族大学学报（人文社会科学版）》2013年第5期。

〔3〕 谭万霞："村规民约：国家法与民族习惯法调适的路径选择——以融水苗族村规民约对财产权的规定为视角"，载《法学杂志》2013年第2期。

外部性、执行主体由俗定型转变成法定型；其二，村规民约性质、内容、地位及保障的全方位衍变。性质由习惯法衍变为混合规范、地位由独立成型转变成依法形塑、内容由全面调整转变成有限规制、保障机制由内力约束衍变为内外合力。[1]

当然，除了学者对少数民族村寨村规民约的研究外，既有研究亦同样关注到了汉族地区村规民约的变化。如有研究通过对西部农村社区村规民约的研究，认为村规民约发生了一些变化，主要表现在：其一，从表现形式看，总体呈现由分散形式向综合形式、由单项规约向典章式规约的发展趋势；其二，照抄他村村规民约或者由县乡政府按照统一模式制定村规民约颁行各村的做法还很多，由此导致很多地方的村规民约不受当地村民的真切认同；其三，目前成文形式的村规民约在数量上远远高出不成文规约；其四，村规民约评理会和村民议事会等新型村级自治组织应运而生。面对官方及半官方社会组织无法解决的土地纠纷等农村社会矛盾，村规民约评理会等自治组织基于协商民主的思路，进行了有益的实践探索。[2]有研究认为，当代中国乡民社会的乡规民约主要表现为习惯法、家族法和狭义的乡规民约。但是，在中国急剧变革的社会背景下，乡民社会及乡规民约面临着如下的遭遇：在生活方式上，乡民社会和乡规民约被城市化浪潮所激荡；在经济运作方式上，乡民社会和乡规民约受市场化趋向所左右；在价值选择上，乡民社会和乡规民约因全球化浪潮的冲击而发生转向。[3]从既有论述来看，村规民约的变化主要呈现在针对一些新领域、新问题，一些新的村规民约得以产生。同时，村规民约的外在呈现形式、内在表达内容、制度构造结构亦发生了一些变化。这与生活在这一制度空间的个体观感一致，亦展现了作为习惯法的村规民约有其明显的实践性，生于实践、面

---

〔1〕 陈秋云、姚俊智："乡村治理视野下海南黎区村规民约的裂变与传承"，载《原生态民族文化学刊》2019年第6期。

〔2〕 王宏选："现代村规民约的组织创新与治理重心"，载《甘肃社会科学》2016年第2期。

〔3〕 谢晖："当代中国的乡民社会、乡规民约及其遭遇"，载《东岳论丛》2004年第4期。

对实践、回应实践，在实践中不断承继和超越自己。实践性永远是其区别于本本上规范的内在品质。

（三）村规民约运行过程中的权力变动

除却村规民约在精神上对传统固有习惯法的承继和形式上基于时代变迁而变化外，既有研究亦关注到了在村规民约运行过程中权力变动逻辑。这是一个非常重要的方面，也是一个非常微妙有趣的话题。对这一问题的探讨，不仅能从一个较为独特的角度深入了解作为嵌入整体社会结构的村规民约的变化，亦可以窥见村规民约在权力行走中发生的微妙变化，如此亦为了解中国乡村社会整体的治理变迁、制度架构、行动逻辑提供了一个切口。既有研究在这方面的考察为我们提供了很多了解这一问题的材料。如有研究认为村规民约发生的变化呈现在如下三方面：一是文化结构从传统的以儒家思想为主的家国二元主从式，向现代的国家一体化模式下的多元文化变迁。现阶段主要经由国家安排，依赖政府的行政权力自上而下推进。二是权力运行模式从过去的国家利用公共权力为中介对乡村的软控制，向国家直接对乡村全面控制的变迁。三是存在形态上从以族法家规为主的传统存在形态向以村民自治章程为主的新型存在形态的变迁。[1]有论者认为："现在的村规民约在形式和内容上与传统的村规民约已经发生了很大的变化，一方面，权利性规则的出现使得村规民约超越传统的地域性和血缘性，变得更加现代和具有普适性。另一方面，体现国家法的规则大量进入村规民约，并以法律的形式规定了村规民约的制定程序和审查机制，国家权力的介入使得村规民约的效力基础产生了微妙的变化。"[2]有研究通过对近四十年云南少数民族地区村规民约变迁的考察，认为自20世纪90年代后，村规民约越来越失去其民族性和地方性，其同质化亦越发严重。其认为，这种变化一方面表现在村规民约的变迁深受时代话语的影响，如在形式上村规民约越来越受国家法律结构的影响，法

---

〔1〕 许娟："新型乡约若干问题探讨"，载《法学论坛》2008年第1期。

〔2〕 孙永军、袁行重："村规民约的效力基础与国家法的契合"，载《安徽农业大学学报（社会科学版）》2021年第1期。

典化抑或法律行文设计尤为明显。在用语上，村规民约深受时代影响，表现为政治化、时代化、标语化；在内容上国家法律、政策和当地社会问题三块内容决定了村规民约的内容。另一方面表现在国家政治行为深刻影响村规民约的内容。其认为，先前的村规民约还具有很大的自发性，但后来村规民约的内容越来越受到国家政治目标、政策影响，很多村规民约变成国家政治目标、政策在基层社会中的再确认。[1]有研究认为，现代村规民约不论是制定过程、合法性来源、内容形式，还是权威来源等都与传统时期的村规民约大不相同。它本质上虽然还是维持地方自治的一种社会规范，但已经突破了民间法与国家法的对立状态，与国家法相互配合，对国家法无法涉及的社会领域积极发挥作用。[2]

有研究认为，随着时代环境的变化，村规民约亦发生了变化，其主要呈现在虚化为一种形式上的文本，一些村在村委会主持下，按照基层政府下发的"范本"，重新修订和颁布依法治村章程和相关规约，被誉为"最完备的村规民约"的村民自治章程，在村规民约的被动转型过程中被虚化为一种形式上的文本。[3]有研究对照传统村规民约和当代村规民约的运行机制，认为从制定主体、制定程序到规约内容，直至村规民约的实施，处处都留存着国家权力的印记。其认为，村规民约嬗变的过程已然就是国家权力向社会权力逐步渗透的过程。[4]有研究通过对黔东南苗族侗族自治州锦屏县文斗村自1988年以来形成的4份村规民约进行考察，认为在法治化过程中村规民约体现了明显的"法治化"取向。[5]有研究针对《元阳县梯田

---

〔1〕 周芳、胡兴东："近40年云南少数民族地区村规民约变迁研究"，载《贵州民族研究》2020年第7期。

〔2〕 苏运勋："村规民约的社会基础及其运作机理——以鲁中D村为例"，载《兰州学刊》2021年第3期。

〔3〕 周铁涛："村规民约的当代形态及其乡村治理功能"，载《湖南农业大学学报（社会科学版）》2017年第1期。

〔4〕 骆东平、汪燕："从村规民约的嬗变看乡村社会治理的困境及路径选择——基于鄂西地区三个村庄的实证调研"，载《湖北民族学院学报（哲学社会科学版）》2016年第2期。

〔5〕 陈寒非："乡村治理法治化的村规民约之路：历史、问题与方案"，载《原生态民族文化学刊》2018年第1期。

核心区村寨村规民约》进行研究，认为该村规民约村规主导、民约不足，村规民约的制定由公权力主导、村规民约的内容公权力色彩浓厚、村规民约实施过程和效果受公权力的影响。其认为，村规民约是乡村社会自发产生的公共性规则，但在实践中，地方公权力机构主导推动民族村寨制定带有明显国家法特征的村规民约，体现了公权力加强对民族村寨的控制，以及民族传统法律文化某种程度的消退。[1]有研究指出，村规民约在乡村秩序维系和传统再造方面发挥了很大的作用。但是，该研究者认为，村规民约在社会变迁中逐渐失去了主导地位，其生存空间被积压、内容也较为笼统。[2]有研究认为，现阶段村规民约融入了国家意志、国家的统治理念。社会群体间的日常纠纷，表面上是按个性化社会自治中的"规"来调整，实际上已经体现了国家法律和治理理念的精神。[3]这方面的研究成果还有很多，研究者一个整体的结论就是相较于传统乡规民约，现阶段的村规民约是国家力量与社会力量双重作用的结果，国家力量在村规民约的制度发起、内容塑造、规范运行等方面都不断进行空间再造与行动自我。当然，这也体现了整体社会变迁下乡村治理制度框架的一个整体变化，以及在这一变化下村治逻辑的变迁。

五、村规民约的功能价值

制度因应于自身承载的功能价值得以产生，制度也基于功能价值得以不断强化自我并传承发展。村规民约作为村治场域中的一种重要的规范建构形式，其在长期的历史发展中不断承续并行动自我，正是得益于其承载的抑或能担当的功能价值。就村规民约的功能价值来看，既有关于村规民约的讨论都或多或少论及了这一方面。从既有研究的讨论来看，论者集中讨论了村规民约对推进基层民主、

---

[1] 牟军、徐超："民族村寨村规民约'异化'及与国家法调适——基于元阳梯田核心区村规民约的分析"，载《思想战线》2018年第4期。

[2] 孙玉娟："我国乡村治理中乡规民约的再造与重建"，载《行政论坛》2018年第2期。

[3] 任新民、刘园园、施静春："共构谐变：民族地区乡村治理格局嬗变中村规民约的价值再现"，载《云南师范大学学报（哲学社会科学版）》2021年第1期。

提高乡村治理、维护村庄秩序、推进法治的本土化发展以及推进乡风文明、生态保护等方面。

（一）村规民约与基层民主

乡规民约长期作为乡土社会自治的一种规范形式存在，其在维系乡村秩序、推进疆域治理等方面发挥了很多大的作用。晚近以来，在乡村治理方面面临的国家与社会、官治与民治、集权与分权、自上而下与自下而上等紧张关系与选择纠结，以及"重建社会"与"回归国家"等理论分歧，亦造成了村规民约的沉寂、隐身与重生。而村民自治的宪制创设和制度架构亦为村规民约植入村庄基层民主的发展和乡村治理的推进提供了体制内的通道和场域，村规民约也为村民自治的制度实践提供了规范序造形式，亦为推进基层民主和乡村社会的良善治理提供了规范指引和制度保障。在当代中国的村规民约研究方面，既有的文献亦讨论了村规民约与基层民主和乡村治理的关系。

如有论者认为，村规民约作为成文的社会规范，经过民主讨论、村民会议决议得以建立并实施，涵盖了村内自治事项的重要方面，是基层社会治理的主要依据，成了社会规范的主体，为基层社会治理提供丰富的制度资源，是基层社会治理实践提出的客观需求。作者认为，村规民约在一定程度上显示了村民创制、实施和维护规范的能力，也体现了村民自治的发展水平。[1]有研究认为，乡规民约是村民自治的一种重要规范形式，其通过对东中西部45个行政村的调查，认为村规民约在乡村治理中的积极作用主要表现在保障基层民主、管理公共事务、分配保护资产等十一个方面。[2]有研究认为，村规民约有利于实现政府治理、农村社会自我调节、村民自治之间的良性互动，使得多主体共治的农村治理体系真正有效地运转起来，从而实现对农村基层社会的低成本高效能治理，推进农村社会治理

---

〔1〕 汪世荣："'枫桥经验'视野下的基层社会治理制度供给研究"，载《中国法学》2018年第6期。

〔2〕 陈寒非、高其才："乡规民约在乡村治理中的积极作用实证研究"，载《清华法学》2018年第1期。

的现代化。[1]有研究认为，在西北民族地区，具有多元文化背景的村规民约是当地村民实行基层自治的重要规范依据。其认为村规民约基于村民之间的互相理解与尊重，维护了村内的民族团结，通过融合法、理、情，维护了村内的公共秩序。[2]有研究认为尽管随着城乡一体化，村规民约的效用有所下降，但在很多偏远乡村，村规民约仍然发挥着重要的乡村治理功能。在这些村庄，村规民约以村民自我管理为基础，由村民相互协议而产生，是村民共信共行的行为规范，有效地推进了村民自治。[3]有研究认为，在当代中国，随着基层民主制度的实践，村规民约又成为村民自治的重要载体，是村民进行自我管理、自我教育、自我约束的行为规范。其认为村规民约为乡村各阶层在村务运作中表达自身诉求提供了良好的渠道，使村级自治组织的合法性权威增强，成了解决当前村级治理难题的一条有效途径，使村级财务得到有序管理，促进了村集体资产的增收节支，从而推动村落经济的发展，而村规民约所具有的民主契约特性有利于激发农村社会的活力。[4]

（二）村规民约与法治本土化建构

相较于国家正式的法律，村规民约基于其内生性和契合性，在村庄场域的行为规制、纠纷解决、秩序维系等方面具有一定的作用，它对于弥补国家法律的漏洞和时滞亦具有重要的作用。而如果我们将这一讨论的视野放大一点，其实村规民约对于法治的本土化建构也是一个可以探讨的地方。晚近以来，伴随着对法制现代化的反思和学人的一种文化自觉和主体性建构努力，在中国的法治建设和法学研究中有越来越多的学人主张中国的法学研究应该立足中国社会的实际、关注中国的问题、形成中国的话语表达和理论体系。法学

---

〔1〕 黄晗："运用乡规民约推动农村社会协同共治"，载《学术交流》2018年第11期。

〔2〕 马敬："村规民约在西北民族地区社会治理中的积极作用"，载《学术交流》2017年第5期。

〔3〕 周铁涛："村规民约的当代形态及其乡村治理功能"，载《湖南农业大学学报（社会科学版）》2017年第1期。

〔4〕 赵佳维："村规民约：村落整合与发展的一种机制——对浙江省金华市A村的个案分析"，浙江师范大学2006年硕士学位论文。

的本土化建构需要厘清法律的普遍性与特殊性关系，而在特殊性关照中，作为土生土长的、延续存在的、确确实实发挥作用的村规民约这一规范构造形式，不能不进入研究者的视野，作为一种内生的规范构造方式，其对于法治的本土化建构努力具有重要的作用。

既有研究也对此有所论及。如有学者认为，基于区域差异和不均衡，一般性的、针对性的基层治理规范，中央和地方立法难以有效供给。因此，村规民约的规范化、系统化建设存在着巨大的发展空间，这也为村规民约进入法治轨道提供了重要契机。村规民约涵盖了村民对生产和生活秩序的共同追求及由此而形成的价值认同，是村民共同意志的体现，通过社会规范的形式具体表达。村规民约不仅有利于农村社会实现"民主法治村"建设目标，也会对依法治国的总体战略带来积极意义"。[1]有学者认为，在全面依法建设法治国家的进程中，村规民约在人权保障方面具有重要的作用。其通过对贵州省黔东南苗族侗族自治州锦屏县各村寨村规民约的考察，认为其在人身权利、民主权利、财产权利、教育权利、文化权利、环境权利、特殊群体权利等方面都具有重要规范。其认为通过村规民约充分尊重和保障了人权，促进了法治建设。[2]有论者认为村规民约是法治社会建设的基础规范，可以弥补"法律下乡"的不足并有助于探索本土化法治道路。同时它是民间习惯法治理资源的载体，延续着传统价值观，也是民间德治文化的实践文本，它是村民自治的制度保障，通过基层治理经验制度化，提升乡村治理能力，实现治理方式现代化转型。[3]有论者通过分析浙江省庆元县黄田镇27个村的村规民约，发现它们的主要内容是通过村规民约遵循和重述国家法。其认为这有助于推动法律知识在农村社会的传播，提高村民法律素质，这样就有利于实现"推进多层次多领域依法治理"目标，

---

〔1〕 汪世荣："'枫桥经验'视野下的基层社会治理制度供给研究"，载《中国法学》2018年第6期。

〔2〕 高其才："通过村规民约保障人权——以贵州省锦屏县为对象"，载《南京社会科学》2017年第7期。

〔3〕 陈永蓉："国家治理现代化背景下的村规民约研究"，华中师范大学2017年博士学位论文。

进而推动法治社会的建设，实现法治国家、法治政府、法治社会的一体建设。[1]有研究认为，科学制订修订和组织实施村规民约，有利于转变思想观念、促进不同群体的社会融合，有利于发展基层民主、促进社区居民自治，有利于培养现代法治意识、促进社区管理的法治化。[2]有研究认为，村庄规则之治的关键在于村庄能够形成公共性，通过发挥村民自治的民主治理功能，逐步提高村庄治理的规范化、制度化水平，是探索规则之治的有效实现方式。[3]有研究认为，村规民约的法治价值体现在：一方面，村规民约能根据乡村社会实际情况制定针对性规范，间接形成村民法治观念；另一方面，村规民约有助于村民自治的发展，有益于农村民主政治建设。[4]

（三）村规民约与村庄秩序

村庄空间行动者的行为规制及秩序维系是村规民约最直观的、最基本的功能价值。无论在历史上抑或是在现实中村规民约以何种制度脸谱呈现自我，面具之外对村庄秩序的维系是一个基本的功能。在既有关于村规民约的讨论中，论者大多都谈及了这一问题。如有学者就贵州省黔东南苗族侗族自治州锦屏县平秋镇魁胆村村规民约在社会治安维护方面的作用进行了探讨，认为魁胆村村规民约关于维护社会治安方面的规范主要涉及公共生活、公共安全、公共风气、家庭和个人人身和财产安全等方面，村规民约建立了责任制度、治保制度、群防制度、共治制度、睦邻制度、调解制度、奖惩制度等具体实施、保障制度，确立了执行机制、监督机制、公开机制等严格的治安村规执行机制。其认为积极发挥村规民约在维护社会治安中的积极作用，在依法治国、建设法治国家的当代中国具有启发意义。[5]有研

---

〔1〕 池建华："从村规民约看乡土社会规范的多元性"，载《学术交流》2017年第5期。

〔2〕 张弥："村规民约与社区管理创新"，载《科学社会主义》2016年第6期。

〔3〕 冷波："村庄规则之治何以实现？——基于华北里村的考察"，载《北京社会科学》2018年第3期。

〔4〕 李旭东、齐一雪："法治视阈下村规民约的价值功能和体系构建"，载《中央民族大学学报（哲学社会科学版）》2013年第2期。

〔5〕 高其才："规范、制度、机制：村规民约与社会治安维护"，载《学术交流》2017年第5期。

究考察了贵州省黔东南苗族侗族自治州雷山县郎德镇报德村、也利村、上郎德村的村规民约，主要分析了"供全村吃一餐"的处罚规定。其认为在许多少数民族地区农村，农民规范行为、惩处违犯行为、解决纠纷等，大多都依据村规民约，较少正面与法律打交道，三个调研村村规民约中"供全村吃一餐"的处罚规定具有消除当事人矛盾、化解纠纷、处罚违犯者以及教育群众的效果。[1]有论者指出，作为一种社会规范，村规民约是推进农村社会公共事务治理的有效通道和新型载体，在实现农村社会治理现代化进程中具有重要的耦合协同作用。其认为村规民约在推进农村社会治理中的耦合协同作用机理主要体现为三个层次：促进多元主体之间的耦合协同；促进多种治理机制之间的耦合协同和促进多种制度工具之间的耦合协同。[2]这方面的成果还有很多，由于维系村庄秩序作为村规民约的一种基本功能，大多论者都会谈及，在此不再一一赘述。

（四）村规民约与乡风文明

乡风文明是村规民约在进行规范序造方面的一个重要指涉，也是村规民约的一个重要功能价值。有学者通过对贵州省锦屏县平秋镇《石引村移风易俗建议书》的分析，认为实施乡村振兴战略需要移风易俗。其认为《石引村移风易俗建议书》对红白喜事规模和种类、燃放鞭炮等进行了限制规定，通过村规民约改变不良习惯，取得了较好的效果，为建设文明乡风、形成农村社会文明新风尚奠定了基础。[3]有论者认为，村规民约具有以传统家教文化形成家庭美德、以日常生活伦理培育个人品德、以扬善惩恶方式弘扬社会公德的德治功能特征。其认为在"三治结合"乡村治理体系中应发挥村规民约民间组织作用，健全乡村道德教育组织体系；发掘村规民约现代价值，构建乡村社会道德价值体系；发挥村规民约道德教育作

---

〔1〕 文新宇："'供全村吃一餐'的处罚规定所反映的苗族习惯法文化——对三个苗族村村规民约的考察分析"，载《甘肃政法学院学报》2010年第6期。

〔2〕 赖先进："发挥村规民约在社会治理中的耦合协同效应和作用"，载《科学社会主义》2017年第2期。

〔3〕 高其才："通过村规民约改变不良习惯探析——以贵州省锦屏县平秋镇石引村为对象"，载《法学杂志》2018年第9期。

用，培育乡村民众道德文化素质；利用村规民约道德激励约束机制，建立乡村现代社会道德秩序。[1]有论者认为在新的历史条件下，伴随民族国家的建设进程和乡村治理体系的推进，乡村德治主体趋向多元化，并依据法理化的民间规范和礼俗化的国家价值观重构起多维协同共治的权威、话语体系。其中，村规民约中的柔性线条和家风家法的核心内容充分彰显了现代德治的新特质。[2]有研究认为从治理论视角来看，移风易俗主要依赖基于"地方性知识"而形成的村规民约。其通过实证考察黔东南地区瑶白、华寨、黄门三村发现村规民约在移风易俗过程中发挥了极其重要的作用，并认为集体议定的移风易俗村规民约不仅内容细致具体，而且还具有很强的针对性。"风俗之治"与"法律之治"的治理范围及治理机制并不一致，"风俗之治"能够弥补"法律之治"的不足。村规民约促进移风易俗的实效十分显著，其动力机制就在于"社会集体意识"。[3]

六、村规民约的作用机制

制度如何被所在秩序场域的主体认可并有效行动，关涉制度的作用机制问题。作为乡治场域中的一种重要规范构造，村规民约要发挥前文所述的功能价值，必将借助特定的作用机制进而行动自我。那么，什么样的机制使村规民约在村治场域的秩序维系中成了可能？在村治场域中，这种机制可能是行动者在进入这一场域之前就存在的先在社会结构，以及在这一先在社会结构作用下形成的人群间的交互关系、共同体的观念和角色、社群行为期待及行为收束，这些因素体现了乡村特定的社会结构，及在这一特定社会结构下规则的产生、运行和效果。这种机制亦包括行动者基于潜在的规约惩戒和利益考量所作出的选择。当然这种机制亦有可能是基于权力因素和

〔1〕 高艳芳、黄永林："论村规民约的德治功能及其当代价值——以建立'三治结合'的乡村治理体系为视角"，载《社会主义研究》2019年第2期。
〔2〕 于语和、雷园园："村民自治视域下的乡村德治论纲"，载《山东大学学报（哲学社会科学版）》2020年第1期。
〔3〕 陈寒非："风俗与法律：村规民约促进移风易俗的方式与逻辑"，载《学术交流》2017年第5期。

权力因素刺激下的策略性选择，这种权力因素的持续作用使溢出的原本应合作的行为迫于压力妥协，进而保证了规则的空间作用力。

（一）先在的社会结构及身份认知

作为制度事实的村规民约是基于生活事实的内在要求产生的，也只有嵌入特定的生活空间才能发挥作用。在这里，无论是生活事实还是生活空间，都关涉规则培植的社会结构问题。作为村治场域中的行动者，其行走的空间必将存在一个先在的社会结构。可以说，先在的社会结构是村规民约作用机制的内在的、根本的、核心的因素。这一社会结构催生出了村规民约，也正是这一社会结构决定了村规民约的运作，既有研究亦关注到了这一因素。如有研究认为作为一种"地方性伦理"，传统的"乡（村）规民约"之形成、存在、内涵与作用都是与一种特定的社会结构、特定的国家-地方社群-个人关系紧密联系在一起的。传统乡规民约能有效地发挥作用，是与以下几个重要因素分不开的：其一，国家无力渗透介入地方社会，普通地方社会成员很少接触外部世界，这是传统"乡（村）规民约"不受干扰而得以存在和作用的结构性前提；其二，在聚族而居、安土重迁、极少流动的传统时代，地方社会是一个关系密切、凝聚力高的熟人社会，这是传统"乡（村）规民约"得以有效发挥作用所必需的"道德舆论场"成为可能的前提；其三，传统封闭的地方社会难以从外部获得必要的服务，而只能依靠内部来自行解决个人和社会生活中必然面临的各种需要和问题，这使得它的成员处于一种紧密而直接的相互依赖关系之中，这种依赖的相互性是传统"乡（村）规民约"所要求的各种义务，特别是积极的义务得以被自觉履行的前提。[1]

其实，当下村规民约能发生作用，何尝不是由特定的社会结构决定的。如有研究认为，内生的村寨秩序依赖于村寨内部人与人之间的联系，这种联系因其性质、强度和广泛性，构成了联系中的人们的行动能力。其认为，正是这种行动能力本身，为村寨社会提供

---

〔1〕 王小章、冯婷："从'乡规民约'到公民道德——从国家-地方社群-个人关系看道德的现代转型"，载《浙江社会科学》2019年第1期。

了秩序基础，村庄（村寨）的内在结构状况是决定村庄（村寨）秩序生成机制的关键。[1]有研究认为，村规民约发挥应有的作用，与村庄特定的空间和结构是分不开的。从村庄社会结构角度来讲，村规民约能发挥作用，往往与村庄熟人社会的特征紧密相连。[2]有研究认为，村规民约作为一种非正式制度，只有被嵌入特定的社会网络中才能发挥作用。传统时期的村规民约具有内生性，嵌入在传统乡村社会的"文化治理网络"之中，构成了乡村治理体系中的重要一环。其认为，当下乡村社会的网络结构从"文化治理网络"变成了"组织整合网络"，因此村规民约要发挥作用就要根据乡村社会网络结构作出相应的调整。[3]

村庄社会结构不仅型塑了村规民约，而且这一特定的社会结构也型塑了行走于这一空间中主体的认知，包括集体抑或共同体的观念和角色，成员之间的信任和交互关系、个体间的行为期待与行为收束。如有研究认为，乡规民约是维系中国传统乡村社会稳定有序的非制度性资源。它与社会资本理论中的参与网络、信任、规范存在某种内在逻辑的一致性。其认为随着社会转型，当前乡村社会资本存量严重不足，农村自组织能力下降，难以建立和维持高效的村民参与网络；市场经济引发了传统普遍的互惠性规范弱化；社会信任缺失，农村集体行动能力减弱。因此，创新乡规民约，增量社会资本，重视村规民约的社会资本创新性建设是符合社会现实和时代发展趋势的有益探索。[4]有研究认为新冠肺炎防控期间村规民约的作用机制有以下几方面：一是这些村规民约是在熟人关系结构的基础上产生的，如此才使得其可以有条不紊地运行；二是乡土社会是人际关系较为简单的一种熟人社会，在这一框架下，人口流动性较

---

〔1〕 郭亮："村寨治理与法秩序变迁——以'中国村民自治第一村'合寨村为例"，载陶庆主编：《政治人类学评论》（总第7辑），社会科学文献出版社2018年版。

〔2〕 周家明、刘祖云："村规民约的内在作用机制研究——基于要素—作用机制的分析框架"，载《农业经济问题》2014年第4期。

〔3〕 冷向明、熊雪婷："社会网络基础变迁视角下村规民约的建构性脱嵌及其调适"，载《西南民族大学学报（人文社会科学版）》2020年第11期。

〔4〕 李喜英、高维、申翠叶："社会资本视角下创新传统乡规民约的思考"，载《广西大学学报（哲学社会科学版）》2020年第2期。

差，村民们长期共居于稳定的生活环境中，"面子"是维系村民关系的重要因素。在这些新形势下制定的村规民约事实上也是通过"面子"来维护的规则。[1]

（二）正面的福利瓜葛与反向的规约惩戒

村规民约要发挥作用除了与其熟人社会的社会结构及这一结构决定下人际交往中产生的人情、面子、关系、道德等认知性因素有关外，也与村规民约运行过程中潜在的惩罚及物质、福利、利益瓜葛有关。村规民约的实施既是认识的产物，也是迫于压力的产物。除了内在的社会结构及社会结构决定下个体的观念、认知、行动外，外在的利益刺激也迫使行动者选择合作，遵循村规民约的制度要求，进而保障制度的运行。如有研究认为，现代村规民约的惩戒性色彩逐渐弱化，剥夺生命与人身自由、实行经济处罚或者没收财物等传统处罚方式或减弱或取消。但其认为村规民约惩戒性措施色彩的减弱并不意味着其缺失了对村民行为的约束力，惩戒性条款与措施的设立仍然是各地村规民约得以贯彻执行的重要保证。[2]有研究认为，基层组织对村民身份的确认，是村民获得选举权力、集体收益和福利的基础，而村规民约正是确认村民资格的重要机制之一。从村民的角度而言，大多数村民遵从村规并在集体事业中履行自己的职责，是因为这些安排比外加的制度更能令他们受益。[3]有研究认为，乡规民约的有效，并不在于人们对它的广泛认同，而在于村庄权威掌握的惩治手段很容易实现。容易实现的原因在于村落组织的执"法"自然扩散权和追溯权，这种权力，使得村组织对任何错误，都不是简单地作一对一处理，而是被允许扩散到违规者的其他权益、他的历史、未来乃至作为村成员有资格享有的集体福利上去。[4]

有研究通过社会调查认为村规民约作为一种社会规范，其作用

---

〔1〕 张莹："论新冠肺炎防控期间的村规民约"，载《原生态民族文化学刊》2020年第4期。

〔2〕 周家明、刘祖云："村规民约的内在作用机制研究——基于要素—作用机制的分析框架"，载《农业经济问题》2014年第4期。

〔3〕 李喜英、高维："两类社会资本之于村规民约建设路径的思考"，载《晋阳学刊》2021年第1期。

〔4〕 张静："乡规民约体现的村庄治权"，载《北大法律评论》1999年第1期。

的发挥离不开一些前提条件。其认为随着时代的变迁，人口流动成了乡村社会的一种重要特点，在此情况下传统的村庄内在联结已逐渐消解，村规民约试图通过人情、面子、社群舆论等因素来发挥其作用的效果越来越差。而福利分配已成为联结村民与村集体的重要因素，正是因为福利分配把村民和村庄整合在一起。如此，村规民约要发挥作用也与福利分配有关系。其认为现代村规民约能够发挥效力是建立在利益关联的村集体经济和民主有为的村庄政治等村庄基础之上。在此前提下，村规民约通过利益重合下的价值引导机制、组织配套下的监督保障机制和福利关联下的惩罚机制得以有效运行，从而在村庄治理和社会教化等方面发挥积极作用。[1]有研究认为，村规民约要发挥作用，离不开以下几方面因素：其一，乡规民约的有效性来自对村民利益的合理合法保护；其二，乡规民约的目标性始终指向村民利益；其三，乡规民约的合法性是乡村各方利益整合的结果；其四，乡规民约的实践性在于凸显时代性；其五，乡规民约的基础性在于信任。[2]在这里对利益的合理分配及对利益的整合是村规民约发挥作用的重要作用。有研究认为，基层组织以资源汲取和分配为依托，综合运用正面激励、反向约束两种治理机制，建构"软硬兼施"的治理术，策略化地推进治理任务。这一方面凝固了基层既有利益结构；另一方面也动摇了末梢的传统社会基础，有必要重新发现"资源"的基层分布、运作逻辑及其问题困境。[3]这里的正面激励更多的是福利激励，而反向约束更多的是规范惩戒。

（三）潜在的权力刺激及策略性选择

村规民约要发挥作用除了与内在的村庄结构和村庄结构决定下的文化认知、外在的利益瓜葛和行为惩戒有关外，村治场域中流动的权力及权力对行为的刺激亦决定或影响了其效果。作为村治场域

〔1〕 苏运勋："村规民约的社会基础及其运作机理——以鲁中D村为例"，载《兰州学刊》2021年第3期。

〔2〕 刘志奇、李俊奎："改革开放以来中国乡规民约的创新与重构——以河北省临西县为例"，载《河北学刊》2018年第1期。

〔3〕 石建："资源型治理的运转机制及其法治展望"，载《法治现代化研究》2020年第6期。

中的行动者，遵从村规民约的规范要求，可能是基于共同体观念的一种文化道德确认，可能是基于行为惩罚与福利受损的一种利益考量，也可能是惧于潜在权力压力的一种策略性选择。传统乡土社会的乡规民约之所以能起作用，正是因为其基于乡土社会的礼治秩序，依靠弥散于村庄空间的权威性力量的刺激。当代中国村规民约要发挥作用也离不开这种权力性因素的刺激，这种权力性因素或者是内生于村庄的社群精英，亦有可能是国家力量自上而下的行动刺激。如有研究认为，无论是传统中国乡村社会还是当今中国村级治理，乡村精英都起着举足轻重的作用。乡村精英阶层虽然不具备官方授予的、正式的对基层社会的管理权和控制权，但是各类政权都重视利用乡村精英实现对乡村的统治和管理，而乡村精英足以通过自身的财富、身份、地位、声誉、学识等方面的权威起到掌控乡村的作用。乡规民约的发起倡导者、制定者和执行者来自精英阶层，他们在整个贯彻过程中起着主导作用。在乡规民约的制定和执行中，他们施以绝对的影响力和权威，将符合传统的、合乎伦理的理念和价值观贯彻下去。[1]有学者认为，村规民约要发挥作用村治强人的推动是一个重要方面。[2]在乡土社会中乡土法杰在村规民约的产生和运行过程中具有重要作用。作者认为这种作用体现在以下几方面：一是乡土法杰对村规民约的理解和认识具有至关重要的作用；二是乡土法杰对于村规民约的制定和修改具有辅助作用；三是乡土法杰对于村规民约的实施具有主导作用。其认为乡土法杰对村规民约的认知和理解，间接推动着村规民约的"生长"。乡土法杰积极参与村规民约的制定与修订，推动着村规民约的"生长"。乡土法杰对习惯法的实施，推动着村规民约的"生长"。[3]在这里通晓社群习惯法与国家法律的乡土法杰，成为行动在村庄场域中的另一种精英，在村规民约的作用机制里面扮演着重要的角色。

---

〔1〕周家明、刘祖云："传统乡规民约何以可能——兼论乡规民约治理的条件"，载《民俗研究》2013年第5期。

〔2〕陈寒非、高其才："乡规民约在乡村治理中的积极作用实证研究"，载《清华法学》2018年第1期。

〔3〕陈寒非："乡土法杰与村规民约的'生长'"，载《学术交流》2015第11期。

除了乡土精英对村规民约实施的研究，也有一些研究关注到了国家力量在村规民约实施中的重要作用。如有研究基于克什克腾旗皮房村民组民主协商草场管理的实验为调查，认为在村民的集体行动中，政府一直作为一个重要的力量存在。因为一旦违背村规民约就意味着实验失败，而这可能导致重新回到原有的管理模式中——草原监察部门和林业部门对村民罚款。放牧的权利是地方政府对村民最重要的谈判筹码，只有遵循村规民约，才能获得放牧权利，而村规民约的产生是村民与政府协商的结果，其中包含了村民放牧的诉求，也包含了政府保护环境的诉求。围绕着放牧的权利，村民与政府监管部门之间形成了相互制衡的关系，为了获得放牧的权利，村民要完成村规民约中的各项工作。[1]有研究认为，村规民约能否发挥作用，和国家权力息息相关。政府权力的强度和广度直接决定了村规民约作用的大小与范围。其认为，村规民约通过国家法律和权力体系吸纳的方式反嵌入正式体系和规范，而国家意志同样在村规民约的条文中得到体现，两者的互嵌促进了国家力量与地方性知识的有效对接，从而实现了村庄社会的嵌入式治理，这样的一个过程在无形中增强了村规民约在村中的地位和效力。[2]

七、村规民约的规范性建构及司法审查

在村规民约的研究中，关于村规民约的规范性建构以及由此引发的司法审查也是研究的一个主要问题。对这一问题的研究不仅引起了社科法学研究者的兴趣，而且一些秉持法教义学研究方法的学者，对这一问题也给予了很大的关注和讨论。究其原因，一方面在于村规民约在现实的运作过程中围绕成员资格确认、集体福利分配、溢出行为惩戒，不同的行动者有不同的理解，进而引起了有关村规民约的困惑、争议，乃至诉讼。另一方面也在于国家统一法秩序的建构是现代国家建构的一个重要方面，在这一整体的秩序图绘中如

---

〔1〕 王晓毅："互动中的社区管理——克什克腾旗皮房村民组民主协商草场管理的实验"，载《开放时代》2009 年第 4 期。

〔2〕 周家明："乡村治理中村规民约的作用机制研究"，南京农业大学 2015 年博士学位论文。

何构建一个合理的社会治理规范结构，必将是需要面对和思考的问题。而在这一规范结构下，作为乡村社会重要规范构成的村规民约，其规范性建构就自然成了一个需要讨论的问题。

（一）村规民约的规范性建构

村规民约的规范性建构是基于村规民约在现实的运作过程中出现的一些问题而提出的。在村规民约现实的运作过程中，出现的问题主要有：村规民约的内容与国家法律的精神和规定相违背、村规民约中基于村民资格的规定剥夺了一部分村民的权益及福利分配、村规民约的制定程序违背了村民自治、村规民约规定的一些惩罚性条款引起争议。这些问题与争议引发了对村规民约合法性的认识及规范性建构的努力。如有研究认为，新型乡约存在的问题主要是制定程序不规范、内容不规范。其认为新型乡约必须兼顾法律性与自治性，文化性与实用性以及权利性与义务性等特性；新型乡约应当起到与国家法相辅相成的礼法合治的作用；新型乡约的功能应当是奖励与处罚相结合、凝聚与整合相结合、保护与自治相结合。[1]有研究认为，村规民约与国家法的冲突表现为规避与违背、排斥、真空。该研究者认为村规民约存在的问题主要有：其一，村规民约着重强调局部利益，忽视权利义务的对等关系；其二，村规民约着重强调集体主义，欠缺对个体的保护；其三，村规民约的执行欠缺规范性，调解程序具有随意性；其四，村规民约在与国家法的协调中，越来越趋于政治化。[2]有研究针对成都某村土地确权中用村规民约调节"流转收益分配"引发的争论这一问题，通过村规民约约束力边界与强弱的"两面性"分析，对农村产权制度改革中村规民约的效力认定做了回答。该研究者指出改革实践中适用村规民约调整利益纠纷涉及确权给农户土地部分的权益处置，由此会引发用村规民约解决纷争的"合法性"与"合理性"问题争论。[3]有研究则将关注的问

---

〔1〕 许娟："新型乡约若干问题探讨"，载《法学论坛》2008年第1期。

〔2〕 李旭东、齐一雪："法治视阈下村规民约的价值功能和体系构建"，载《中央民族大学学报（哲学社会科学版）》2013年第2期。

〔3〕 胡燕："农村产权制度改革中村规民约的效力与适用——以成都某村土地确权中的'流转收益分配'约定为例"，载《农村经济》2009年第5期。

题集中于村规民约中的惩罚性条款，该研究者认为处罚规则的有效性涉及村规民约罚则所作出的处罚是否与国家制定法的处罚重复，责任承担者是否被强加了不该有的双重责任，加重了自身负担。该研究者认为罚则规约的制定中要把握好惩罚性的自治处罚的度，既不能过于苛刻，不合法不合理重复惩罚，也不能使机会主义滋生并对责任缺乏预见。[1]有研究认为，村规民约的规范性建构应该以一种全面、细致、谨慎、客观的态度审视其合法性。该研究者认为绝不能把村规民约的社会规范效力与国家权力范畴的法律规制效力等同视之。[2]有研究认为应进一步规范村规民约的处罚行为。处罚的范围要限定、处罚的事由要明确、处罚的标准要适当、村规民约制定中要有规范的程序。[3]

有研究讨论了地方性法规对村规民约的规范性建构努力，该研究者通过大量的法规检索统计，认为我国的地方性法规、民族自治地方自治条例和单行条例、经济特区法规、地方政府规章对村规民约进行了规范，规范的内容涉及乡村治理的方方面面。该研究者认为地方法规规章对村规民约的规范有利于调整乡村社会关系，维护乡村社会秩序，促进乡村经济社会发展和农民生活水平提高。[4]也有研究借用性别视角对村规民约的规范性建构进行了讨论，研究主要集中于村规民约对"外嫁女"村民资格的排斥，进而排斥福利分配进行分析。如有研究通过调查认为农村妇女土地权益频受侵害，土地承包经营权并未得到充分的保障。该研究者认为应加强对村规民约的法律审查，消除制度歧视。[5]有研究认为因村规民约违法而

---

[1] 韩娜："村规民约罚则问题研究"，烟台大学2012年硕士学位论文。

[2] 吕朝辉："边疆治理现代化进程中的乡规民约探析"，载《云南行政学院学报》2017年第2期。

[3] 陈永蓉、李江红："论村规民约中经济处罚约定的规制"，载《理论与改革》2015年第5期。

[4] 高其才："通过村规民约的乡村治理——从地方法规规章角度的观察"，载《政法论丛》2016年第2期。

[5] 陈小君："我国妇女农地权利法律制度运作的实证研究与完善路径"，载《现代法学》2010年第3期。

导致外嫁女权益受侵害成了我国新农村建设中亟待解决的问题。[1]
有研究认为正是在认定农村集体经济组织成员的过程中，村庄内部
出台了很多排斥妇女的条款，利用集体经济组织成员的界定办法将
部分妇女及其子女配偶排除在本集体经济组织之外，让他们无法享受
集体资源的分配。该研究者认为村规民约等制度成为村庄"小宪法"，
很容易就把农村"出嫁女"等弱势群体排除在村民范围之外。[2]有研
究认为集体成员资格的认定主要取决于村规民约，以及妇女在村民
自治中的参政不足，由此造成了一系列妇女土地权益流失问题。作
者认为在村民自治背景下防止农村妇女土地权益流失，必须建立对
村委会的民主监督机制和权力约束机制，对村规民约实行审查和纠
错机制。[3]有研究认为当下的村民自治对"外嫁女"产生了关键性
影响，"外嫁女"问题形成的其他因素无不是通过村民自治这个平台
来变现的，并且村民自治还是"外嫁女"问题产生、陷入困境与面
临挑战的关键结点。该研究者认为在"外嫁女"问题上，款分配、
宅基地分配、股份分红、集体福利等自治与法治基本上处于紧张状
态，并且借由村民自治制度，有关"外嫁女"的民间法观念与做法
"合法"地成了自治章程、村规民约或自治决定，由此在"外嫁女"
问题上，民间法与国家法处于紧张状态。[4]有研究认为随着农村土
地股份合作改革的推进，妇女个体的合法权益屡屡遭到剥夺，应强化
推行性别平等的村规民约修订，弱化农村传统的社会性别偏好。[5]有
研究认为伴随着城镇化进程中的农地征用，"出嫁女"成为土地权利
受侵最为普遍的群体。征地带来了"性别化"的身份认定，在村民

〔1〕 杨福忠："法律在农村被边缘化问题研究——以外嫁女权益纠纷为切入点的初
步考察"，载《法学杂志》2010 年第 11 期。
〔2〕 陈林："性别视角下的农村集体资源分配研究"，中共中央党校 2016 博士学位
论文。
〔3〕 张笑寒："村民自治背景下农村妇女土地权益流失问题研究"，载《中国土地科
学》2012 年第 6 期。
〔4〕 韦志明："村民自治下外嫁女问题的困境、挑战与出路"，载《贵州民族研究》
2019 年第 7 期。
〔5〕 王晓莉、张潮、李慧英："论股份合作改革中'性别化'的土地权利——基于
女性主义视角的研究个案"，载《中国农业大学学报（社会科学版）》2014 年第 2 期。

自治背景下，村民表决的决策程序又为其提供了一个合法化的条件。该研究者认为应强化对村规民约的法律约束，保障基层政府对违反法律政策的村规民约的纠错强制力，切实改变男娶女嫁的传统资源分配规则。[1]

（二）村规民约的司法审查

村规民约的司法审查也是基于村规民约在实践中出现的问题提出的，这涉及司法审查的必要性及司法审查的方式等问题。就必要性而言有研究认为农民集体成员资格认定关系到农民集体成员的个人利益和农村社会稳定，应该给予特别关注。有研究认为立法缺失、经济利益驱动、传统思想影响等因素的交汇作用，促使现实生活中大量存在着利用村规民约认定农民集体成员资格的做法。该研究者认为在制定法存在漏洞的特定情境下，通过村规民约对农民集体成员资格进行认定是不得已之选择。民事司法过程中首先应该尊重村规民约，但是也需要对村规民约进行必要的司法审查。在司法审查过程中应该区分不同规则赋予不同法律后果。[2]有研究认为农村集体经济组织成员资格的认定与基层民众的切身利益息息相关，但村民自治的自利性决定了其在成员权益保障方面的局限性。廓清司法介入农村集体经济组织成员资格认定的合法性和合理性，是解决上述问题的关键。该研究者认为虽然通过司法认定成员资格需要考量的因素很多，但只要将基本生存保障原则、平等保障原则、权利义务互联原则、确定性原则贯穿到司法认定成员资格认定实践中，各种矛盾就可以得到比较有效的化解。[3]有研究认为法律对村规民约的合法性审查主体规定得不明确，具体个案中法官对村规民约的司法审查不到位，村民对于村规民约的民事司法适用意识淡薄是村规民约民事司法适用面临的现实困境。这些困境的存在源于现行法律

---

〔1〕 王晓莉、李慧英："城镇化进程中妇女土地权利的实践逻辑——南宁'出嫁女'案例研究"，载《妇女研究论丛》2013年第6期。

〔2〕 管洪彦："村规民约认定农民集体成员资格的成因、局限与司法审查"，载《政法论丛》2012年第5期。

〔3〕 刘高勇、高圣平："论基于司法途径的农村集体经济组织成员资格认定"，载《南京社会科学》2020年第6期。

规范的缺位、司法权力的自由裁量性与"空心化"的农村法治宣传教育力度不足等原因。为了理顺村规民约民事司法适用遇到的困境，需要从规范村规民约的制定主体、程序以及内容，建构村规民约的双轨审查机制，加强对村民利用村规民约的引导等维度去寻找优化路径。[1]

亦有研究主张在村规民约的司法审查中司法机关应该保持谦抑性，如有研究认为乡土社会所秉持的是一种不完全等同于基本权利运作逻辑的、以互惠原则为前提的习俗秩序，纠纷解决背后所持守的基本原则就是使原初的互惠关系得到恢复，基本权利在乡村社会的武断渗透固然可以带来微观个体之间的平等，但由此而放大到整个的村落社区所带来的却是一种社会的不平等。二者之间不存在一种绝对的优先问题，而是应该因时因地具体权衡。[2]有研究针对珠三角地区集体产权共有制的成员资格塑造问题，认为近年来推行的股权固化或以行政强制为"外嫁女"分红等措施，破坏了集体产权共有秩序的平衡性，激化了基层矛盾。其认为成员资格的司法介入应保持谦抑运行和兜底功能，尊重村民自治。[3]

那么如何进行司法审查，司法审查的内容应该在哪方面，司法审查的程序是什么，对这些问题亦有一些讨论。如有研究认为由于农村自治与国家统治的二元对立存在，村民通过村规民约自治的过程中往往会有诸多与国家法律冲突的情形出现。国家基于保护公民权利和维护法制统一，有必要也有能力通过司法审查等方式监督村规民约的合法性。其认为司法审查村规民约可通过行政诉讼和民事诉讼的方式；司法审查内容以村委会的行为为主，对村规民约的审查效力仅及于个案；审查范围应以村民自治为界。对于违法的村规民约，事后救济制度中的司法机关应有司法建议权，但现行的事前

---

〔1〕 郭剑平："乡村治理背景下村规民约民事司法适用的理论诠释与优化路径"，载《西南民族大学学报（人文社科版）》2020年第8期。

〔2〕 刘志刚："民事审判中的村规民约与基本权利"，载《中国人民大学学报》2010年第5期。

〔3〕 王丽惠："集体产权共有制的成员资格塑造及认定维度——以珠三角地区为对象"，载《甘肃政法学院学报》2020年第4期。

备案制度还有待改进。[1]有研究认为村规民约的合法性审查机制可以由乡、镇人民政府的备案审查机制和受理法院的司法审查机制两个方面构成。[2]有研究认为,近年来,农村中围绕村规民约问题引发的民事纠纷逐渐增多,争讼双方分别援引村规民约和基本权利来论证自身行为或者诉求的正当性。其研究者认为从各地法院的具体处理来看做法不一,由此使村规民约与基本权利在民事审判中的位阶关系问题显得有些暧昧。其研究者进而认为村规民约与基本权利在民事审判中的关系是一种平行的关系,它们都属于法官进行民事审判的一种潜在依据。法官进行民事审判的前提不在于必须对村规民约违宪、有效与否作出一个先期的裁断,而是应该在正视村规民约正当性的前提下,通过检视其在程序上的缺漏并根据由此而获得的内在确信,选择性地援引上述两种规则,以达至解决民事纠纷、实现社会和谐、渗透基本权利三种目的的统一。[3]

对这一问题也有一些研究通过对司法裁判的详细梳理,讨论了村规民约的司法适用情况及司法审查。如有研究通过对中国裁判文书网和"北大法宝"案例库中83份援引村民自治规范的裁判文书进行梳理,指出了在司法诉讼中不同行动者援引村规民约等自治性规范的不同行动策略。其通过梳理发现一个有趣的现象,就是村民、村集体、行政机关与法院均在相当程度上援引村民自治规范。但是村民较倾向利用村民自治规范与国家法的位阶关系,形成"规范性援引路径",而村集体和行政机关则较多地援引村民自治规范相较国家法的"自治属性",排除国家权力的干涉;法院虽在多数情况下意在保护村民权益,但也向村集体与行政机关作出较大让步。其认为这种援引背后,是农村社会、基层政权与国家交互作用所导致的正式制度施行机关在乡村治理中偏好适用非正式制度的治理逻辑,它

〔1〕 孟刚、阮啸:"村规民约的司法审查研究",载《国家行政学院学报》2011年第3期。

〔2〕 李炳凤:"村规民约合法性审查机制研究",江西师范大学2012年硕士学位论文。

〔3〕 刘志刚:"民事审判中的村规民约与基本权利",载《中国人民大学学报》2010年第5期。

对国家权威、动员能力和社会秩序均会产生负面影响。[1]

八、延伸讨论：问题关怀、研究进路及内容

作为村治场域中一种重要的规范建构形式，村规民约在乡村社会治理中一直接续发展并行动自我。对这一规范形式既有理论研究亦给予了很大的关注。纵观已有研究成果，我们不难看出众多学人基于自身不同的学科背景、研究旨趣和学术训练，通过不同面向的智识努力，为我们呈现了一个全面、立体、丰满、全景式的当代中国村规民约图谱，这对我们了解当代中国村规民约整体的制度外观和规范价值有非常重要的价值和意义。已有的研究不仅置身田野、关注乡土，就当代中国村规民约内在性质内容和外在功能价值进行了调查梳理，而且将村规民约放在整体的历史发展图景中就其与社群传统习惯法的关系进行了深入的历史考察，同时，亦将村规民约置于社会多元规范体系里面深入分析其规范性建构努力。通过这些研究作业，使我们对当代中国村规民约有了一个全景式的了解，使我们对村规民约与村治场域的秩序维系有了一个全面的认识，使我们后续的研究有了丰富的知识积累和理论奠基。

通过前文对当代中国村规民约既有成果的梳理分析，我们发现已有研究存在以下几方面的研究特点值得我们特别关注：其一，在研究内容上，研究不仅有面上制度的梳理，亦有背后机制的挖掘，不仅有回溯性的历史考察，亦有前瞻性的规范努力，不仅有静态的制度描述，亦有动态的发展分析。其二，在研究视角上，研究不仅有社科法学的立体考察。亦有教义法学的规范分析，不仅有微观的个案分析，亦有宏观的学理探索，不仅有综合性的全面撒网，亦有专题性的深耕细作。其三，在研究方法上，研究不仅有深入的田野分析，亦有详细的学理探索，不仅有横向的比较研究，亦有纵向的历史考察，不仅有法学的专业分析，亦有跨学科的联合作业。但是，既有对村规民约及习惯法的研究仍存在一些争议、困惑乃至诘难，

---

[1] 胡若溟："国家法与村民自治规范的冲突与调适——基于 83 份援引村民自治规范的裁判文书的实证分析"，载《社会主义研究》2018 年第 3 期。

这涉及在问题关怀和研究进路方面的一些分歧甚至误解，对此需要进行澄清和交流。当然，在研究内容方面亦有一些需要深究的地方和细节，这也是我们在后续研究中需要进行特别关注和重点突破的地方。

（一）重申研究的基本问题关怀

从前文文献统计来看，既有关于村规民约的研究，在法学核心期刊上刊发的并不是很多，尤其是在权威期刊刊发的更是寥寥无几。这一状况其实与既有法学研究对包括村规民约在内的习惯法研究的争议甚至诘难不无关系。可以说在既有的法学研究中，习惯法研究还是一个小众领域，一些论者对这一研究亦持不同的观点。但是笔者认为所有的知识都是为了意义生活，而不是裁剪生活，自己置身于此的生活事实是什么，如何对其加以解释，这才是知识生产的目的。社会科学的使命就是尽可能全面而真实地呈现社会事实，并据此对其加以完满解释，以此建立理解社会的方式。由于进入事实的角度不同，就必然产生不同的解释，学科的分殊也进而产生。但是，无论如何，对事实的尊重把握和完满解释才是最重要的两个需同时兼顾的品格。反观人作为一个规范的存在，其无不处处生活在规范之中，对此以规范为研究志业的法学，不能不面对这一社会事实。

作为符号系统的法不仅是一个"所指"问题，还是一个"能指"问题，即便法律可以通过体系化的逻辑建构起来，但这并不代表法律或法律符号所表达的东西是可以建构的，任何所谓科学主义（或者说就是物理主义）的法律逻辑形式化建构努力，都不能也不应该遗忘法的个人及历史面向。由此，我们应先搞清楚事实，再进行解释。就社会秩序的规范构造而言，我们应先搞清楚作为一个个活生生的人、大写的人，在共同体秩序维系及社群团结拿捏之下，其真真切切的规范遵循是什么，我们通过国家或地方立法制定的法律条条在人之江湖又有多少被行动和遵纪，更不要说以阳春白雪自居将这些社会规范视作下里巴人而不入法眼，进而去裁剪或评判——。由此，社会生活中屡见不鲜的多元规范及制度事实就需要我们思考清楚为什么这些规范有如此强的生命力？规范的力量基础是什么？这些规范在现代社会的合法性叙事又在哪里？现代国家建构过程中在寻求法秩序统一性下应给予这些规范以何种位置及解释？如何在一个整体的制度框架下安顿和收束这些规范？其一般性结构原则是什么？凡此种种，不一而足。这些问题恰恰是习惯法研究的一个基本的问题关怀。

（二）澄清研究进路方面的误解

就习惯法研究来讲，理论和实践方面面临的争议、纠结、困惑甚至混乱亦造成了一些不同的声音甚至误解，这也需要我们澄清。就学术使命及学科特点来讲，对利益的划分、纠纷的化解与秩序的安顿提供一种规范指引恰恰是法学的安身立命之所。但是，看似这一共同体对其研究对象及研究旨趣达成了基本的共识，实则其内部的问题比外在的关注更显得大相径庭、各执一词。各种支持与反对，批判与反批判的声音分歧陈杂、不绝于耳，这也造成了法学研究在对习惯法研究方面的困顿和非议。

法教义学者将法仅视为出自国家的一种行为规范，希冀通过对规范的明确性、稳定性厘定而形塑法学的科学性品格。而社科法学强调法学研究不仅要研究法律及其法律运行这一中间段，而且要关注社会生活中的主体到底依据何种规范在生活，以及法律规范之所以为规范应具有的品质及司法产品输出后的社会效果这前后两段问题，这也使诸如社会治理中的种种规范构造形式进入了研究者的视野。其实这一争议基于二者的知识传统、问题关注和方法的不同，不应有非此即彼的敌视。但相互间的误解亦很深，习惯法研究从来没有像法教义学批判的那样反对规范研究及体系化努力，其只是主张先把事实搞清楚，再进行制度建构的努力，其反对的是法条主义，反对法律是一个自洽、自足、封闭的系统；而法教义学致力于法律规范的教义化、类型化建构及分析法律适用，以期达到对成文法的解释、分类和体系化努力，进而为法律实践提供规范性标准。其也从来没有像社科法学批判的那样法条主义和反对经验知识，其只是反对法律的不确定性。

除了理论方面的争议，在实践方面的差异甚至混乱更凸显了这一问题。如司法实践中对不同社会规范，如村规民约、民族习惯、社区管理规范、社团协会自治规范、企业劳动规章等"同案不同判"

的现象时有发生，又如像疫情防控等非常时期各类社区/社群制定的管控规范对个体权利的克减与尊严的僭越更是五花八门，其权利克减的合法性是什么？比例限度与正当程序又在哪里？存在不存在司法审查？法秩序统一性下，应该如何安顿和收束这些规范序造方式？这些问题也需要对社会治理中的多元规范进行研究，习惯法研究正是朝着这一研究进路的一个尝试。

（三）推进研究内容的深入发展

如上是就村规民约的既有成果梳理引出的一些话题，我们从整体的面上就包括村规民约在内的习惯法研究在问题关怀和研究进路方面进行了重申和澄清，以此希冀消解一些误解甚至诘难。单就村规民约研究来讲，既有研究在研究内容方面仍需对一些问题进行深入地探究和分析。

第一，在现有村治实践中村规民约到底呈现出何种形式？其真正的作用空间又有多少？影响性因素在哪里？这些问题仍然需要进行深入的社会调查，进而呈现其真实的面貌和境地。就现有乡村社会的治理而言，其本身的社会结构发生了很大的变化，人员流动、文化交往、社群联结、社会整合亦发生了变化，村治场域中的权力格局也对村规民约的面貌和空间施予了影响，在此情况下村规民约的真实境况是什么，就需要深入的调查研究。

第二，在社会变迁中村规民约到底发生了那些方面的变化也需要深入的研究分析。作为社会秩序把控的规则表达，其制度事实的生成发展又取决于社会交往事实和实践理性的内在规定，现阶段社会事实无不发生了翻天覆地的变化，此种变化在推进社会整体变迁的同时，亦型构了个体间的交往伦理、行为模式和社会心理。那作为规范表达的村规民约发生了哪些变化？其延续了多少社群传统习惯法的内容？是一种规矩还是约定？民约的成分到底有多少？这些问题也需要深入分析。

第三，村规民约与乡村社会变迁的关系在哪里？村规民约作为一个规范构造形式，其变迁亦反映了整体的村庄社会乃至乡村治理逻辑的变迁。由此，用人类学的方法围绕某个村庄村规民约的变迁，进而讨论乡村社会的变迁，乃至乡村权力结构和秩序的变迁，也很有趣。这方面研究仍需要深入的讨论。如此，通过村规民约这一个点进而从大历史的场景上呈现乡村社会的秩序变迁，乃至整个社会治理逻辑的一种变迁。

第四，村规民约规范性建构的目的是什么，也需要反思和分析。既有研究成果都或多或少提及村规民约的规范性建构，规范性建构可以很轻松地提出，但是如何在建构的同时保持其本真可能很难。在规范性建构过程中，村规民约规范性建构的目的是什么？如何进行规范性建构？规范性建构与民约的关系又在哪里？如何在规范性建构中既能维护国家法秩序的统一，又能不损及民约的性质并发挥真正的作用？这些问题可能也需要进行深入的探讨。

第五，村规民约司法审查的个案研究仍需深入。就现有村规民约研究成果来看，一些持教义学研究进路的学者亦有所涉及，其关注的一个面向就是村规民约司法审查的个案研究。研究者或者就某个个案就村规民约的司法审查进行系统梳理，或者通过案例库的检索，进行多案例的比较研究，这都很好。但是这方面的研究还很薄弱。司法实践中对村规民约的态度在不同的案例中亦有不同，同案不同判的情况也存在，那背后的司法逻辑在哪里，其这种纠结的抑或暧昧的态度反映了什么问题，这些问题可能也需要深入的分析，以此可能也会反映中国司法的一种话语逻辑和背后的变动因素。

后 记

Afterword

　　本辑的选题、组稿、修改完成前后经历了近二年的时间。2019年9月，我确定了本辑的主题，在考虑了若干具体题目后开始约稿。之后，我于2020年12月1日专门召开了一个小规模的约稿会，就本辑文集的基本思路、内容、时间要求等进行了讨论，并大致确定了撰稿人员。2021年1月、2月，我又进一步与有意向的作者进行联系，询问写作进展情况。2021年3月陆续收到相关文章后，我分别与各位作者讨论文章的修改事宜，进一步统一认识，理解文集的主题和要求，提出补充调查、修改的建议。2021年5月，我们集中时间对文章进行最后的审阅、修改，完成了全稿。

　　村规民约为当代中国农村基层自治的重要体现，为乡村的主要社会规范。本辑主要以田野调查为基础进行当代中国村规民约的事实描述，在理论分析方面较为薄弱，需要进一步的思考和研究。对当代中国村规民约的发展、变化，我们需要更深入的观察和探讨。

　　本辑的完成和出版，首先需要感谢各位作者的积极支持和认真撰写。执行主编协助我做了大量的具体工作。

　　本辑系甘肃政法大学校长李玉基教授主持的甘肃省2021年度教育揭榜挂帅项目《甘肃省实施乡村振兴战略法治保障研究——以乡规民约治理效能提升研究为重点》（2021jyjbgs-09）阶段性成果，我作为首席指导专家参与了课题研究。感谢李玉基校长的支持。

329

本辑为清华大学法学院习惯法研究中心学术成果之一。清华大学法学院为本辑的出版提供了资助，特此致谢。

我 2019 年为第四批青海省"高端创新人才千人计划"领军人才（柔性引进，青海民族大学），本辑为此项目的成果之一。

由于论题较为前沿，加之我们的能力有限，本辑肯定存在不少错误和不足之处，欢迎读者诸君批评指正。当然，作为主编，我对存在的所有问题负责。

高其才

2021 年 5 月 18 日于明理楼